21世纪职业教育规划教材·物流系列

新编仓储管理实务

主　编　王登清
副主编　阮　毅
参　编　严敏琳　吴智峰　陈燕琴

内容简介

本书根据仓储配送职业岗位实际工作的要求，以工作任务为核心，以业务流程为主线，围绕仓储配送岗位职业能力，根据情境化为导向的能力模块组织学习内容，内容覆盖职业教育能力、仓储商务能力、仓库布局规划与库房规划能力、仓储经营管理能力、仓储作业能力、仓储包装作业能力、仓库安全管理能力、库存控制管理能力、仓储成本及绩效管理能力等九大模块。

本书可作为物资、物流、运输、营销管理、工商管理专业相关课程的教材，也可作为仓储、物资管理、流通管理的物流仓储从业人员的培训用书。

图书在版编目(CIP)数据

新编仓储管理实务 / 王登清主编. —北京：北京大学出版社，2022.4
21世纪职业教育规划教材. 物流系列
ISBN 978-7-301-32406-6

Ⅰ.①新…　Ⅱ.①王…　Ⅲ.①仓库管理—职业教育—教材　Ⅳ.①F253.4

中国版本图书馆CIP数据核字(2021)第170965号

书　　名　新编仓储管理实务
XINBIAN CANGCHU GUANLI SHIWU
著作责任者　王登清　主编
责任编辑　吴坤娟
标准书号　ISBN 978-7-301-32406-6
出版发行　北京大学出版社
地　　址　北京市海淀区成府路205号　100871
网　　址　http://www.pup.cn　　新浪微博：@北京大学出版社
电子信箱　zyjy@pup.cn
电　　话　邮购部 010-62752015　发行部 010-62750672　编辑部 010-62756923
印 刷 者　三河市博文印刷有限公司
经 销 者　新华书店
787毫米×1092毫米　16开本　16.75印张　407千字
2022年4月第1版　2022年4月第1次印刷
定　　价　48.00元

前　言

根据国务院印发的《国家职业教育改革实施方案》（简称职教 20 条）的文件精神，建设一大批校企“双元”合作开发的国家规划教材，倡导使用新型活页式、工作手册式教材并配套开发信息化资源；借鉴“双元制”等模式，总结现代学徒制和企业新型学徒制试点经验，校企共同研究制订人才培养方案，及时将新技术、新工艺、新规范纳入教学标准和教学内容；开发符合校企二元、工学结合、理实一体教学模式的课程和教材。以上是本书出版的重要背景。

本书以“工作过程为导向”的课程设计理念为指导方针，结合高职学生特点，体现如下特色。

1. 体现课程思政。本书以习近平新时代中国特色社会主义思想为指导，融入中华优秀传统文化、革命传统、法治意识和国家安全、民族团结以及生态文明教育，弘扬劳动光荣、精益求精的专业精神、职业精神、工匠精神。

2. 校企合作，二元教材。本书得到了当地有影响力的物流公司高层管理专家的大力支持。他们参与了本书的设计与编写工作，因此本书中引用了大量的本地化案例，纳入了新技术、新工艺、新规范。

3. 在每个模块后设计了实训任务，主要的目的是让学生在学中做、做中学，通过完成实训任务来提高实践工作能力，更进一步加深对仓储管理理论知识的理解。

4. 在每个单元都设计了学习情境。每个岗位能力模块按照单元化学习模式来展开，在每个单元下设计一个学习情境，学习情境以能力要求的典型工作任务为核心，展开学习内容的介绍。

5. 教学评价多元化。在教学评价中突破期末考试定课程成绩的模式，加强平时考核，突出过程评价。该课程评定成绩=工作任务成绩×50%+平时成绩×20%+期末成绩×30%。工作任务成绩根据每个单元中设定的模拟工作任务完成情况来评定，平时成绩根据出勤、平时发言等来评定，期末成绩以试卷的形式进行考核。

该课程课时分配为 54 学时，教学过程采取校企合作、工学结合、教学做一体等形式。其中，实践教学 28 学时，占总学时的 51.8%；理论教学 26 学时，占总学时的 48.2%。

本书由王登清（福建船政交通职业学院）担任主编，阮毅（福建船政交通职业学院）担任副主编。本书编写人员由高职院校教师和企业人员组成，编写分工如下：王登清编写模块一、二、三、四、五；吴智峰编写模块六；严敏琳编写模块七；阮毅编写模块八；陈燕琴编写模块九。企业方指导编写的有盛辉物流集团人力资源总监朱云，福建苏宁物流有限公司快递经营中心总监王洪琳。借此机会，向给予本书编写大力支持的福建船政交通职业学院领导，向提供物流实训基地的福建八方物流集团、福建盛丰物流集团、福州朴朴超市、福州大福物流科技有限公司的领导，向给本书热情指导的周万森博士，表示衷心的感谢。

本书在编写过程中，参考了大量的物流文献资料，引用了一些专家学者的研究成果，编者尽可能在参考文献中列出，在此向文献的作者表示诚挚的敬意和感谢。引用的材料可能因为疏漏没有一一列出，在这里深表歉意。由于仓储管理实务是一门与物流实践结合很紧密的课程，同时本书采取能力模块化、学习情境化及工作任务模拟化的三位一体化编写模式，很多理论和实践操作仍处在探索过程中，加上时间紧迫及水平的限制，书中难免有不妥之处，衷心地希望专家和读者给予批评指正。

编　者

2022 年 3 月

目　录

模块一

职业教育能力

单元一　仓储企业组织结构

学习情境

DB物流公司创建于1996年，致力于成为以客户为中心，覆盖快递、快运、整车、仓储与供应链等多元业务的综合性物流供应商。通过校园招聘，DB物流公司累计招聘本科应届毕业生逾7400人、硕士研究生739人、博士研究生15人，建立了难以复制的人才优势。这种以干线货运配送为主的大型物流企业，它的组织结构是如何设置的，才能做到专业的组织做专业的事，为客户提供最佳、最快的物流服务呢？

学习目标

1. 了解仓储企业组织结构设计的步骤。
2. 学会仓储企业组织结构的主要形式，如直线式、职能式、直线职能式、事业部制、矩阵式等。
3. 掌握仓储企业的主要职能部门及各部门的岗位设置。

学习地点

1. 校内教室。
2. 调研对象办公室。

学习内容

一、仓储企业组织结构设计的步骤

仓储企业组织是一个整体，它是由许多元素按照一定的形式排列组合而成的。一个企业在确定采用什么样的组织形式时，必须考虑四个基本问题：什么样的组织形式有利于实现企业战略目标？什么样的组织形式能提高组织效率？组织形式与企业活动如何适应？组织与外部环境如何适应？

那么，该如何进行组织结构设计呢？组织结构设计主要包括以下六个步骤（如图1-1所示）。

（1）确定组织目标。仓储企业组织目标设立是指紧紧围绕企业面临的内外部环境，结合自身的资源，合理确定组织的总体目标。例如，在学习情境中所描述的DB物流公司的目标是：凭借一流水准的运作体系和持续完善的服务网络，竭诚为广大客户提供

安全、快速、专业的精准物流服务。

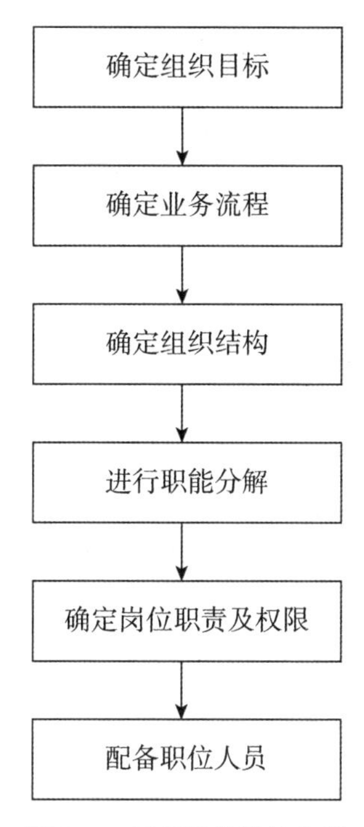

图 1-1 组织结构设计步骤

（2）确定业务流程。确定业务流程就是明确组织的具体工作内容和主导业务流程，并对流程中各节点的工作内容进行分工。例如，DB 物流公司以标准化的服务引领行业，通过统一的车体形象、店面形象、员工形象和操作标准，让客户全方位体验到 DB 物流公司始终如一的专业服务。根据客户的不同需求，仓储企业可以通过定制化的创新为各行业客户提供代收货款、签单返回、保价运输、安全包装、保管业务等增值服务。

（3）确定组织结构。根据行业特点及组织环境等因素，仓储企业确定采取何种组织形式、设置哪些部门，将性质相同或相近的工作内容进行优化组合。例如，DB 物流公司根据业务发展特点，成立营运事业群、快运事业群、职能事业群、人力资源本部、风险管理本部等五大业务发展部门。

（4）进行职能分解。仓储企业确立总体结构框架后，确定各部门职能并对各部门进行职能分解，明确每一部门的具体职能和设立的岗位，明确各岗位人员的素质要求。一般把企业划分一级、二级、三级职能，明确各部门及岗位的职责。"一级职能"是指本部门的主要业务及管理职能，"二级职能"是指在一级职能下分解的若干项职能，"三级职能"是指对"二级职能"作业项目的分解。例如，DB 物流公司仓储部"一级职能"是"货物的仓储管理"，"二级职能"是"货物出入库""货物保管"等，"三级职能"是"二级职能"中"货物保管"分解的"货物保管及防护""货物理货"等。

（5）确定岗位职责及权限。仓储企业规定各职位的权利、责任和义务，同时明确各部门之间、上下级之间和同级之间的职权关系，以及相互之间的沟通原则。

（6）配备职位人员。根据仓储企业各部门的工作性质和对各职务人员的素质要求，为各部门配备人员，明确其职务和职称。

二、仓储企业组织结构的主要形式

当前，仓储企业采用的组织结构主要有直线式、职能式、直线职能式、事业部制、矩阵式等。每一种组织结构均有明显的优势和不足，每一家仓储企业都应根据各自的实际情况，依据自身企业规模、业务情况、管理者能力等多种因素来选择适合自己的组织结构。

1. 直线式组织结构

直线式组织结构是最古老的组织结构形式。所谓“直线”是指在这种组织结构下，职权直接从高层开始向下“流动”（传递、分解），经过若干个管理层次到达组织最低层，其特点是：①组织中每一位主管人员对其直接下属拥有直接职权；②组织中的每一个人只对他的直接上级负责或报告工作；③主管人员在其管辖范围内拥有绝对的职权或完全职权，即主管人员对所管辖的部门的所有业务活动行使决策权、指挥权和监督权。仓储企业直线式组织结构如图 1-2 所示。

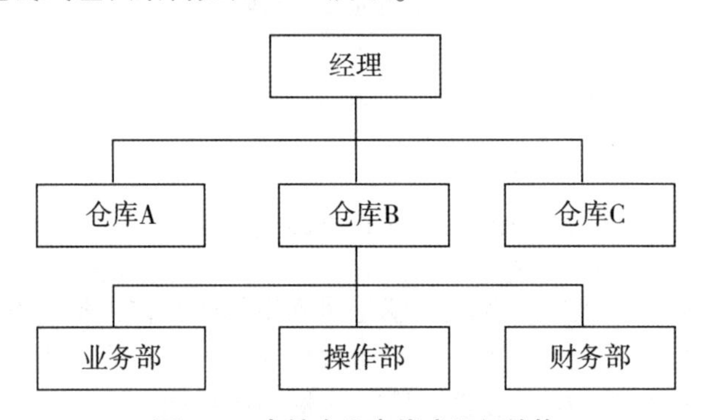

图 1-2　仓储企业直线式组织结构

直线式组织结构的优缺点如表 1-1 所示。

表 1-1　直线式组织结构的优缺点

优　　点	缺　　点
★权力集中，职权和职责分明、命令统一 ★信息沟通简捷方便，便于统一指挥、集中管理	★对主管人员的能力要求高 ★缺乏横向的协调关系

这种组织结构形式适用于规模不大、职工人数不多、生产和管理工作都比较简单的情况或现场作业管理。

2. 职能式组织结构

职能式组织结构本质是将企业的主导业务分解成各个环节并由相应部门负责执行，即按照职能设置部门及各部门间的层级关系。仓储企业职能式组织结构如图1-3所示。

职能式组织结构的核心优势是专业化分工，因此部门和岗位的设置以及名称是以“职能”“专业”来称呼的。这种类型的组织不需要太多的横向协调，企业主要通过纵向层级来实现控制和协调。职能式组织结构的优缺点如表 1-2 所示。

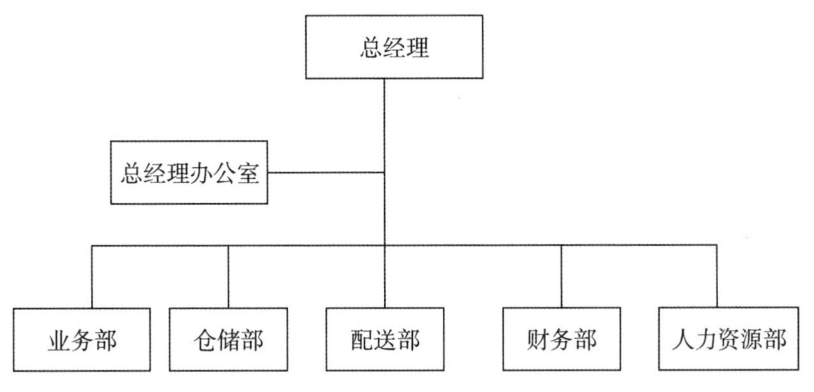

图 1-3　仓储企业职能式组织结构

表 1-2　职能式组织结构的优缺点

优　　点	缺　　点
★促进深层次技能的提高 ★促进组织实现职能目标 ★组织只有一种或少数几种产品、服务时最优 ★在中小型企业规模下最优	★对外界环境变化的反应比较慢 ★可能引起高层决策堆积、层级负荷加重 ★导致部门间缺乏横向协调，对组织目标的共识有限 ★导致组织缺乏创新

这种组织结构形式适用于外界环境稳定、技术相对标准、不同职能部门间协调相对简单的情况。

3. 直线职能式组织结构

直线职能式，也称直线参谋式。它是在直线式和职能式组织结构形式的基础上，取长补短，吸取这两种组织结构形式的优点而建立起来的。目前，绝大多数仓储企业都采用这种组织结构。仓储企业直线职能式组织结构如图 1-4 所示。

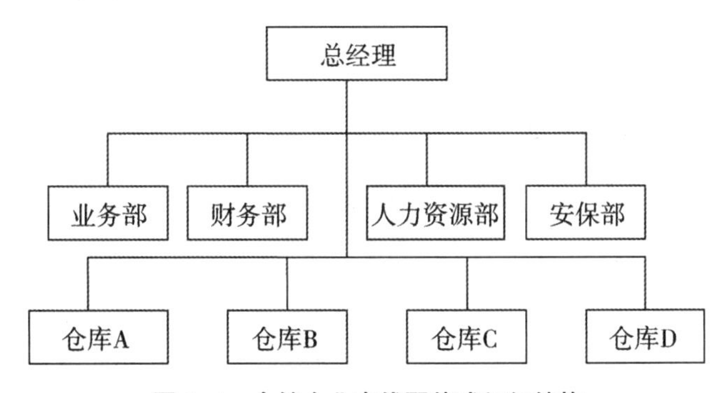

图 1-4　仓储企业直线职能式组织结构

这种组织结构形式将仓储企业管理机构和人员分为两类：一类是直线领导机构和人员，他们按照命令统一原则对各级组织行使指挥权；另一类是职能机构和人员，他们按照专业化原则从事组织的各项职能管理工作。直线领导机构和人员在自己的职责范围内有一定的决定权和对其下级的指挥权，并对自己部门的工作负全部责任；职能机构和人员则是直线领导机构和人员的参谋，不能对直接部门发号施令，只能进行业务指导。

直线职能式组织结构的优缺点如表 1-3 所示。

表 1-3　直线职能式组织结构的优缺点

优　　点	缺　　点
★权力集中，有利资源优化配置，发挥整体优势 ★各功能划分明确，充分发挥各专业管理机构的作用	★职能部门之间的协作和配合性较差 ★集权式管理增加了高层领导的协调工作，不易发挥中层领导的积极性，易产生相互推诿现象，减弱仓储企业的效益和整体实力

4. 事业部制组织结构

事业部制是一种高度集权下的分权管理体制。事业部制组织结构是分级管理、分级核算、自负盈亏的一种形式，即一个公司按地区或按产品类别分成若干个事业部，从产品的设计、原料采购、成本核算、产品制造到产品销售，均由事业部及所属工厂负责，实行单独核算、独立经营，公司总部只保留人事决策权、预算控制权和监督权，通过利润等指标对事业部进行控制。仓储企业比较常见的是按照地区划分事业部。仓储企业事业部制组织结构如图 1-5 所示。

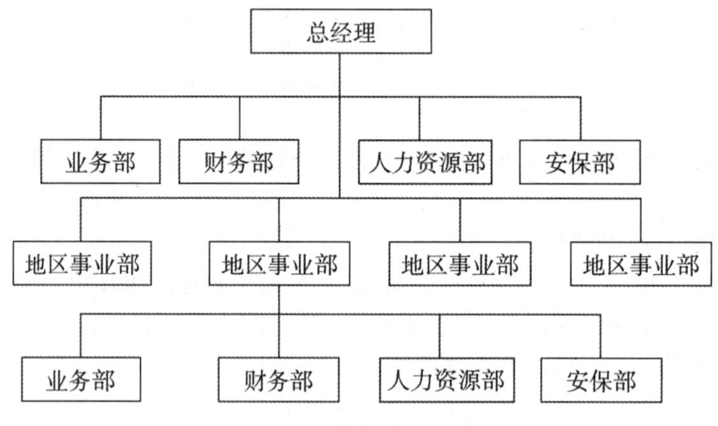

图 1-5　仓储企业事业部制组织结构

事业部制组织结构的优缺点如表 1-4 所示。

表 1-4　事业部制组织结构优缺点

优　　点	缺　　点
★总公司领导可以摆脱日常事务，集中精力考虑全局问题 ★事业部实行独立核算，更能发挥其经营管理的积极性，更利于组织专业化生产和实现企业的内部协作 ★各事业部之间有比较、有竞争，这种比较和竞争有利于企业的发展	★公司与事业部的职能机构重叠，造成管理人员浪费 ★事业部实行独立核算，各事业部只考虑自身的利益，影响事业部之间的协作

事业部制组织结构适用于规模庞大、产品品种繁多、技术复杂的大型企业。国外较大的联合公司常采用这种组织结构形式，近些年我国一些大型仓储企业集团也引进

了这种组织结构形式。

5. 矩阵式组织结构

有些仓储企业会根据业务项目或某些专门任务而成立跨部门的专门机构或项目小组，形成矩阵式组织结构。仓储企业矩阵式组织结构如图 1-6 所示。它是职能式和事业部制组织结构形式的组合。这种形式大多是临时设置的，一个项目或业务运作完成后即取消。

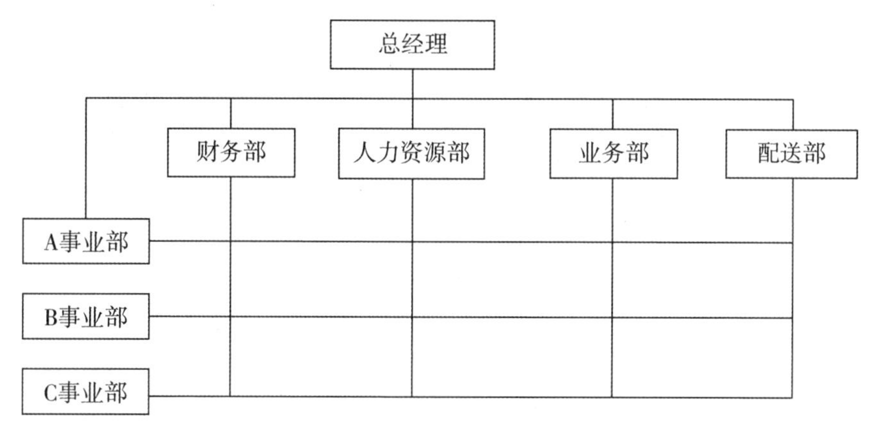

图 1-6　仓储企业矩阵式组织结构

矩阵式组织结构的优缺点如表 1-5 所示。

表 1-5　矩阵式组织结构的优缺点

优　　点	缺　　点
★任务明确，目的清楚，使各方面人才有备而来 ★横向信息沟通容易 ★适应性强，协调配合好	★容易导致员工对双重领导的迷惑 ★为了解决冲突，管理者需要耗费较多时间 ★员工需要具备良好的沟通能力，需要进行培训

6. 仓储企业组织结构示例

（1）中小型仓储企业组织结构示例，如图 1-7 所示。

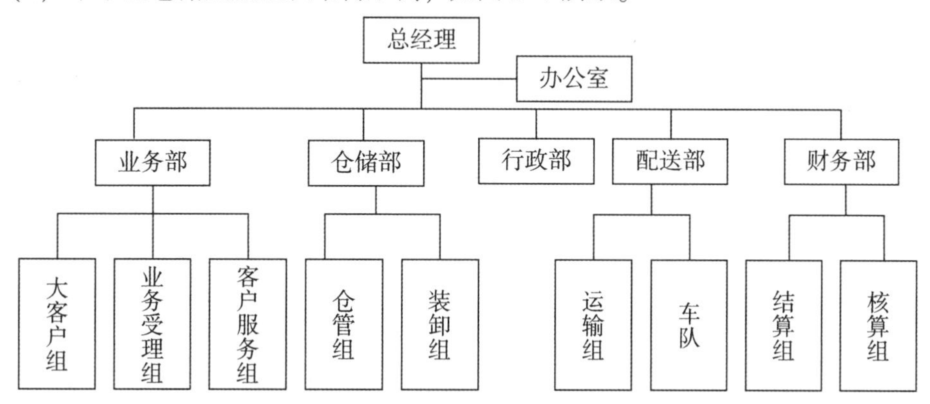

图 1-7　中小型仓储企业组织结构示例

（2）大中型仓储企业组织结构示例，如图 1-8 所示。

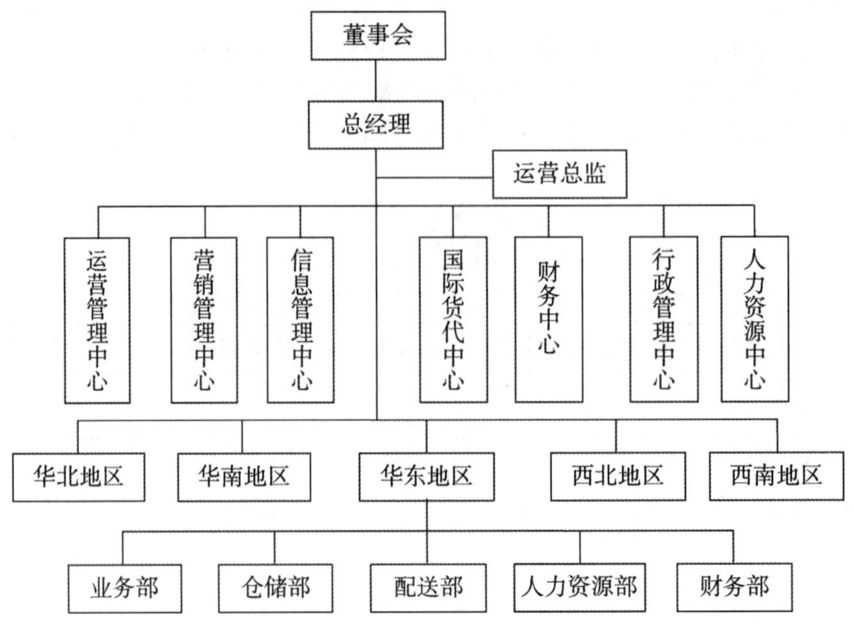

图 1-8　大中型仓储企业组织结构示例

三、仓储企业主要职能部门及各部门的岗位设置

随着现代物流的发展和客户需求的差异化，仓储企业的组织形式呈现出多样化的趋势。每家企业都有适合自身业务特点的业务流程，企业的职能部门设置也是根据企业业务流程的需要来调整和改造的。那么，现代仓储企业的主要职能部门有哪些以及岗位是如何设置的呢？下面，我们以学习情境中的 DB 物流公司为例说明该公司的三个主要职能部门的组织结构形式及岗位设置。

1. 业务部组织结构及岗位设置

DB 物流公司业务部组织结构如图 1-9 所示。该公司业务部下设三个科室，分别是大客户服务科、业务受理科、客户服务科，有四个业务岗位，分别是大客户服务专员、业务专员、开单员、客服专员。

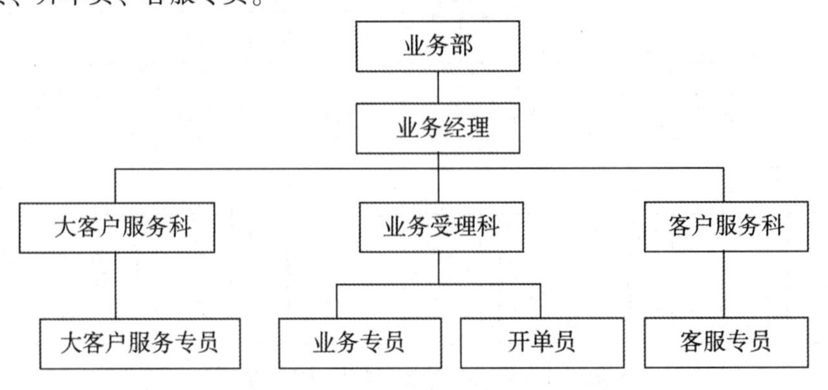

图 1-9　DB 物流公司业务部组织结构

2. 仓储部组织结构及岗位设置

DB 物流公司仓储部组织结构如图 1-10 所示。该公司仓储部下设装卸组、仓管组、叉车组三个部门，有六个岗位，分别是装卸工、库管员、验货员、理货员、车辆管理员、叉车司机。

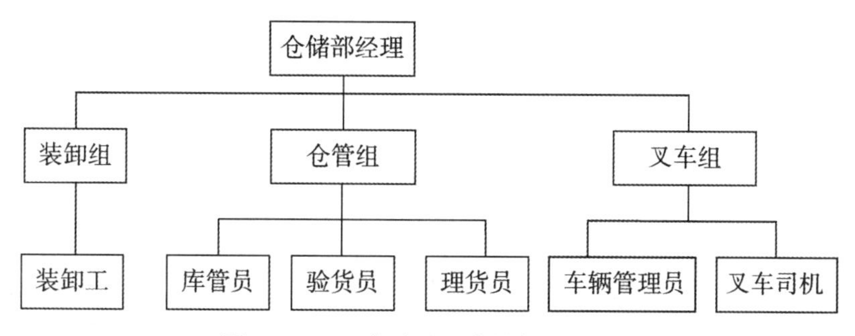

图 1-10 DB 物流公司仓储部组织结构

3. 配送部组织结构及岗位设置

DB 物流公司配送部组织结构如图 1-11 所示。该公司配送部下设运输调度科和车队两个部门，有五个岗位，分别是调度员、押运员、装卸工、车辆管理员、驾驶员。

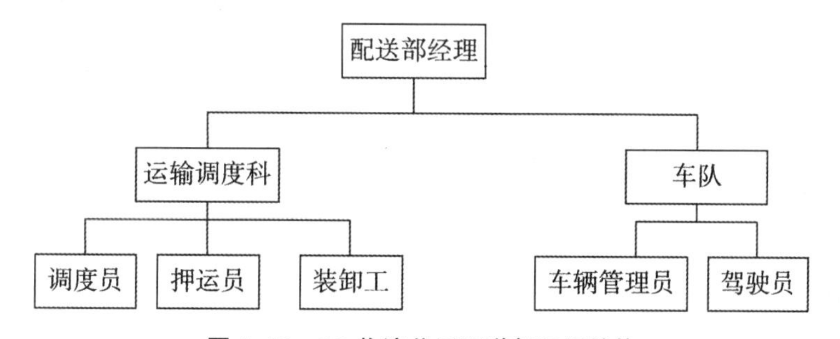

图 1-11 DB 物流公司配送部组织结构

大中型物流企业除了上述介绍的主要职能部门，还有财务部、行政部、人力资源部、安保部等辅助职能部门，以保证企业的正常协调运行。

单元二　仓储企业主要岗位职责

学习情境

小孙是2020届物流管理专业的毕业生，参加了DB物流公司组织的校园招聘会。他经历了过五关斩六将的招聘流程，即宣讲会—笔试—小组讨论—一对一面试—录用，最后顺利应聘成为该公司仓储管理岗位的职员。他能够应聘成功，很大的原因在于：①他在学校担任学生干部锻炼出来的组织活动、演讲、团队合作等能力；②在学校，他打下了扎实的专业知识基础；③在应聘前他充分地收集招聘方资料，了解面试职位的岗位职责，深入理解岗位的要求与自身素质的符合程度。在本单元，让我们一起学习仓储企业主要岗位职责，为将来的应聘搭起方便之桥。

学习目标

1. 了解仓储企业主要职能部门及主要岗位。
2. 熟悉仓储部的主要职责。
3. 学会仓储部主要操作岗位职责。
4. 通过模拟招聘会现场，让学生适应招聘会现场及招聘流程。

学习地点

1. 校内。
2. 模拟招聘现场。

学习内容

一、仓储企业主要职能部门岗位列表

仓储企业主要职能部门的岗位如表1-6。

表1-6　仓储物流公司主要职能部门的岗位

部门	岗位编号	岗位名称
业务部	1-001	业务部经理
	1-002	业务主管
	1-003	业务专员
	1-004	客户服务主管

（续表）

部门	岗位编号	岗位名称
	1-005	客户服务专员
	1-006	大客户服务专员
仓储部	2-001	仓储部经理
	2-002	货物验收员
	2-003	仓库管理员（出入库管理）
	2-004	货物保管员（在库管理）
	2-005	理货员主管
	2-006	理货员
	2-007	库存控制专员
配送部	3-001	配送部经理
	3-002	货运主管
	3-003	运输调度员
	3-004	送货员（押运员）
	3-005	装卸专员

二、仓储部主要职责及主要操作岗位职责说明

仓储部主要职责如图 1-12 所示。

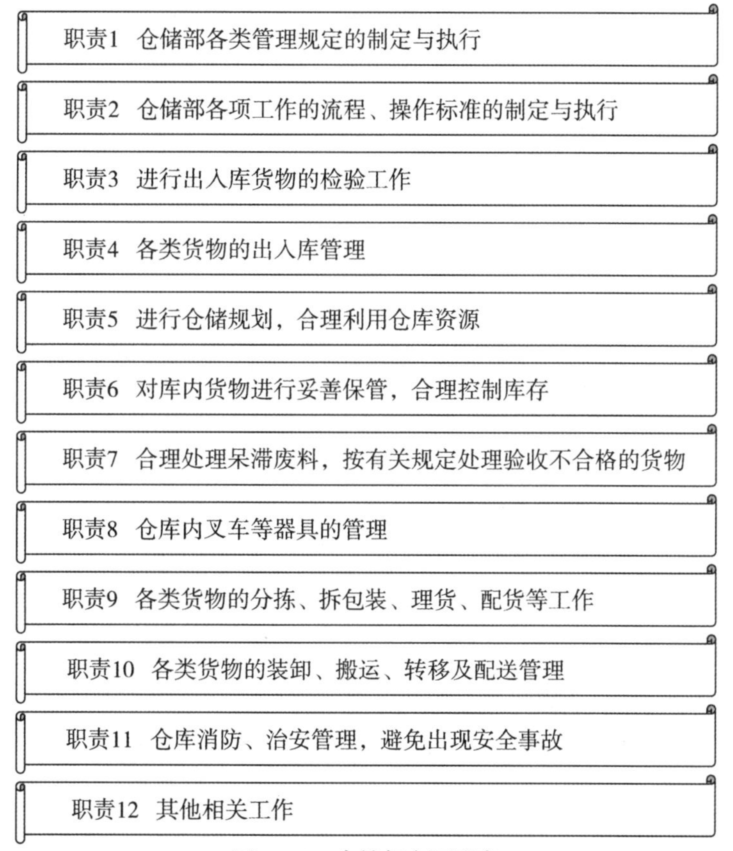

图 1-12　仓储部主要职责

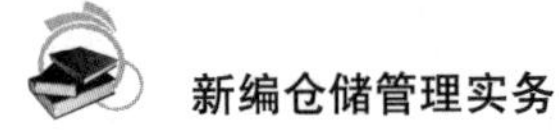

1. 货物验收员

货物验收员岗位职责如表 1–7 所示。

表 1–7　货物验收员岗位职责

<table>
<tr><td colspan="2">岗位名称：货物验收员</td><td>部门：仓储部</td><td>编制日期：</td></tr>
<tr><td colspan="2">直接上级：仓储部经理</td><td>负责对象：出入库货物</td><td>任职人签字：</td></tr>
<tr><td rowspan="4">任职条件</td><td colspan="3">学历　大学专科以上</td></tr>
<tr><td colspan="3">经验　2 年以上仓储出入库货物验收经验</td></tr>
<tr><td colspan="3">专业知识　商品学、货物学、质量管理、物流管理等相关知识</td></tr>
<tr><td colspan="3">业务了解范围　熟悉仓库管理业务流程，全面掌握商品质量验收相关知识；熟悉货物出入库验收程序</td></tr>
<tr><td colspan="4">工作目标　负责货物出入库的验收检验工作，对不符合验收要求的货物按公司的有关规定进行处理</td></tr>
<tr><td colspan="4">职责范围
1. 协助仓储部经理制定货物验收作业规范，并严格参照执行
2. 负责所有货物的出入库验收工作，并如实填写相应的出入库验收单据
3. 识别和记录货物的质量问题，对客户的包装、运输及其他方面工作提出改进建议
4. 拒收货物中的不合格产品，并退回客户处；对包装有残损的进行单独处理
5. 做好货物验收记录，对货物的验收情况进行统计、分析、上报
6. 完成上级领导交办的相关事宜</td></tr>
</table>

2. 仓库管理员

仓库管理员岗位职责如表 1–8 所示。

表 1–8　仓库管理员岗位职责

<table>
<tr><td colspan="2">岗位名称：仓库管理员</td><td>部门：仓储部</td><td>编制日期：</td></tr>
<tr><td colspan="2">直接上级：仓储部经理</td><td>负责对象：出入库货物</td><td>任职人签字：</td></tr>
<tr><td rowspan="4">任职条件</td><td colspan="3">学历　大学专科</td></tr>
<tr><td colspan="3">经验　2 年以上仓库管理工作及物流公司相关经验</td></tr>
<tr><td colspan="3">专业知识　仓储管理、物流管理、统计等相关知识，熟练使用常见计算机办公软件</td></tr>
<tr><td colspan="3">业务了解范围　熟悉物流仓储管理业务流程，全面掌握仓储物品的存储、调配等相关知识；了解公司内部的管理流程</td></tr>
<tr><td colspan="4">工作目标　按照公司仓储管理规定全面负责货物出入库管理工作，根据货物的特性合理安排储位</td></tr>
<tr><td colspan="4">职责范围
1. 规章制定：协助仓储部经理制定货物验收、出入库、存储等规章制度，报主管领导审批后，形成规章制度并严格执行
2. 货物的出入库管理：负责货物出入库的搬运设备与人员调配工作，安排好出入库计划；严格办理出入库手续，签发相关出入单
3. 库存统计与建立台账：建立相应的货物出入库台账，定期对出入库数据进行统计；对库存货物进行定期盘点，向信息管理部门及财务部提交库存盘点数据
4. 库房管理：负责辖区内各类库房的管理工作，做好库房的定额管理，严格监督货物的装载上车与卸货，进行现场指挥</td></tr>
</table>

3. 货物保管员

货物保管员岗位职责如表1-9所示。

表1-9　货物保管员岗位职责

岗位名称：货物保管员		部门：仓储部	编制日期：
直接上级：仓储部经理		负责对象：在库货物	任职人签字：
任职条件	学历　中专以上		
	经验　2年以上仓库货物保管经验		
	专业知识　仓储管理、库房管理、商品学、质量管理等相关知识		
	业务了解范围　熟悉物流仓储管理业务流程，掌握仓储物品的储存、保管要求		
工作目标　确保在库货物安全，商品质量完好和数量准确无误；定期巡查，发现异常问题及时处理			
职责范围 1. 协助货物的出入库管理：协助仓库管理员进行货物的进出仓，协助相关部门对出入库货物进行检验 2. 负责其保管区域内物品的保管工作 3. 定期清扫保管区，保证保管区内清洁卫生、无虫害 4. 定期检查仓库的温度和湿度，做好相关记录并控制和调节仓库的温度和湿度 5. 定期检查所保管的货物品种、数量、质量状况 6. 负责保管货物的安全管理工作，协助进行安全消防管理 7. 定期盘点库存货物，做到账、物、卡相符			

4. 理货员

理货员岗位职责如表1-10所示。

表1-10　理货员岗位职责

岗位名称：理货员		部门：仓储部	编制日期：
直接上级：理货员主管		负责对象：货物	任职人签字：
任职条件	学历　中专以上		
	经验　1年以上工作经验		
	专业知识　仓储管理、货物学、财会、叉车驾驶等		
	业务了解范围　熟悉仓储管理、运输流程；了解相关货物知识；熟悉仓储信息化操作		
工作目标　完成对出入仓库的货物进行验收、整理、核对和堆码等工作，在合理安排货物仓储的同时，对它们进行有序整理、拣选、配货、包装、置唛以及复核			
职责范围 1. 货物检查与核对：按照提货单提出货物，并核对货物品种、数量、规格、等级、型号 2. 根据每次入库理货的情况，制作理货清单 3. 货物分拣包装：根据客户订单的要求，把出货商品分拣、组配、整理出来；对出库待运货物进行检验核对，并进行包装，贴包装标志 4. 货物分拣与发运：根据货物的运输方式、流向和收货地点，将出库货物分类集中在出货区，通知驾驶员提货发运			

5. 库存控制专员

库存控制专员岗位职责如表 1-11 所示。

表 1-11　库存控制专员岗位职责

岗位名称：库存控制专员		部门：仓储部	编制日期：
直接上级：仓储部经理		负责对象：库存物品	任职人签字：
任职条件	学历　本科以上，物流管理、统计信息管理专业		
	经验　3 年库存控制管理工作经验；拥有大中型制造企业库存控制经验者优先		
	专业知识　物流管理、仓储管理、计算机信息、统计学等知识		
	业务了解范围　熟悉仓储管理业务流程，掌握库存控制的方法，了解仓储出入库台账		
工作目标　在仓储部经理领导下，具体执行各项库存管理制度和流程，收集、统计、跟踪库存状况，提出合理库存管理方法，降低库存费用			
职责范围 1. 分析跟踪每日库存状态，并根据分析的结果采取合理的库存控制方法 2. 协助仓储部经理，不断优化库存控制系统，降低库存控制成本 3. 具体负责呆滞物品的处理工作 4. 分析和改进库存控制系统，协助仓储部经理降低库存和提高库存周转率 5. 负责库存数据录入和提交库存报表 6. 完成上级交办的相关任务			

三、配送部主要操作岗位职责说明

1. 运输调度员

运输调度员岗位职责如表 1-12 所示。

表 1-12　运输调度员岗位职责

岗位名称：运输调度员		部门：配送部	编制日期：
直接上级：配送部经理		负责对象：车、司机	任职人签字：
任职条件	学历　大学专科以上，运输组织管理、物流管理专业		
	经验　3 年货物运输调度经验		
	专业知识　物流管理、仓储管理、运输组织、车辆性能等专业知识		
	业务了解范围　熟悉物流管理知识，掌握货运调度的各种方法及技巧，了解货运地区天气、交通路况等，妥善安排货运车辆、路线和人员		
工作目标　合理规划运输线路和运输车辆，监控货物及时安全到达目的地			
职责范围 1. 协助货运主管，制定运输规章制度和安全管理制度，组织执行并监督 2. 合理进行车辆和人员调度，确保运输效率 3. 制订月度运输计划并监督执行 4. 审核运输、保险费用，并在相关单据上签字 5. 处理运输事故并负责善后工作 6. 审核发运要求，合理选择运输线路和方式 7. 监督、检查、评估运输方面的工作质量、及时性和运输费用等 8. 负责专项运输方案的制订并监督其执行 9. 完成领导交办的其他工作			

2. 送货员

送货员岗位职责如表1-13所示。

表1-13　送货员岗位职责

<table>
<tr><td colspan="2">岗位名称：送货员</td><td>部门：配送部</td><td>编制日期：</td></tr>
<tr><td colspan="2">直接上级：配送部经理</td><td>负责对象：运输的货物</td><td>任职人签字：</td></tr>
<tr><td rowspan="4">任职条件</td><td colspan="3">学历　高中以上</td></tr>
<tr><td colspan="3">经验　1年以上工作经验</td></tr>
<tr><td colspan="3">专业知识　运输知识、安全知识、配送管理等知识</td></tr>
<tr><td colspan="3">业务了解范围　了解货运产品相关知识，熟悉仓储管理、运输流程</td></tr>
<tr><td colspan="4">工作目标　在运输过程中完成相关的日常事务工作，将货物安全送达指定地点，把送货单交给客户签字后送回</td></tr>
<tr><td colspan="4">职责范围
1. 运输前工作：指导并协助装卸人员搬运、堆码、装载待运货物，查验办理运输货物数量，办理相关运输手续
2. 运输途中管理：在货物运输途中，根据货物特性进行保管、护送等工作，保证货物安全到达目的地；如遇突发事件，及时向公司相关领导汇报，尽快予以解决；对于运输途中出现的货物损坏，按照相关规定进行处理，如退换货、修理等
3. 货物交付：按照客户要求将货物运送指定地点交货、卸货，进行货物的检验，办理交付手续，与客户进行交流，做到周到、微笑服务</td></tr>
</table>

3. 装卸专员

装卸专员岗位职责如表1-14所示。

表1-14　装卸专员岗位职责

<table>
<tr><td colspan="2">岗位名称：装卸专员</td><td>部门：配送部</td><td>编制日期：</td></tr>
<tr><td colspan="2">直接上级：配送部经理</td><td>负责对象：装卸的货物</td><td>任职人签字：</td></tr>
<tr><td rowspan="4">任职条件</td><td colspan="3">学历　高中以上</td></tr>
<tr><td colspan="3">经验　2年以上相关的工作经验</td></tr>
<tr><td colspan="3">专业知识　仓储、货运、商品、装卸等知识</td></tr>
<tr><td colspan="3">业务了解范围　了解物流业务流程，熟悉装卸搬运工具及其使用</td></tr>
<tr><td colspan="4">工作目标　利用装卸搬运工具，合理地对货物进行装卸、堆码、拆垛、分拣、搬运等操作，实现货物按照物流业务流程进行转移，保证配送、仓储、包装等业务顺利完成</td></tr>
<tr><td colspan="4">职责范围
1. 做好装卸人员的管理制度、工作流程建设
2. 负责组织装卸人员进行货物装卸作业，保证按时按量装卸
3. 负责货物装载后加固防护工作
4. 负责作业后场地的清扫和物品清理工作
5. 负责装卸人员的业务、劳动纪律、现场管理等日常的检查、督导、考核工作
6. 完成领导交办的其他工作</td></tr>
</table>

四、业务部主要操作岗位职责说明

1. 业务专员

业务专员岗位职责如表 1-15 所示。

表 1-15　业务专员岗位职责

<table>
<tr><td colspan="2">岗位名称：业务专员</td><td>部门：业务部</td><td>编制日期：</td></tr>
<tr><td colspan="2">直接上级：业务主管</td><td>负责对象：客户</td><td>任职人签字：</td></tr>
<tr><td rowspan="4">任职条件</td><td colspan="3">学历　大学专科以上</td></tr>
<tr><td colspan="3">经验　1 年以上市场营销工作经验或相关物流工作经验</td></tr>
<tr><td colspan="3">专业知识　市场营销、物流管理、人际关系、沟通演讲技巧等知识</td></tr>
<tr><td colspan="3">业务了解范围　了解国内仓储行业相关政策、法规，熟悉仓储业经营发展趋势；了解公司的运作方式、运作流程</td></tr>
<tr><td colspan="4">工作目标　在业务主管的领导下，根据公司的销售政策，建立、维护、扩大客户资源，完成公司下达的销售计划，实现公司销售目标</td></tr>
<tr><td colspan="4">职责范围
1. 寻找潜在客户，积累客户资源；不断挖掘老客户需求，扩大合作领域
2. 完成与客户的日常接洽，预约、拜访客户；与客户签订合同；回访客户，维护客户关系
3. 客户资料存档管理：记录每一客户的详细资料并整理归档，方便公司查询、业务交接和售后服务
4. 客户意见反馈：定期、不定期地拜访重点客户，接受客户意见，整理客户信息反馈单并反馈给相关部门</td></tr>
</table>

2. 客户服务专员

客户服务专员岗位职责如表 1-16 所示。

表 1-16　客户服务专员职责

<table>
<tr><td colspan="2">岗位名称：客户服务专员</td><td>部门：业务部</td><td>编制日期：</td></tr>
<tr><td colspan="2">直接上级：客户服务主管</td><td>负责对象：客户</td><td>任职人签字：</td></tr>
<tr><td rowspan="4">任职条件</td><td colspan="3">学历　大学专科以上</td></tr>
<tr><td colspan="3">经验　1 年以上相关工作经验</td></tr>
<tr><td colspan="3">专业知识　市场营销、客户关系管理等专业知识，具备良好的语言表达能力与沟通能力</td></tr>
<tr><td colspan="3">业务了解范围　了解国内仓储行业相关政策、法规，熟悉公司的业务情况，掌握与客户的沟通方法，特别是电话沟通技巧</td></tr>
<tr><td colspan="4">工作目标　组织收集整理客户信息；建立和维护良好的客户关系；为客户提供周到、满意的服务</td></tr>
<tr><td colspan="4">职责范围
1. 建立客户档案数据库：按照公司和客户需求对客户档案进行分类和管理，建立客户档案数据库
2. 客户信息调查：对客户进行电话访问，收集资料等，调查客户满意度、经营状况等
3. 客户关系管理：根据公司客户档案，定期与新、老客户联系，了解客户需求，及时向相关部门反馈客户信息；妥善处理客户提出的有关问题，维护与客户的良好关系
4. 客户投诉处理：接听客户投诉电话，做好记录并及时处理；超出权限范围及时上报领导处理</td></tr>
</table>

单元三　仓储企业仓库管理制度

学习情境

广东M物流公司是一家从事第三方物流服务的综合型物流公司，主要以公路干线运输、仓储管理、城市第二次配送为主，兼营商品贸易与代理。该公司总部设在广州，下设人力资源管理中心、财务管理中心、核算管理中心、3PL管理中心、营销管理中心、营运管理中心、法律事务中心、客户服务中心、分公司管理中心等九大职能中心。该公司正由区域性物流公司向全国性物流公司发展，仓储管理制度日趋规范，制定了仓库收货管理、发货流程管理、库存管理、仓库日常管理、报表及其他管理、关键绩效考核等制度。

学习目标

1. 熟悉仓储型物流公司的仓库管理制度。
2. 通过调研活动熟悉仓库的管理制度。

学习地点

校内教室。

学习内容

一、仓库收货管理制度

1. 正常产品收货制度

（1）货物到达后，收货人员根据司机（送货人员）的送货单和产品订单清点收货。

（2）收货人员应与司机共同打开车门检查货物状况，如货物有严重受损状况，需马上通知客户等候处理，必要时拍照留下凭证。如货物状况完好，则开始卸货工作。

（3）卸货时，收货人员必须严格监督货物的装卸状况（小心装卸），确认产品的数量、包装、保质期与送货单严格相符。任何破损、短缺必须在收货单上严格注明，并保留一份由司机签字确认的文件，如事故记录单、运输质量跟踪表等。破损、短缺的情况须拍照并及时上报经理、主管或库存控制人员，以便及时通知客户。

（4）卸货时如遇到恶劣天气（下雨、雪、冰雹等），必须采取各种办法确保产品不受损。卸货人员须监督产品在码放到托盘上时全部向上，不可倒置，每排码放的数量应严格遵守产品码放示意图的规定。

(5) 收货人员签收送货单并填写相关单据，将有关的收货资料，如产品名称、数量、生产日期（保质期或批号）、货物状态等交给订单处理人员。

(6) 订单处理人员接单后必须在当天将相关资料通知客户并录入系统。

(7) 收货人员将破损产品与正常产品分开单独存放，等候处理办法，将相关信息存入相关记录。

2. 退货或换残产品收货制度

(1) 各种退货及换残产品入库都须有相应单据，如运输公司不能提供相应单据，收货人员有权拒收货物等。

(2) 退货产品有良品及不良品的区别，如良品退货，货物必须保持完好状态，否则收货人员拒绝收货；不良品退货则必须与相应单据相符，并且有配套的纸箱，配件齐全，否则收货人员拒绝收货。

(3) 换残产品则须与通知单上的型号、机号相符，否则收货人员拒绝收货。

(4) 收货人员依据单据验收货物后，将不同状态的货物分开单独存放，将退货或换残单据及收货入库单交订单处理人员。

(5) 订单处理人员依据单据将信息录入系统。

二、发货流程管理制度

1. 订单处理制度

(1) 所有货物的出库必须有客户授权的单据（授权签字，印章）作为发货依据。

(2) 接到客户订单或出库通知时，订单处理人员进行单据审核（检查单据的正确性，是否有充足的库存），审核完毕后，通知运输部门安排车辆。

(3) 订单处理人员依据不同的单据处理办法进行系统录入，制作送货单及依据货品或客户要求制作备货单。

(4) 将备货单交备货人员备货。

2. 备货制度

(1) 备货人员严格依据备货单（出库单或临时出库单）拣货，如发现备货单或货物数量有任何差异，必须及时通知库存控制人员、主管、经理，并在备货单上清楚注明存在的问题，以便及时解决。

(2) 备货人员将货物按备货单备好后，根据要求按车辆顺序进行二次分拣并根据装车顺序按单排列。

(3) 每单备货必须注明送货地点、单号，以便发货。每单备货之间需留出足够的操作空间。

(4) 备货分拣完毕后，备货人员将备货单交还仓库管理员，经确认后通知运输部。

3. 发货制度

(1) 发货人员依据发货单核对备货数量，依据派车单核对提货车辆，检查承运车辆的状况后方可将货物装车。

(2) 发货人员按照派车单顺序将每单货物依次出库，并与司机共同核对出库货物的型号、数量、状态等。

(3) 装车后，司机应在出库单上写明车号、姓名，同时请发货人员签字，然后发

货人员将完整的出库单交给接单人员进行出库确认。

三、库存管理制度

1. 货物存放制度

(1) 入库货物需贴好标签后入位，货物的存放不能超过其堆码层数极限。

(2) 所有货物不可以直接放置在地面上，必须按照货位标准整齐地码放在托盘上。开箱货物应及时封箱，并粘贴提示说明。货物必须保持清洁，长期存放的货物须定期打扫尘土，货物上不许放置任何与货物无关的物品，如废纸、胶带等。

(3) 破损及不良品单独放置在搁置区，并保持清洁的状态、准确的记录。

(4) 托盘放置须整齐有序。上货架的货物要保证其安全性。

(5) 货架上不允许有空托盘，空托盘须整齐地放置在托盘区。

(6) 出入库产生的半排产品应放置在补货区（一层）。半排产品码放应整齐有序，不可以梯形码放。

2. 盘点制度

(1) 所有的货物每个月必须大盘一次。

(2) 针对每天出库的货物进行盘点，并对其他货物的一部分进行循环盘点，以保证货物数量的准确性。

(3) 盲盘：针对每次盘点，接单人员打印盘点表（不包括产品数量），交给盘点人员。至少有两名盘点人员进行盘点，将盘点数量填写在空白处，盘点后由所有参与盘点的人员共同签字确认数量。盘点人员将盘点表交给报表人员，报表人员将盘点数量输入系统盘点表，进行数量的匹配，如有数量的差异，需打印差异单，进行二次盘点，二次盘点后无差异后存档。如仍有差异，需进行核查，如发现有收发货错误的，需及时联系客户，确认是否能挽回损失，如无法挽回，则按照事故处理程序办理。

四、仓库日常管理制度

(1) 定期检查库区和库内地面是否有淤泥、尘土、杂物等。

(2) 装卸作业工具（如叉车、小拖车等）在不用时，应停放在指定区域。

(3) 门、窗、天窗及其他开口在不用时保持关闭，状况良好，能有效阻止鸟及其他飞行类昆虫进入。

(4) 检查仓库照明设备是否完好、安全（检查方法：将库内的灯全部打开，检查是否有不亮的灯和亮度是否足够）。

(5) 检查仓库办单处是否整洁（要求：所有单据摆放整齐、有清晰的分类）。

(6) 检查仓库地面是否清楚标明堆码区和理货区。

(7) 手摸货架、货物、托盘，确保无灰尘。

(8) 空托盘在指定区域堆放整齐。

(9) 货物堆码无倒置、无超高现象。

(10) 货物堆放整齐，无破损、无开箱或变形货物（破损、搁置区存放的货物除外）。

(11) 仓库的活动货位连贯，没有不必要的活动货位（活动货位是指用活动的标志表示的货位，根据需要，可以在仓库里灵活移动）。

（12）各类警示标志（包括安全线路的箭头指示、禁止吸烟标志等）保持有效、整洁、张贴规范。

（13）每次收货后，应正确、清晰地填写并张贴收货标签。

（14）破损、搁置、禁发货物分开存放，货物上应张贴相应标签。

（15）破损、搁置货物在三个月内（食品类为一个月）处理完毕。

（16）所有退货的处理必须在两天内完成，并且退货上必须贴有“退货通知单”。

（17）仓库无“四害”（苍蝇、蚊子、老鼠、蟑螂）侵袭的痕迹。

（18）定期做“四害控制”处理，并记录每次处理的工序、时间、结果。

（19）同库、同品种的货物必须堆放于同区域或相近区域，同品种的货物应该存放于同一仓库。

（20）同一客户的产品，如果可以共存于一个仓库，且一个仓库能够存放得下，那么该客户的产品必须存放于同一仓库。

五、报表及其他管理制度

（1）仓库管理员在月末结账前要与车间及相关部门做好物料进出的衔接工作，各相关部门的计算口径应保持一致，以保障成本核算的正确性。

（2）必须正确及时报送规定的各类报表，将收付存报表、材料耗用汇总表、三个月以上积压物品报表、货到票未到材料明细表于每月 27 日前上报财务及相关部门，并确保其正确无误。

（3）如在库存物品清查盘点中发现问题和差错，应及时查明原因并进行相应处理。如属短缺及需报废处理的，必须按审批程序经领导审核批准后才可进行处理，否则一律不准自行调整。发现物料失少或有质量上的问题（如超期、受潮、生锈、老化、变质或损坏等），应及时以书面形式向有关部门汇报。

（4）各事业部因客户需要，要求在外设立仓库的，必须报经公司主管领导批准后作为库存转移，并报财务部备案，其仓库管理纳入所在事业部仓库管理；外设仓库必须由专人负责登记库存商品收发存台账，并将当月增减变动及月末结存情况编成报表，定期进行盘点清查，每月将各类报表在规定的时间内报送有关事业部及财务人员。

（5）仓库现场管理工作必须严格按照 ISO9001 标准及各部门的具体规定执行。

六、关键绩效考核制度

仓库关键绩效考核指标（Key Performance Indication，KPI）包括以下几个。

1. KPI 1：盘点准确率

定义：每月盘存数占系统库存数的百分比。考核标准：99.9%以上。

计算公式：KPI1＝实际盘存数/系统库存数×100%

2. KPI 2：破损率

定义：操作中发生的累计破损量占累计操作量的百分比。考核标准：不超过 0.1%。

计算公式：KPI 2＝操作中发生的累计破损量/累计操作量×100%

3. KPI 3：收发货不及时率（车辆到达后 15 分钟以内的收发为合格）

定义：每月收发货不及时单数占每月收发货总单数的百分比。考核标准：不超过 2%。

计算公式：KPI 3＝每月收发货不及时单数/每月收发货总单数×100%

单元四　模拟招聘会实训项目

1. 实训目的

模拟招聘会现场，让学生参加招聘会，使学生熟悉招聘的流程，懂得招聘前的准备工作，掌握招聘过程中的形象塑造和沟通技巧。

2. 实训准备

（1）了解应聘岗位的要求及岗位职责。

（2）布置招聘会现场。

（3）招聘方准备面试的考题。

（4）将全部同学（全班以 50 人为标准）分成 5 组，每组 10 人，其中 3 人担任招聘方考官，7 人扮演应聘者。

（5）时间安排 2 学时。

3. 实训任务

（1）要求模拟仓储物流企业，该企业拟招聘三个岗位：业务员、仓库管理员、客户服务人员。

（2）要求以组为单位，共同布置招聘会现场，准备白板，在白板上提供公司简介、招聘流程（宣讲会—笔试—小组讨论——对一面试—录用）、招聘岗位的要求及招收人数等信息。

（3）招聘方准备面试考题、答案，设计面试的评分标准及评分单。

（4）应聘者进行面试前的准备工作。要求做到服装干净整洁，精神面貌好；准备好应对考官提出的问题和笔试考题。

（5）每组按照要求模拟招聘现场。招聘方根据招聘流程进行宣讲会、笔试、小组讨论、一对一面试、录用等工作。应聘者必须按照考官的要求做出响应。

（6）每一组招聘方在每个环节对面试的应聘者进行打分，选出最适合岗位要求的应聘者，然后公布面试结果。

4. 实训步骤

（1）招聘方宣讲企业招聘岗位及要求。

（2）应聘者进行简单的自我介绍和应聘岗位的陈述。

（3）招聘方考官针对应聘者应聘的岗位所需的知识和技能对应聘者进行提问。

（4）招聘方考官对面试的应聘者进行打分，选出最适合岗位要求的应聘者。

（5）招聘方考官的组长点评应聘者的表现并公布面试结果。

5. 任务评价

任务评价的方式有教师评价、小组内部成员评价和第三方评分组成员评价三种，建议教师评价占 60%的权重，小组内部成员评价占 20%的权重，第三方评分组成员评价占20%的权重，将三者综合起来最后的得分为该生在该项目的分数。任务评价单如表1-17所示。

表1-17 任务评价单

考评人		被考评人	
考评地点			
考评内容			
考评标准	具体内容	分值/分	实际得分/分
	工作态度	10	
考评标准	沟通水平	10	
	招聘前准备工作	10	
	招聘现场布置工作	10	
	模拟招聘现场	20	
	考官表现	20	
	应聘者表现	20	
合计		100	

注：考评满分100分，60分以下为不及格，60～69分为及格，70～79分为中，80～89分为良，90分以上为优。

本模块小结

本模块主要目的是使学生通过对仓储企业的组织结构、主要岗位职责以及仓储企业制度的了解，熟悉仓储企业所需的职业能力和要求，最后通过模拟仓储企业招聘相关岗位的人员进行实训，让学生更进一步理解仓储企业的主要岗位职责，以及如何应聘等。

复习题

一、选择题

1. 矩阵式组织结构的优点是（　　）。

A. 权力集中　　B. 信息沟通简便

C. 职责明确　　D. 协调配合好

2. 事业部制组织结构的优点是（　　）。

A. 权力相对集中，有独立的经营管理能力　　B. 横向沟通简便

C. 任务明确，职责明确　　D. 协调配合好

3. 哪个不是直线职能制组织的缺点？（　　）

A. 职能部门之间的协作和配合较差

B. 集权式管理增加了高层领导的协调工作

C. 中层的积极性不够，容易产生相互推诿

D. 组织缺乏创新

4. 下面哪个不是货物保管员职责？（　　）

A. 负责保管区域内物品的保管工作　　B. 定期清扫保管区

C. 定期检查仓库的温度和湿度　　D. 负责对货物的验收及卸货

5. 下列不属于业务部岗位的是（　　）。

A. 装卸专员　　B. 业务专员

C. 客户服务专员　　D. 大客户服务专员

二、简答题

1. 仓储企业组织结构要如何设计？
2. 仓储企业组织结构的主要形式有哪些？
3. 请画出典型仓储企业的组织结构图。
4. 仓库管理员的主要职责有哪些？
5. 请简述企业制度的重要性。

三、案例题

一条猎狗将兔子赶出了兔窝并一直追赶它，但追了很久仍没有捉到兔子。羊看到此种情景，讥笑猎狗说："你们两个之间小的反而跑得快得多。"猎狗回答说："你不知道我们两个的跑是完全不同的！我仅仅为了一顿饭而跑，它却是为了性命而跑呀！"

这话被猎人听到了，猎人想："猎狗说的对啊，我要想得到更多的猎物，就得想个好法子。"于是，猎人又买来几条猎狗，凡是能够在打猎中捉到兔子的，就可以得到几根骨头，捉不到的就没有饭吃。这一招果然有用，猎狗们纷纷去努力追兔子，因为谁都不愿意看着别人有骨头吃，自己没得吃。就这样过了一段时间，问题又出现了，大兔子非常难捉到，小兔子很容易捉到，但捉到大兔子得到的奖赏和捉到小兔子得到的奖赏差不多。猎狗们发现了这个窍门后，就专门去捉小兔子。过了一段时间，猎人问猎狗们："最近你们捉的兔子越来越小了，为什么？"猎狗们说："反正没有什么大的区别，为什么费那么大的劲去捉那些大兔子呢？"

猎人经过思考后，决定不将分到骨头的数量与是否捉到兔子挂钩，而是采用每过一段时间，就统计一次猎狗捉到兔子的总重量。即按照重量来评价猎狗，确定猎狗在一段时间内的待遇。于是猎狗们捉到兔子的数量和重量都增加了。猎人很开心，但是过了一段时间，猎人发现，猎狗们捉兔子的数量又少了，而且越有经验的猎狗，捉兔子的数量下降得越厉害。于是猎人又去问猎狗，猎狗说："我们把最好的时间都奉献给了您，主人，但是随着时间的推移我们会变老，当我们捉不到兔子的时候，您还会给我们骨头吃吗？"

于是，猎人做了论功行赏的决定，分析与汇总了所有猎狗捉到兔子的数量与重量，规定如果捉到的兔子超过了一定的数量后，即使捉不到兔子，每顿饭也可以得到一定数量的骨头。猎狗们听到后都很高兴，大家都努力去达到猎人规定的数量。一段时间过后，终于有一些猎狗达到了猎人规定的数量。这时，其中有一只猎狗说："我们这么努力，只得到几根骨头，而我们捉的猎物远远超过了这几根骨头。我们为什么不能给自己捉兔子呢？"于是，有些猎狗离开了猎人，自己捉兔子去了。

猎人意识到猎狗正在流失，并且那些流失的猎狗像野狗一般和自己的猎狗抢兔子。情况变得越来越糟，猎人不得已引诱了一条野狗，问它到底野狗比猎狗强在哪里。野狗说："猎狗吃的是骨头，吐出来的是肉啊！"接着又道："也不是所有的野狗都顿顿有肉吃，大部分最后连骨头都没有！不然也不至于被你诱惑。"于是猎人进行了改革，使得每条猎狗除获得基本骨头外，还可获得其所猎兔肉总量的 n（n 为百分比），而且随着服务时间加长，贡献变大，该比例还可递增，并有权分享猎人总兔肉的 m（m 为百分比）。就这样，猎狗们与猎人一起努力，将野狗们逼得叫苦连天，纷纷强烈要求重归猎狗队伍。故事还在继续……

试分析制度的重要性，在不同的发展阶段，是不是需要制定不同的激励制度与其发展形势相配套呢？

模块二

仓储商务能力

单元一　市场调研

学习情境

某物流专业的大专毕业生小陈在新设立的H物流公司市场部就职，该公司拥有两个2000平方米的仓库和相关设备，其仓储货物以电子类产品为主，拥有流动资金300万，员工80人。现公司要求市场部调查本地区仓储的需求状况并根据公司自身的情况设计一套完整并且具有针对性的调查问卷。对此，市场部门应该怎么做？小陈要做些什么工作呢？

学习目标

1. 能够对客户、物流市场及竞争对手进行调研，做好市场信息的收集、整理和反馈工作，能够设计调研问卷、实施调研，能够撰写调研报告。
2. 根据物流市场的发展情况和业务开展的实际需要，有针对性地制订市场调研计划并根据调研计划开展市场调研。
3. 通过有效途径定期了解本地区物流供求状况和潜在市场潜力，定期对客户的需求进行调研。

学习地点

1. 教室。
2. 调研对象单位。

学习内容

每个企业或多或少地都需要进行市场调研。现代企业通常根据销售额的一定百分比制定市场调研的预算，供市场营销研究部门使用或购买外部专业市场营销研究公司的服务。从一般的意义上讲，市场调研是指以营销管理和决策为目的，运用科学方法，对有关信息有计划、有步骤、系统地收集、整理、分析和报告的过程。

市场调研应用的范围很广，仓储企业中常见的一些调研项目有物流市场环境调研、供应调研、需求调研、物流价格研究及物流销售分析等。

一、市场调研步骤

没有一个程序可以适用于所有的市场调研。不过，典型的市场调研大都可以分为以下三个阶段：调研准备、正式调研和结果处理阶段。三个阶段又可以进一步分为五个步骤：明确问题、制订调研计划、组织实施计划、分析调研资料和提出调研报告

（如图 2-1 所示）。

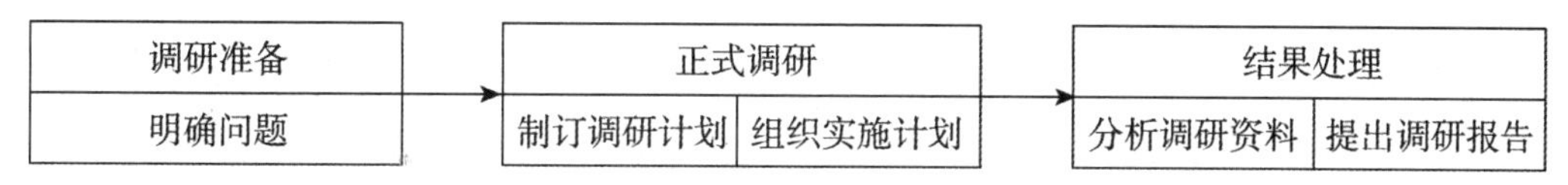

图 2-1　市场调研步骤

1. 明确问题

仓储企业会面临这样或那样的问题，但一项调研的目标不能漫无边际，只有将每次调研所要解决的问题限制在一定范围内，才便于有效地制订调研计划和实施调研。如：某一区域的工业企业或商业企业希望仓储企业能提供哪些服务？问题提得越明确，越能防止调研过程中不必要的浪费，将信息采集量和处理量减至最低。调研准备阶段提出的假设或目标，就是正式调研阶段所要验证或解决的问题。

2. 制订调研计划

调研计划包含以下内容。

（1）确定所需要的信息。

明确调研目的之后，就要确定调研对象和范围，这主要是为了解决向谁调研和由谁具体提供资料的问题。在确定调研对象和范围时，要特别注意调研对象和调研范围之间的联系，这是整个计划的基础。

在选择调研对象时，要综合考虑各种因素，做到以下几点：要结合调研目的，达到调研要求；要综合考虑调研对象的数量、分布范围的宽广、调研难易程度等具体情况；要考虑所选样本的代表性，若调研对象之间差异较小，任何一个样本的代表性都很强，则可选择较少的样本，反之，则应选择较多的样本。

仓储企业在确定调研范围时，可参照表 2-1 进行。

表 2-1　物流市场调研一览表

调研范围	具体内容
市场环境调研	国内外政治形势、外交关系、体制改革状况 国家经济、环保、外贸等相关法律、行政法规动态及其影响 宏观经济状况及产业、行业、市场供求关系 社会文化、消费习俗和传统 与目标市场相关的地理条件等
市场需求调研	仓储配送服务需求总量以及影响因素 仓储配送服务需求者及其分布结构分析 仓储配送服务需求者购买因素分析
市场供应调研	提供同类服务的企业和机构 仓储配送服务的供应总量及预测 仓储配送服务范围变化
市场营销活动调研	竞争对手状况 本企业所提供的仓储配送服务优劣势分析 仓储配送服务价格状况、变动趋势及影响因素 广告媒体、广告效果 仓储配送服务销售增长情况 客户对服务的评价

除以上市场调研范围外，仓储企业还可视情况选定其他的市场调研项目和任务。

（2）信息来源。

信息包括一手资料和二手资料。一手资料又称原始资料，是为当前某种特定目的直接从调研对象那里获取的信息；二手资料则是已经由别人收集、整理且通常是已经发表过的信息，如各种公开的出版物，各类咨询、信息公司提供的数据，企业信息系统里储存的各种数据。一般来说，调研中应尽可能利用二手资料，因为获得二手资料相对来说比较容易而且快捷。但是在有些市场调研中，收集一手资料是必不可少的，因为一手资料对解决当前问题具有更强的针对性，而且二手资料在客观性、时效性和准确性等方面可能存在问题。

（3）调研方法。

选择调研方法时，要综合考虑各调研方法的适用范围。

①观察法，即调研人员直接到现场观察调研对象并收集信息，也可以用照相机、摄像机等工具收集信息。有经验的调研人员可以通过观察法就能得到某些在其他场合很难得到的信息，并能排除被调研对象的紧张心理或主观因素的影响。但观察法不适用于需要判断调研对象内心的情况。因此，观察法适用于描述型的调研，不适合因果型的调研。

②实验法，适用于因果型调研，如研究仓储费用对仓储市场的影响。在运用实验法时，需挑选被实验者，将被实验者分成若干相互对照的小组，给予它们不同的条件，同时对其他变量加以控制，然后观察不同条件下所得结果的差异是否具有统计学上的意义，以找出因果关系。

③询问法，介于观察法的探索性和实验法的严密性之间，是较常见的方法，适用于描述性调研。询问法在具体做法上又有多种形式，如邮寄问卷、电话询问和直接面谈等。

目前，大多数市场调研往往采用两种以上的调研方法收集市场信息。

（4）抽样计划。

抽样计划要解决以下三个问题：谁是抽样对象？调查样本有多大？样本应如何挑选出来？抽样方法有随机抽样和非随机抽样两大类。随机抽样包括单纯随机抽样、分层抽样、分群抽样和地区抽样几种具体方法；非随机抽样包括任意抽样、判断抽样和配额抽样等几种具体方法。这些方法各有利弊，需要根据实际情况权衡之后选择使用。

（5）调研工具。

在收集原始数据时，有两类可供选择的调研工具：一是问卷；二是某些机器设备，如录音机、照相机、摄像机、收视测试器、印象测试机等。其中，最常用的是问卷。

除以上内容外，调研计划还应该包含行动的时间安排和费用预算。

3. 组织实施计划

调研计划报上级主管部门批准后，就要按照计划规定的时间、方法、内容着手进行实施了。这一阶段的实际工作量最大，费用支出也最大，而且最容易出现错误。

这一阶段的工作主要有：①市场调研人员招聘与培训，市场调研人员必须具备相应的品德素质、业务素质和良好的身体素质，公司需要根据市场调研人员的总体和个体情况，结合具体的市场调研计划，制订有针对性的、内容和方法不同的培训计划，

使调研人员明确调研的目的与任务；②根据调研实施计划中规定的人员、任务、日程，安排具体的调研活动；③调研项目负责人应对具体的调研活动进行管理、协调和控制。这一阶段还可根据调研项目的实际情况聘请专业调查公司来完成。

4. 分析调研资料

实地调研中收集的原始数据大多是零散的、不系统的，只能反映事物的表面现象，无法反映事物的本质和规律性，这时就需要对大量的原始资料进行加工、汇总，使之系统化、条理化。

这一阶段的工作包括：①对资料进行审核、订正、分类汇总，检查资料是否齐全；②分辨资料的真实可靠性，并核查资料是否有遗漏，对资料进行加工整理；③对资料进行分类、列表，以便于归档、查找、使用；④运用统计模型和其他数学模型对数据进行处理，以充分发掘现有数据中隐藏的信息，在看似无关的信息之间建立起内在联系。

例如，某物流仓储公司进行了市场调研，其调研的主题是某区域内相关企业对物流仓储业务外包的认可程度，把调查问卷中所获信息进行整理后得到物流仓储业务外包认可程度调研表（如表 2-2 所示）。

表 2-2　物流仓储业务外包认可程度调研表

变量名	变量值	频数	百分比/%	有效百分比/%	累计百分比/%
非常不好	1	1	0.20	0.23	0.23
不好	2	10	2.00	2.29	2.52
一般	3	193	38.52	44.27	46.79
好	4	216	43.11	49.54	96.33
非常好	5	16	3.19	3.67	100.00
缺失		65	12.97		
		501			

5. 提出调研报告

调研的目的显然不是让大量的统计数字、表格和数学公式搅昏决策者的头脑，而是要对决策者关心的问题提出结论性的建议。市场调研报告是市场调研的终点，是调研的最后一个环节，也是调研成果的集中表现。因此，调研报告的好坏可以说是衡量整个调研工作好坏的一个重要标准。本阶段包括撰写书面调研报告和提供调研成果。物流市场调研报告主要包括以下内容。

（1）调研项目的产生和项目实施过程概况。说明调研项目的产生过程，项目的目的和意义、项目实施的大致过程等。

（2）调研过程。这部分要具体说明调研工作的全过程，包括具体阶段、步骤、人员、组织、调研计划、调研对象、调研内容、调研方法、进度安排、控制措施、实际工作情况等。

（3）调研结果。这部分包括调研收集的原始数据资料的说明，原始资料分析整理后得到的数据资料及其说明，整理后的对象资料的空间、时间、结构和变化规律说明等。

（4）分析和建议。这部分工作是结合调研过程对调研结果进行理论分析，特别是对数据资料的空间、时间、结构、变化规律、发展趋势等进行分析。为了帮助说明，可以根据数据资料画出图表，进行数学分析计算，得出一些具体的结论。再根据这些结论，结合企业的工作实际对企业的工作进行分析评价，找出问题，提出改进工作的方法、方案等建议。这部分文字主要是主观性文件，是最有价值的内容，是直接根据调研结果得出的、对企业经营决策提供决策支持的建议方案，要有理有据、有说服力，文字不含糊，观点要明确，这部分是决策者最为关心的一个部分。

（5）其他说明。这部分是关于调研过程、调研结果和调研分析以外的其他内容的说明，是辅助性文字，如人员组成和介绍、经费使用、组织领导、调研风险和意外事故等。

（6）附录。这部分是调研有关文件，包括项目建议书、调研计划、调研大纲、样本分配、调研原始资料、数据图表、访问记录、参考资料目录等。这些文件作为附件附在调研报告之后，存档以备参考。

调研过程中，有些常见的错误应引起调研人员的注意。

（1）资料收集过多，或过分强调原始资料，使整个调研耗时长、费用多，花了很多时间在访问或阅读计算机输出的冗长报告上，却难以从数据中得出有意义的结论。

（2）调研人员缺乏训练。研究人员耗费许多时间设计出了可行的计划和问卷，却由于调研人员对调研目标和问卷的理解不当而误事。此外，调研人员素质参差不齐，导致调研结果不甚理想，也会加深主管人员对调研的偏见，以为市场调研不过是设计问卷、选择样本、进行访问、报告结果这一系列简单的信息采集工作，不能为决策部门提出有意义的建议。

（3）不注意利用外部力量。专业调研公司一般比企业附设的调研部门有更充足而且训练有素的专业调研人员，能根据客户的要求在较短时间内完成调研项目，更能减少企业内部人员主观因素对调研结果的干扰，企业应该注意内部调研部门和专业调研公司的结合使用。

二、仓储企业市场调研

仓储企业市场调研流程如图 2-2 所示。

流程中各关键点解释如下。

调研立项：物流市场调研项目负责人提出调研立项申请，报公司审批；公司批准后，形成调研任务书。

拟定调研策划书：调研项目负责人接到调研任务书后，仔细研究公司的批复意见，明确调研目的、任务及要求，对调研项目进行策划，制订调研计划。

制订调研实施计划：调研项目负责人针对调研计划中的某一具体项目进一步制订调研实施计划。

实施调研、收集历史数据：根据调研实施计划，组织安排调研小组进行实地调查，并安排人员收集相关的历史资料和二手数据。

调研过程监控：调研项目负责人应对调研过程予以指导、协调、监督，以保证调研结果的客观性、科学性。

信息整理、汇总、分类：组织调研小组成员将调研所得资料按一定规律进行初步

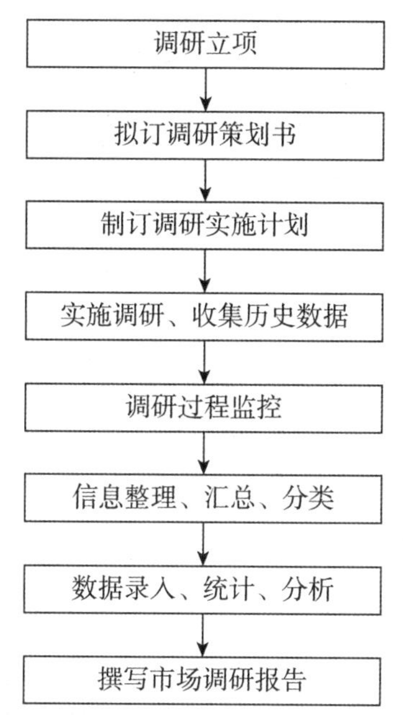

图 2-2　仓储企业市场调研流程

的整理、汇总、分类，并审核信息的有效性，剔除无效信息。

数据录入、统计、分析：组织人员录入数据，以便利用专业的统计软件进行数据分析，并根据结果进行策略研究。

撰写市场调研报告：调研项目负责人应根据数据分析的结果撰写相应的市场调研报告，提供给公司领导作为决策参考。

附：调查问卷

物流仓储业调查问卷

为了了解××市物流仓储业现状，帮助企业科学决策，促进物流仓储业健康发展，现在全市范围内展开本次物流仓储业调查。

感谢您的支持！

调查时间：__________　调查人员：__________
调查单位：__________　单位地址：__________
接待部门：__________　联系方式：__________

---

1. 贵公司是否拥有仓库：　□是　□否
2. 仓库属性为：　□自有　□租赁
3. 贵公司提供哪些除仓储之外的附加服务？

□流通加工　□运输　□配货　□包装　□其他

4. 贵公司仓库情况。

仓库地址	类型	面积/平方米	主要储存的货物	利用率	周转天数	年储存量

5. 贵公司仓库主要仓储设备情况。

项目	货架（储存设备）	叉车（搬运设备）	传送带（输送设备）	其他设备
规格				
数量（长度）				
购买金额				

6. 商品的存储是否实现条形码化？仓库是否有相关系统的支持？

7. 贵公司是否已使用相关物流信息系统？请写出软件名称。如果没有使用物流信息系统，是否有意愿在近期上系统？

8. 从接到客户的订单到提供服务一般需要多长时间：

□30 分　□30～60 分　□2 个小时　□6 个小时　□24 个小时　□其他

9. 主要客户所在地：________________________

客户类型比例：大型客户________　小型客户________

10. 客户满意度情况如何？对客户需求的了解程度（时间、价格、服务水平）。

11. 贵公司仓储业务的主要客户的分布是怎样的？有效半径为多少？这些客户的存储周转速度情况如何？

12. 贵公司仓储服务的收费标准是什么？

13. 贵公司在发展过程中存在的问题：

□资金不足　□市场需求不能有效满足　□标准化问题

□诚信问题　□人才短缺　□自身管理水平　□其他

14. 如果本地区有专门的物流中心提供仓储场所，请问贵公司是否有意向进驻？

□是　□否（如果答否请简单说明原因）：________________________

单元二　仓储业务客户开发与投标管理

学习情境

SN 物流公司主要负责 SN 电器的门店配送和 SN 易购的物流配送。SN 物流公司围绕基础设施网络建设、物流运营效率提升以及社会化开放运作不断强化核心竞争力。某高校物流专业毕业生小王毕业后到这家物流公司市场拓展部工作，在市场拓展部小王主要负责客户开发。最近，该物流公司就本区域的家电产品仓储配送业务进行投标，小王学习了投标的整个过程。

学习目标

1. 熟悉客户开发流程及关键控制要点。
2. 对客户进行调查，收集客户的相关资料。
3. 掌握仓储业务投标流程，会制作投标书。
4. 模拟仓储业务投标操作。

学习地点

1. 教室。
2. 仓储物流公司。

学习内容

一、客户开发

（一）客户开发流程

在进行客户开发前，我们先要掌握客户资料收集和客户开发的相关知识，熟悉客户的需求。客户开发流程如图 2-3 所示。

（1）收集客户资料：根据本公司的市场定位和业务方向，广泛收集客户资料。

收集客户资料的渠道主要有三个：一是面谈，与客户进行交谈，进一步了解其生产经营和物流业务需求情况，听取其对本企业的基本看法；二是文献搜索，通过报纸、网络及其他媒体了解客户的各方面情况，并对这些情况进行汇总；三是实地调研，走访客户的主要合作伙伴或竞争对手，听取其对客户的意见和看法。

收集客户资料时必须遵循两个原则：一是全面原则，资料的种类包括客户基本情况、信用情况、经营者情况以及客户所在行业情况等；二是准确原则，客户的资料必

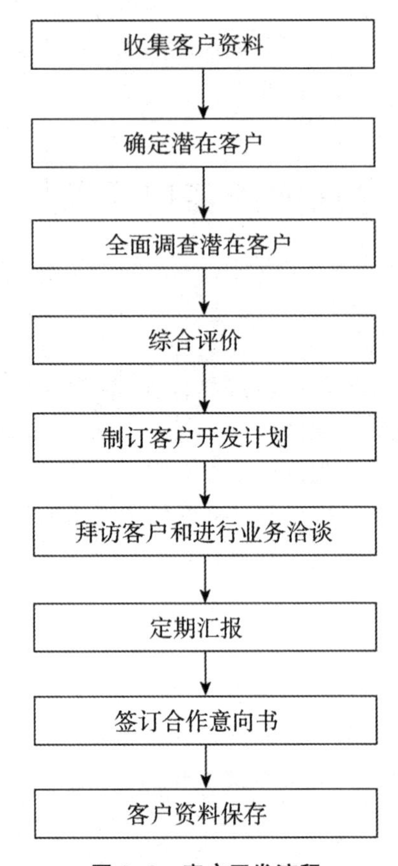

图 2-3　客户开发流程

须准确，防止资料失真给企业决策造成误导。

（2）确定潜在客户：根据收集的客户资料确定潜在客户。

对收集的客户资料进行分析，筛选出潜在客户。一般根据以下标准选择潜在客户：①具有较强的经济实力；②其需求同本公司物流业务一致；③没有重大业务违约和信用事件。

（3）全面调查潜在客户：对潜在客户进行全面调查，重点了解客户近三年的经营数据、业务合作伙伴、总经理和业务负责人的情况、企业文化的特点、管理水平、员工素质、工作能力等，以确定客户开发成功的难易程度和客户开发的成本、策略。

（4）综合评价：根据调研数据对客户进行综合评价，对其信用等级、经营能力进行划分，排列出客户开发的先后顺序和难易程度。

（5）制订客户开发计划：根据信用等级的划分、经营能力的强弱、管理人员的特点和企业文化模式分别制订客户开发计划。客户开发计划的主要内容包括：客户开发的渠道和方法、客户开发人员的分配情况、客户开发进度安排、客户开发经费预算和分配等。

（6）拜访客户和进行业务洽谈：根据客户开发计划，选择恰当的时机拜访客户和进行业务洽谈。

①拜访客户。首先，在拜访客户前要明确拜访的目的，如引导客户做出决策，对

客户的信用状况做出判断，向客户传达资料、服务等信息，对客户的经营风格和个人品质进行考察，创造一个与客户交流的机会，听取客户意见等。其次，要订立客户拜访要点，确定对不同客户的拜访计划，内容包括拜访的重点、具体业务、拜访的时间和频率，同时还要编制预定拜访表，以合理安排拜访时间和确定洽谈的重点内容与策略。再次，拜访客户的时候要注意业务洽谈的技巧，考虑客户的利益，注意倾听客户的诉求，争取给客户留下良好的印象。最后，做拜访总结，即对拜访过程进行记录和整理，总结形成客户资料。

②进行业务洽谈。根据业务洽谈的结果，采取不同的业务跟踪方式。如果客户近期有紧迫的需求，则可以做物流方案的预案，并与客户进行互动，对方案进行完善，让客户尽可能参与方案的制订；如果洽谈之后没有得到相应的信息，则需要进行进一步跟踪，深入了解客户的想法，找出项目决策人并重点跟踪。

（7）定期汇报：对客户开发的进展情况及时向上级主管汇报并听取上级主管对开发进程的意见和建议。

（8）签订合作意向书：同新开发客户签订合作意向书，就双方的合作范围、合作时间、合作方式、合作报价以及付款方式等做出规定。

（9）客户资料保存：对客户资料进行建档、保存并及时进行更新。

（二）客户信用调研

客户的信用等级对企业而言是非常重要的，为了掌握客户的信用状况，及时了解客户信用情况的变化，降低企业业务往来风险，我们必须对客户进行信用调研。

1. 调研机构的选择

对客户进行信用调研的时候首先要选择调研机构，调研机构可分为外部调研机构和内部调研机构。

（1）外部调研机构。外部调研机构即聘请的企业外部专业机构，如聘请金融机构、专业资信调研机构等。外部调研机构及其优缺点如表 2-3 所示。

表 2-3　外部调研机构及其优缺点

外部调研机构	优　点	缺　点
金融机构	可信度比较高 所需费用少 通过委托调研，有利于提高本公司的信用	难以把握具体细节 需要花费较长时间才能得出调研结果
专业资信调研机构	按本公司提出的调研意图调研 能够在短时间内完成调研	调研人员的素质和能力对调研结果影响较大 经费支出较大
同行业组织	熟悉本行业情况，可深入具体地调研	真实情况与虚假信息混杂，难辨真伪 因竞争关系，诸多信息会秘而不宣，难以把握 受地域限制

（2）内部调研机构。内部调研机构即企业自行组织的调研小组，一般借助内部员工进行调研，或利用新闻报道等材料进行分析。一般而言，企业较少采用内部调研机构进行信用等级的调研。

2. 调研内容

调研客户的信用等级一般从经营者、企业内部状况、企业资金筹措能力和企业支付能力这几个方面进行。

（1）经营者。对经营者及其团队的品德以及经营能力等进行调研，即对企业的董事长、总经理、部门负责人的文化水平、道德品质、信用观念、同行口碑等进行综合评价，如表 2-4 所示。

表 2-4　对经营者调研的内容

项目	详细内容
家庭生活	其家庭生活氛围 是否有不良嗜好
工作态度	是否对工作有热情 是否对工作放任自流、不闻不问 是否热衷于社会兼职和名誉职务 其行为是否与企业经营的理念、方针相悖 是否努力工作、锐意进取 经营者是否高高在上、只管发号施令 经营者是否不拘小节
经营能力	是否确定了合适的继任者、无权利争夺之虞 是否制定出明确的经营方针 总经理是否为筹措资金而伤神 经营者讲话是否朝令夕改 经营者是否行踪不定 经营者是否整日疲惫不堪 经营者是否对主要经营指标一无所知或一知半解
团队建设	经营者之间是否存在着财产争夺的隐患 经营者之间是否存在面和心不和、相互掣肘的情况 员工见到经营者打电话时是否经常窃窃私语

（2）企业内部状况。对企业内部的管理和员工的各个方面进行调研，即对企业的内部管理和各层次员工的素质、工作态度和能力进行综合评价，如表 2-5 所示。

表 2-5　对企业内部状况调研的内容

项目	详细内容
员工工作态度	员工劳动纪律是否松懈 是否有员工从事第二职业 员工是否崇尚团队精神，团结一致 员工是否服从上级主管，做到令行禁止 总经理不在时，员工是否表现出兴高采烈的表情
员工沟通协作	员工是否将牢骚、不满向企业外部人员倾诉 员工是否在已知总经理行踪的情况下仍对询问故作不知
员工任务分配	员工是否每日无所事事 对分配的工作，员工是否能按时、按质地完成

（续表）

项目	详细内容
内部管理秩序	生产、办公场所是否经常有身份不明的外来者 办公区域、仓库等地是否杂乱无章、一片狼藉
员工管理水平	辞职率是否居高不下 对不良行为是否放任自流 员工是否违反规定、损公肥私

（3）企业资金筹措能力。对企业的资金充裕情况以及企业同金融机构的关系等方面进行调研，以确保了解企业的资金周转能力，如表 2-6 所示。

表 2-6　对企业筹措资金能力调研的内容

项目	详细内容
资金充裕情况	是否要求票据转期 延期支付债务 提前收回赊销款 出现往来融通票据 为筹措资金低价抛售 取消公积金和交易保证金 将票据贴现，将证券折成现款 出现预收款融资票据和借入性融通票据 现金不足，提前回收货款以解资金不足之急
与金融机构的关系	银行账户是否被冻结 是否频繁更换业务银行 其票据是否被银行拒收 是否与业务银行关系紧张 是否与其他债权人关系紧张 经营者和财务负责人是否经常奔走于各类金融机构

（4）企业支付能力。对企业的支付态度和支付行为等进行调研，根据信用履约情况、偿债能力、盈利情况等对企业进行综合评价。对企业支付情况的调研是企业信用调研的一项重要内容，对企业支付能力调研的内容如表 2-7 所示。

表 2-7　对企业支付能力调研的内容

项目	详细内容
支付态度	不能如约付款 推迟现金支付日，无故推迟签发票据 受到银行的强制性处分 对一部分供货商消极应付 对催付货款搪塞应付、缺乏诚意 要求延长全部票据的支付期限 经常托词本企业的付款通知未到 再三督促支付货款，却杳无音讯，连表示其信用和诚意的小额货款都拒不支付

（续表）

项目	详细内容
支付行为	要求票据延期 开始进行小额融资 每天进行票据结算 由支票变为票据支付 变更支票和票据的签发银行 收到新业务银行签发的票据 支付货款构成中，现金（或票据）所占比例过小

3. 客户信用调研结果运用

客户调研人员应及时将信用调研过程中形成的客户信用调查结果，编制成信用调研报告。如果发现客户的信用等级发生变化，应及时向上级主管报告并采取一定的办法进行处理。

二、投标管理

招投标是在市场经济条件下进行大宗货物买卖以及服务项目采购与提供所采用的一种交易方式。招投标要注意以下原则：保密原则，诚实信用原则，公开、公平、公正的原则。

（一）投标管理流程

投标管理流程如图 2-4 所示，流程中各步骤详述如下。

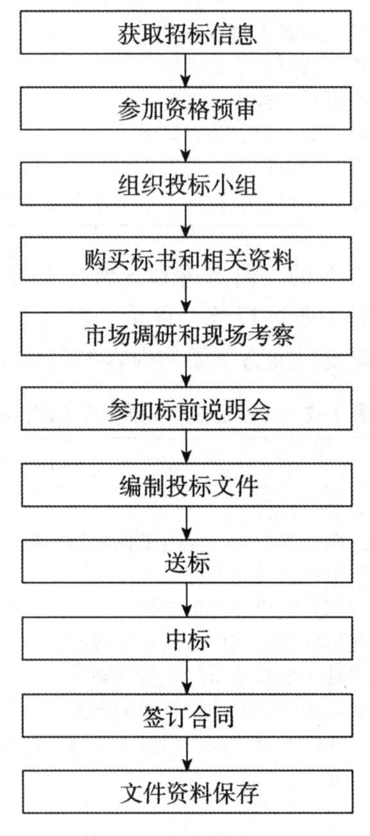

图 2-4　投标管理流程

（1）获取招标信息。通过各种渠道获取招标信息，如招标公告。

（2）参加资格预审。企业向招标委员会提交资格预审申请书和相关文件，填写投标申请书。

（3）组织投标小组。成立投标小组，负责投标事宜。

（4）购买标书和相关资料。投标小组根据招标公告的要求在规定的时间内购买标书和相关资料，并根据规定交纳保证金。

（5）市场调研和现场考察。投标小组针对投标要求进行市场调研，通过调研评价项目的成本、技术要求等条件；投标小组参加由招标方组织的现场考察，深入了解招标标的。

（6）参加标前说明会。投标小组参加由招标方组织的标前说明会，重点就标的的各个方面向招标方提问。

（7）编制投标文件。投标小组编制投标文件，投标文件包括：投标函；投标方资格、资信证明文件；投标项目方案及说明；投标价格；投标保证金或者其他形式的担保；招标文件要求具备的其他内容。

（8）送标。投标小组根据招标方要求的清单和份数，将投标方的资格文件和报价文件进行包装，并在招标公告规定的截止日期前密封送达投标地点。招标方或招投标中介机构应对收到的投标文件签收备案，投标方有权要求招标方或者招投标中介机构提供签收证明。投标方可以撤回、补充或者修改已提交的投标文件，但是应当在提交投标文件截止日之前，书面通知招标方或招投标中介机构。招标方或者招投标中介机构对在提交投标文件截止日期后收到的投标文件，应不予开启并退还。

（9）中标。通过招标方或招投标中介机构开标和评标，招标委员会或招投标中介机构从评标委员会确立的中标候选人中确定最终中标者，招标委员会或招投标中介机构编制并向中标者送达《中标通知书》。

（10）签订合同。招标方同中标方签订项目合同，对双方的责任、权利、价格及违约、争议等进行约定。

（11）文档资料保存。投标小组对投标过程中形成的各类资料进行汇总保存，并及时交档案管理部门进行备案。

（二）投标过程中的主要文件

1. 投标文件

投标文件的首页如图 2-5 所示。

（正本）

投　标　文　件

招标项目名称：××公司家电产品区域仓储配送

招标人：××公司

地址：××省××市××工业区

投标人：××物流有限公司

地址：××省××市××工业城

联系人：张××

电话：　　　　　　　　传真：

图 2-5　投标文件的首页示例

2. 投标报名表

投标报名表如图 2-6 所示。

××项目投标报名表

××电子有限公司：

我单位报名参加贵公司家电产品区域配送投标，愿恪守信誉，并提供良好的合作。现附上基本情况表一份。

<table>
<tr><td>企业名称</td><td colspan="2"></td><td colspan="3">企业性质</td><td></td></tr>
<tr><td>详细地址</td><td colspan="6"></td></tr>
<tr><td>主管部门</td><td></td><td>法人代表</td><td></td><td colspan="2">职务</td><td></td></tr>
<tr><td>联系人姓名</td><td colspan="2"></td><td rowspan="4">联系方式</td><td colspan="2">电话</td><td></td></tr>
<tr><td>注册资本</td><td colspan="2"></td><td colspan="2">传真</td><td></td></tr>
<tr><td>自有车辆数量</td><td colspan="2"></td><td colspan="2">手机</td><td></td></tr>
<tr><td>营运时间</td><td colspan="2"></td><td colspan="2">电子邮箱</td><td></td></tr>
<tr><td>企业简介</td><td colspan="6"></td></tr>
<tr><td>企业物流运输的优势和特长</td><td colspan="6"></td></tr>
<tr><td>重要客户概况</td><td colspan="6"></td></tr>
<tr><td rowspan="7">企业基本情况</td><td>职工总数</td><td colspan="5"></td></tr>
<tr><td rowspan="2">流动资金</td><td rowspan="2"></td><td rowspan="2">资金来源</td><td colspan="2">自有资金</td><td></td></tr>
<tr><td colspan="2">银行贷款</td><td></td></tr>
<tr><td rowspan="2">固定资产</td><td colspan="5">原值　　万元</td></tr>
<tr><td colspan="5">净值　　万元</td></tr>
<tr><td rowspan="2">近三年销售额</td><td></td><td colspan="2">近三年盈利情况</td><td colspan="2"></td></tr>
<tr><td colspan="5"></td></tr>
<tr><td rowspan="3">设备配置情况</td><td>设备名称</td><td>购入时间</td><td colspan="2">数量</td><td colspan="2">设备状态</td></tr>
<tr><td></td><td></td><td colspan="2"></td><td colspan="2"></td></tr>
<tr><td></td><td></td><td colspan="2"></td><td colspan="2"></td></tr>
<tr><td>备注</td><td></td><td></td><td colspan="2"></td><td colspan="2"></td></tr>
</table>

主管领导签字：　　　　　　　　　　　　日期________年____月____日

图 2-6　投标报名表示例

3. 投标书

制作投标书前首先应该认真研究招标文件，分析招标内容，提出针对招标文件内容的疑问，并做好询标工作；其次要分解招标内容，组成解决各个有关内容的工作小组；最后编制投标文件，确定项目实施的资源、人力以及费用等，进行投资效益分析、可行性研究等。投标书如图 2-7 所示。

投标书

投标单位名称：××物流有限公司

投标项目：××公司家电产品区域仓储配送

我公司按照贵公司物流部《××公司家电产品区域仓储配送招标书》的要求进行投标，我公司能够严格做到和遵守《××公司家电产品区域仓储配送招标书》和《20××年××产品区域仓储配送基本要求》，为更好地为贵公司服务，特制订此运输方案和投标报价，详见附件。请予收标。

单位地址：＿＿＿＿＿＿＿＿　　联系方式：＿＿＿＿＿＿＿＿

项目负责人：＿＿＿＿＿＿＿＿　　电话：＿＿＿＿＿＿＿＿

传真：＿＿＿＿＿＿＿＿　　电子邮箱：＿＿＿＿＿＿＿＿

投标时间：20××年×月×日

一、公司基本情况介绍（企业性质、注册资本、员工数目、员工素质、业务量）

二、运输能力（车辆来源、计划响应速度、车辆检查、装车业务、在途跟踪、运费结算、事故处理）

三、仓储能力（仓库情况、仓库设施、仓库管理、安全措施）

四、配送能力（配送车辆、配送半径、服务内容、集货分货能力）

五、管理状况（物流理念、公司的流程制度、公司是否有质量保证体系）

六、财务状况

七、信息化水平（信息系统的应用、信息传递手段）

八、主要客户群（主要客户、业务量）

九、公司信誉

十、公司优势

十一、可提供的增值服务

十二、相关运作流程方案及报价

图 2-7　投标书示例

单元三　仓储合同管理

学习情境

2021年6月3日，某市NJ家用电器公司（以下简称“NJ公司”）向该市WH仓储公司发出一份函电称：“由WH仓储公司为NJ公司储存保管家用电器，保管期限自2021年7月10日至2022年7月9日，仓库租金价格是12元/平方米/月，任何一方违约，均需支付违约金2万元，如无异议，一周后正式签订合同。”WH仓储公司的小陈学习了合同的起草和签订。合同签订后，WH仓储公司即开始清理其仓库，并拒绝其他客户在这三个仓库存货的要求。后另一家储运公司以更低的价格向NJ公司报价，于是同年7月8日，NJ公司书面通知WH仓储公司：“因故我公司家电不需存放贵公司仓库，双方于6月3日所签订的仓储合同终止履行，请谅解。”WH仓储公司接到NJ公司书面通知后，电告NJ公司：“同意仓储合同终止履行，但贵公司应当按合同约定支付违约金2万元。”NJ公司拒绝支付违约金，双方因此而形成纠纷。WH仓储公司的小陈应怎样处理此合同纠纷？

学习目标

1. 熟知仓储合同中的仓储合同当事人、仓储合同的标的和标的物。
2. 能够订立仓储合同并熟知仓储合同的条款，知晓仓储合同的生效和无效。
3. 在合同履行过程中能对仓储物进行妥善保管，在发生纠纷时能做出应对的措施。
4. 模拟仓储合同的订立。

学习地点

1. 教室。
2. 仓储公司。

学习内容

一、仓储合同基本知识

（一）仓储合同的定义

仓储合同，又称仓储保管合同，是关于保管人储存存货人交付的仓储物，存货人支付仓储费的合同。仓储是专为他人储藏、保管货物的商业营业活动，是现代化大生产和国际、国内商品货物的流转中一个不可或缺的环节。根据《中华人民共和国民法

典》（以下简称《民法典》）第904条的规定，仓储合同是保管人储存存货人交付的仓储物，存货人支付仓储费的合同。

仓储合同具有以下法律特征。

（1）仓储合同为诺成合同。为约束仓储合同双方的行为，更好地维护双方利益，法律规定仓储合同自双方达成合意时起就成立，而不需以存储货物的实际交付。因此，《民法典》第905条规定，仓储合同自保管人和存货人意见表示一致时成立。

（2）保管人是拥有仓储设备并从事仓储保管业务的法人。《民法典》第906条规定，保管人储存易燃、易爆、有毒、有腐蚀性、有放射性等危险物品的，应当具备相应的保管条件。

（3）仓储合同为双务有偿合同。由于仓储业是一种商业营业活动，因此仓储合同的双方当事人互负给付义务，保管人提供仓储服务，存货人支付报酬和其他费用。这与一般的保管合同不同，因为保管合同既可有偿，也可无偿。

（二）仓储合同的种类

1. 一般保管仓储合同

仓库经营人提供完善的仓储条件，对存货人的仓储物进行保管，保管期届满时，将原先收保的仓储物原样交还给存货人而订立的仓储保管合同即为一般保管仓储合同。该仓储合同的仓储物为确定物，保管人需要原样返还。一般保管仓储合同特别重视对仓储物的特定化，且保管人严格承担归还原物的责任，包括仓储物在仓储期间自然增加的孳息。本单元学习情境中NJ公司和WH仓储公司签订的仓储合同即一般保管仓储合同。

2. 混藏式仓储合同

混藏式仓储是指存货人将一定品质、数量的种类物交付给保管人，保管人将不同存货人的同样仓储物混合保存，存期届满时，保管人只需以相同种类、品质、数量的商品返还给存货人，并不需要原物归还的仓储方式。

这种仓储方式常见于粮食、油品、矿石或保鲜期较短的商品的储藏。混藏式仓储合同的标的物为确定种类物，保管人严格按照约定的数量、质量承担责任，且没有合理损耗的权利。混藏式仓储合同具有保管仓储物价值的功能。

3. 消费式仓储合同

消费式仓储是指存货人在存放商品的同时将商品的所有权转移给保管人，保管期满时，保管人只需将相同种类、品质、数量的替代物归还给存货人。存放期间的商品所有权由保管人掌握，保管人可以对商品行使所有权。消费式仓储的经营人一般具有商品消费的能力，如面粉加工厂的小麦仓储、加油站的油库仓储、经营期货交易的保管人等。消费式仓储合同与其他仓储合同的不同之处是，涉及仓储物所有权转移到保管人，自然地，保管人需要承担所有人的权利和义务。

4. 仓库租赁合同

仓库租赁是指仓库所有人将所拥有的仓库以出租的方式开展经营，由存货人自行保管商品的仓储经营方式。仓库所有人只提供基本的仓储条件，进行一般的管理，如环境管理、安全管理等，并不直接对所存放的商品进行管理。从严格意义上来说，仓库租赁合同不是仓储合同，只是财产租赁合同，但是由于出租方具有部分仓储保管的责任，所以具有仓储合同的一些特征。

（三）仓储合同当事人

仓储合同当事人分别为存货人和保管人。

1. 存货人

存货人是指将仓储物交付仓储的一方。存货人必须是具有将仓储物交付仓储的处分权的人，可以是仓储物的所有人，如货主；也可以是只有仓储权利的占有人，如承运人；或者是受让仓储物但未实际占有仓储物的拟似所有人，或者是有权处分人，如法院、行政机关等。存货人可以是法人单位、非法人单位、个人等企业、事业单位、个体经营户、国家机关、群众组织、公民等。本单元学习情境中存货人为NJ公司。

2. 保管人

保管人为仓储货物的保管一方。一般物品保管人必须拥有仓储保管设备和设施，具有仓库、场地、货架、装卸搬运设施、安全、消防等基本条件；取得相应的公安、消防部门的许可；从事危险品保管的，还要符合特殊保管的条件要求。保管人可以是独立的企业法人、企业分支机构或个体工商户、其他组织等专门从事仓储业务的仓储经营者，也可以是贸易堆栈、车站、码头的兼营机构，从事配送经营的配送中心。本单元学习情境中保管人为WH仓储公司。

（四）标的和标的物

1. 标的

这里的标的是指仓储保管行为，包括仓储空间、仓储时间和保管要求。

合同标的是指合同关系指向的对象，也就是当事人权利和义务指向的对象，即存货人按时交付货物、支付仓储费，保管人给予养护，保管期满时完整归还。因此，仓储合同是一种行为合同，一种双方当事人都要行为的双务合同。

2. 标的物

这里的标的物是指仓储物。

标的物是标的的载体和表现，如仓储货物的质量、数量完好，说明保管人保管行为良好。仓储物可以是生产资料，如生产原料、配件、组件、生产工具、运输工具等；也可以是生活资料，如一般商品。仓储物必须是动产，并且是有形的实物动产，有具体的物理形状，能够移动到仓储地进行仓储保管。不动产不能成为仓储物，如货币、知识产权、数据、文化等无形资产和精神产品不能作为仓储物。本单元学习情境中的标的物为家用电器。

二、仓储合同的订立

（一）仓储合同订立的程序

一般来说，订立合同主要有两个阶段：准备阶段和实质阶段。实质阶段包括要约和承诺两个阶段。

1. 准备阶段

在许多场合，当事人并非直接提出要约，而是经过一定的准备，才考虑订立合同。

准备阶段包括接触、预约和预约邀请，其意义在于使双方当事人相互了解，为双方进入实质阶段（即要约和承诺阶段）创造条件，扫除障碍。

2. 实质阶段

根据《民法典》的规定，只要存货人与保管人之间依法就仓储合同的有关内容经过要约与承诺的方式达成意思表示一致，仓储合同即告成立，正因为要约与承诺直接关系到当事人的利益，决定合同是否成立，所以我们将其归为合同订立的实质阶段。

（1）要约。

要约，是指向特定人发出的订立合同的意思表示，发出要约的当事人称为要约人，而要约所指向的当事人则称为受要约人。要约具有两个特点：一是要约的内容必须具体确定，不能含糊、模棱两可，对方也不得对要约的内容做出实质性变更，否则视为对方的新要约；二是要约一经受要约人承诺，要约人即受该意思表示约束，不得因条件的改变而对要约的内容反悔。

一般来说，仓储合同的要约至少应当包括以下内容：标的物数量、质量、仓储费用，即使没有具体的数量、质量和仓储费用表述，也可以通过具体的方式来确定这些内容。本单元学习情境中要约方 NJ 公司向受要约方 WH 仓储公司发出要约："由 WH 仓储公司为 NJ 公司储存保管家用电器，保管期限自 2021 年 7 月 10 日至 2022 年 7 月 9 日，仓库租金价格是 12 元/平方米/月，任何一方违约，均需支付违约金 2 万元，如无异议，一周后正式签订合同。"

（2）承诺。

承诺，是指受要约人做出的同意要约内容的意思表示。承诺必须在要约的有效期限或合理期限内做出，并与要约的内容一致。本单元学习情境中，WH 仓储公司并无异议，做出了承诺，即表明合同成立。

（二）合同的形式

根据《民法典》第 469 条的规定，当事人订立合同，可以采用书面形式、口头形式或者其他形式。因而仓储合同也可以采用书面形式、口头形式或者其他形式，订立仓储合同的要约、承诺也可以是书面形式、口头形式或者其他形式。本单元学习情境中采用书面形式。

（三）仓储合同的主要内容

仓储合同的内容，又称仓储合同的主要条款，是经存货人和保管人双方协商一致订立的，规定双方的主要权利和义务的条款，同时也是检验合同的合法性、有效性的重要依据，下面就仓储合同的主要内容做出简要介绍。

1. 货物的品名或品类

一般来说，仓储合同的标的物是存货人交付的、由保管人保管的货物，而且是特定物或是特定化了的种类物。保管人不但应妥善保管，以免发生损毁，而且在保管期满后应当按约定将原物及孳息交还给存货人。因此，双方当事人必须在合同中对货物的品名和品类做出明确详细的规定。如果存放的是易燃、易爆、有毒等危险货物或易腐、超限等特殊货物，还必须在合同中加以特别注明。

2. 货物的数量、质量、包装

货物的数量应使用标准的计量单位，计量单位应准确到最小的计量单位。货物的质量应使用国家或有关部门规定的质量标准，也可以使用经批准的企业或行业标准。在没有上述质量标准时，可以由存货人与保管人在仓储合同中自行约定质量标准。至于货物的包装，一般由存货方负责，有国家或专业标准的，按照国家或专业标准执行；没有国家或专业标准的，应根据货物的性能和便于保管、运输的原则由保管人与存货人双方约定。

3. 货物验收的内容、标准、方法、期限

验收存货人的货物是保管人的义务和责任，合同中应明确约定货物验收的内容、标准、方法。货物验收是入库的重要工作，通常验收的内容、标准包括三个方面：一是无须开箱拆捆，即直观可见其质量的情况，验收项目主要有货物的品名、规格、数量、外包装状况等；二是包装内的货物品名、规格、数量，以外包装或者货物上的标记为准；无标记的，以供货方提供的验收资料为准；三是散装货物按国家有关规定或合同的约定验收。

验收的方法有全验和按比例抽验两种，具体采用哪种方法，双方当事人应在合同中明确写明。验收的期限是自货物和验收资料全部送达保管人之日起，至验收报告送出之日止，日期以运输或邮电部门的戳记或直接送达的日期为准。超过验收期限所造成的实际损失由保管人负责。如果保管人未能按照合同约定或法律法规规定的内容、方法、期限验收仓储物或验收不准确，就应当对此所造成的损失负责。如果存货人未能提供验收资料或提供资料不齐全、不及时，则应对此所造成的损失负责。

4. 货物保管条件和保管要求

仓储合同的标的物即存货人委托储存保管的货物，种类繁多，性质各异，因而所需的保管条件和保管要求也各不相同，许多货物需要特殊的保管条件和保管方法，这些应在合同中做出相应的约定。必要的时候，存货人还应向保管方提供储存、保管、运输等方面的技术资料，以便保管方根据货物的性能，按国家或合同规定的要求操作、储存。

5. 货物入出库手续、时间、地点、运输方式

双方应当详细约定货物入出库的具体的交接事项，以便分清责任。合同对货物入库，应明确规定是由存货人或运输部门、供货单位送货到库，还是由保管人到供货单位、车站、码头等处提取货物，入库时，保管人要根据合同规定的数量、质量、品种、规格等对入库货物进行清点、验收和接收。验收无误后，保管人向存货人开出仓单，并报仓库会计统计入账、登记。同样，货物出库时双方一定要当面交接清楚，并做好记录。对货物出库，也应明确规定是由存货人、用户自提或是由保管人代送、代办发运手续。

6. 货物损耗标准和损耗的处理

货物损耗标准是指货物在储存运输过程中，由于自然因素（如干燥、风化、散失、挥发、黏结等）和货物本身的性质或度量衡的误差原因，产生的一定数量破损或计量误差。因此，双方当事人应当在合同条款中约定货物在储存保管和运输过程中的损耗标准和磅差标准。此类标准有国家或行业标准的，采用国家或行业标准；无国家或行业标准的，双方协商确定标准。货物储存期间，损耗量在法律规定或约定标准范围内

的，保管人不承担责任；超过标准范围的，保管人应当承担责任。

7. 计费项目、计费标准、支付方式、支付时间、地点、开户银行、账号

计费项目和计费标准是最终计算保管人收取的仓储费用的依据。只有明确了计费项目和计费标准，才能准确地确定存货人的支付义务。计费项目包括：保管费、转仓费、出入库装卸搬运费以及车皮、站台、包装整理、商品养护等费用。此条款除了明确上述费用由哪一方承担外，还应对下列项目做出明确规定：计费标准、支付方式、支付时间、地点、开户银行、账号等。

8. 责任划分和违约处理

仓储合同可以从货物的入库、验收、保管、包装、出库等五个方面明确双方当事人的责任。同时双方应约定，什么性质的违约行为承担什么性质的违约责任，并且明确约定承担违约责任的方式，即支付违约金、赔偿金及赔偿实际损失等，约定赔偿金的数额和计算方法。

9. 合同的有效期限

合同一般应规定仓储物的保管期限，即合同的有效期限。保管期限届满，保管人应当将仓储物返还给存货人，存货人应及时取仓储物。有的合同也可以不规定有效期限，只要存货方按日或按月支付保管费用，即可继续有效。

10. 变更或解除合同的期限

存货人和保管人变更或解除合同的，应当事先通知对方当事人，双方达成一致即可变更或解除合同，但一方要变更或解除合同的，须在法律规定或约定的期限内提出。

上述十项是仓储合同通常所应具备的主要条款。另外，合同当事人根据双方的利益考虑，可以对其他更多、更广泛的事项做出约定，如争议的解决方式、合同的履行地点等，只要不违反法律法规的强行性规定，即为有效。

（四）仓储合同格式

仓储合同格式主要包括合同书、确认书、计划表和格式合同，当事人可以协议采取任何合同格式。

1. 合同书

合同书是仓储合同的最常用格式，合同书由合同名称、合同编号、合同条款、当事人签署四个部分构成。合同书具有形式完整、内容全面、程序完备的特性，便于合同订立、履行和留存、合同争议的处理。

2. 确认书

在采取口头、传真、电子数据等形式商定合同时，为了明确合同条款和表达合同订立，常采用一方向另一方签发确认书的方式确定合同。确认书有两种形式，一种仅列明合同的主要事项，合同的其他条款在其他文件中表达，如传真：“本公司同意接受贵公司6月3日提出的仓储家用电器的要求，请按时送货。”另一种是将完整合同事项列在确认书上，形式相当于合同书。

3. 计划表

在长期仓储合同关系中，对具体仓储的安排较多采用计划表的形式，由存货人定期制订仓储计划交保管人执行。计划表就是长期仓储合同的补充合同或执行合同。

4. 格式合同

对于仓储次数多、批量小的公共仓储，如车站仓储等，保管人可以采取格式合同。格式合同是由一方事先拟定，并在工商管理部门备案的单方确定合同。在订立合同时只是由保管人填写仓储物、存期、费用等变动事项后直接签发并让存货人签字确认，不进行条款协商。

三、合同的生效与无效

（一）生效——合同成立时生效

仓储合同为承诺性合同，在合同成立时就生效。仓储合同生效的条件为合同成立，具体表现为：双方签署合同书；合同确认书送达对方；受要约方的承诺送达对方；公共保管人签发格式合同或舱单；存货人将仓储物交付保管人，保管人接收。无论仓储物是否交付存储，仓储合同自成立时生效。仓储合同生效后，发生的存货人未交付仓储物、保管人不能接受仓储物都是仓储合同的未履行，由责任人承担违约责任。本单元学习情境中，仓储合同已经签订，属有效合同。

（二）无效——无论什么时候认定都是自始无效

无效仓储合同，是指仓储合同虽然已经订立，但是因为违反了法律、行政法规或者公共利益而被确认为无效。无效仓储合同具有违法性、不得履行性、自始无效性、当然无效性等特征。合同无效由人民法院或仲裁机构、工商行政机关认定，可以认定为合同整体无效或部分无效，可以采取变更或撤销的方式处理；合同无效可以在合同订立之后、履行之前、履行之中或者履行之后认定。

常见的无效合同有：①一方以欺诈、胁迫手段订立合同，损害国家利益的仓储合同；②恶意串通，损害国家、集体或者第三人利益的仓储合同；③以合法形式掩盖非法目的的仓储合同；④损害社会公共利益的仓储合同。

无效仓储合同无论什么时候认定都是自始无效，也就是说因无效合同所产生的民事关系无效。依法采取返还财产或折价赔偿、赔偿损失、追缴财产等方式是因无效合同所产生的利益消亡，对造成合同无效方给予处罚。

四、合同的履行

仓储合同一经成立，即发生法律效力。存货人和保管人都应严格按照合同的约定履行自己的法律义务。

（一）保管人的义务

1. 给付仓单的义务

《民法典》第 908 条规定："存货人交付仓储物的，保管人应当出具仓单、入库单等凭证。"仓单既是存货人已经交付仓储物的凭证，又是存货人或仓单持有人提取仓储物的凭证。因此，保管人在存货人交付仓储物时给付仓单就成为一项重要的义务。

2. 仓储物入库时的验收义务与通知义务

我国《民法典》第 907 条规定："保管人应当按照约定对入库仓储物进行验收。保

管人验收时发现入库仓储物与约定不符合的，应当及时通知存货人。保管人验收后，发生仓储物的品种、数量、质量不符合约定的，保管人应当承担赔偿责任。”保管人在接受存货人交存的货物入库时，应当按照合同的约定对货物进行验收，一般而言，保管人的正常验收项目包括货物的品名、规格、数量、外包装状态。在验收中发现仓储物与合同约定不相符的，保管人有及时通知存货人的义务，如果保管人怠于通知，视为仓储物符合合同的约定。保管人验收后，发生仓储物的品名、规格、数量、质量、不符合约定的，保管人应承担损害赔偿责任。

3. 妥善保管储存货物的义务

保管方应当按照合同约定的保管条件和保管要求，妥善保管仓储物。《民法典》第906条规定：“保管人储存易燃、易爆、有毒、有腐蚀性、有放射性等危险物品的，应当具备相应的保管条件。”

总之，在保管期间，保管人应按合同规定的储存条件和保管要求保管货物，并定期进行检查，使保管的货物不短缺、不损坏、不污染、不灭失，处于完好状态，发现货物出现异状，应及时通知存货人处理。未经存货人允许，保管人无权委托第三方代管。

4. 通知义务

《民法典》第913条规定：“保管人发现入库仓储物有变质或者其他损坏，危及其他仓储物的安全和正常保管的，应当催告存货人或者仓单持有人作出必要的处置。因情况紧急，保管人可以作出必要的处置；但是，事后应当将该情况及时通知存货人或者仓单持有人。”一般而言，仓储物出现以下几种情况：①如果第三人对其保管的货物主张权利而起诉或扣押时，保管人有义务通知存货人；②发现储存的货物有变质或其他损坏的，保管人应及时通知存货人；③发现储存的货物有变质或其他损坏，危及其他仓储物的安全和正常保管的，应通知并催告存货人处理。如果保管人违反通知义务，给他人的储存物造成腐蚀、污染等损害的，存货人不承担责任。

5. 返还仓储物的义务

《民法典》第915条规定：“储存期限届满，存货人或者仓单持有人应当凭仓单、入库单等提取仓储物。存货人或者仓单持有人逾期提取的，应当加收仓储费；提前提取的，不减收仓储费。”由此可见，保管期限届满，或因其他事由终止合同时，保管人应将储存的原物返还给存货人或仓单持有人，保管人不得无故扣押仓储物。

6. 送货与发货的义务

如果合同约定在仓储期限届满后，由保管人送货上门的，保管人应按照合同规定的时间、数量，将货物送至存货人，如果合同约定由保管人代办运输的，保管人应负责向运输部门申报运输计划，办理托运手续。

（二）存货人的主要义务

根据《民法典》的规定，存货人的主要义务包括以下几个方面。

1. 按照合同的约定交存货物入库

存货人应当按照合同约定的品名、数量、质量、包装等将货物交付给保管人入库，并在验收期间向保管人提供验收资料，存货人不能全部或部分按照约定入库储存货物的，应当承担违约责任。存货人应按照合同的约定负责货物的包装，因包装不符合要求而造成货物损坏的，由存货人负责。

2. 如实告知货物情况的义务

《民法典》第 906 条规定："储存易燃、易爆、有毒、有腐蚀性、有放射性等危险物品或者易变质物品，存货人应当说明该物品的性质，提供有关资料。存货人违反前款规定的，保管人可以拒收仓储物，也可以采取相应措施以避免损失的发生，因此产生的费用由存货人负担。"由此可见，储存易燃、易爆、有毒、有放射性等危险物品或者易腐等特殊货物的，存货人应当向保管人说明预防货物发生危险、腐烂的方法，提供有关的保管运输等技术资料，并采取相应的防范措施。保管人由于存货人未将危险物品情况告知，而接受该货物造成损害的，存货人应承担损害赔偿责任。

3. 支付仓储费

仓储费是保管人因其保管行为所取得的报酬。一般而言，仓储费应在存货人交付仓储物时提前支付，而非提取货物时支付。所以，存货人应依仓储合同或仓单规定的仓储费，按时交纳给保管人。另外，根据《民法典》第 915 条的规定，存货人或者仓单持有人逾期提取的，应当加收仓储费；提前提取的，不减收仓储费。

4. 偿付其他必要费用

所谓其他必要费用主要是指为了保护存货人的利益或避免损失发生而支出的费用。这些必要费用包括运费、修缮费、保险费、转仓费等，请求存货人支付上述费用时保管人应出示有关清单和登记簿。如果仓储合同中规定的仓储费包括必要费用时，存货人不必再另行支付。

5. 按照合同的约定及时提取货物

仓储合同期限届满，存货人应及时提取储存货物，存货人应当凭仓单提取仓储物，提取仓储物后应缴回仓单。

（三）仓储合同中的几种特殊权利

1. 存货人对仓储物的检查权

在仓储期间，保管人负责保管存货人交付的仓储物，对仓储物享有占有权，但仓储物的所有权仍然属于存货人，存货人为了防止货物在储存期间变质或有其他损坏，有权利随时检查仓储物或提取样品，但在行使检查仓储物或提取样品的权利时，不得妨碍保管人的正常工作。

2. 保管人对仓储物的提存权

所谓提存，是指由于债权人的原因而无法向其交付合同标的物时，债务人将该标的物交给提存机关而消灭债务的一种制度。《民法典》第 916 条规定："储存期限届满，存货人或者仓单持有人不提取仓储物的，保管人可以催告其在合理期限内提取；逾期不提取的，保管人可以提存仓储物。"

五、仓储合同的转让、变更、解除和终止

（一）仓储合同的转让

仓储合同的转让，是指仓储合同的一方当事人依法将其合同权利义务全部或部分转让给合同以外的第三人，即合同主体的变更，而合同的客体和内容都不发生变化。仓储合同转让可以分为：①全部转让和部分转让；②债权转让和债务转让。

（二）仓储合同的变更

仓储合同的变更，是指在仓储合同履行的主客观条件发生变化时，当事人为了使合同更有利于履行或更适应自己利益的需要，依照法律规定的条件和程序对已经合法成立的仓储合同的内容在原来合同的基础上进行修改或补充，如对仓储数量的增加或者减少，对履行期限的推迟或提前，以及对其他权利义务条款的修改、补充、限制等。仓储合同的变更一般不涉及已经履行的部分，其效力仅涉及未履行的部分。

（三）仓储合同的解除

仓储合同的解除是指仓储合同有效成立之后，在合同尚未履行或者尚未全部履行时，使原合同设立的双方当事人的权利义务归于消灭，它是终止仓储合同的一种形式。仓储合同解除的方式如下。

1. 存货人与保管人协议解除合同

存货人与保管人协议解除合同，是指双方当事人通过协商或者通过行使约定的解除权而导致仓储合同的解除。仓储合同的协议解除又可以分为事后协议解除和约定解除两种。

2. 法定解除

仓储合同的法定解除是指仓储合同有效成立后，在尚未履行或尚未完全履行之前，当事人一方行使法律规定的解除权而使合同效力归于消灭。仓储合同一方当事人所享有的这种解除权是由法律明确规定的，只要法律规定的解除条件成立，依法享有解除权的一方就可以行使解除权，而使仓储合同关系归于消灭。

（四）仓储合同的终止

仓储合同的终止是指当事人之间因仓储合同而产生的权利义务关系由于某种原因而归于消灭，不再对双方具有法律约束力。

六、仓储合同违约责任和违约责任的免除

仓储合同的违约责任是指仓储合同的当事人因自己的过错不履行合同或履行合同不符合约定条件时所应承担的法律责任。本单元学习情境中，NJ 公司没有履行仓储合同，应当承担违约责任。

（一）仓储合同中保管人的违约责任

（1）保管人验收仓储物后，在仓储期间发生仓储物的品种、数量、质量、规格、型号不符合合同约定的，承担违约赔偿责任。

（2）仓储期间，因保管人保管不善造成仓储物毁损、灭失，保管人承担违约赔偿责任。

（3）仓储期间，因约定的保管条件发生变化而未及时通知存货人，造成仓储物的毁损、灭失，由保管人承担违约损害责任。

（二）仓储合同中存货人的违约责任

（1）存货人没有按合同的约定对仓储物进行必要的包装或包装不符合约定要求，造成仓储物的毁损、灭失，自行承担责任，并承担由此给仓储保管人造成的损失。

（2）存货人没有按合同约定的仓储物的性质交付仓储物，或者超过储存期，造成仓储物的毁损、灭失，自行承担责任。

（3）危险有害物品必须在合同中注明，并提供必要的资料，存货人未按合同约定而造成损失的，自行承担民事和刑事责任，并承担由此给仓储保管人造成的损失。

（4）逾期储存，存货人承担加收费用的责任。

（5）储存期满不提取仓储物，经催告后仍不提取，保管人可以提存仓储物。

（三）仓储合同的违约责任的形式

1. 支付违约金

违约金是指仓储合同当事人一方发生违约时，依据法律的规定或合同的约定按照价款或者酬金总额的一定比例，而向对方支付一定数额的货币。违约金可分为两类：法定违约金和约定违约金，法定违约金是指由法律或法规直接规定的违约金，约定违约金是指仓储合同当事人在签订合同时协商确定的违约金。本单元学习情境中，合同中规定“任何一方违约，均需支付违约金2万元”，即规定了违约责任的形式为支付违约金。

2. 损害赔偿

仓储合同损害赔偿是指仓储合同一方当事人在其违约时，在支付违约金或采取其他补救措施后，如果对方还有其他损失，违约方应承担赔偿损失的责任。损害赔偿最显著的特征为补偿性，在合同规定了违约金的情况下，赔偿金是用来补偿违约金的不足部分。

3. 继续履行

继续履行是指一方当事人在不履行合同时，对方有权要求违约方按照合同规定的标的履行义务或向法院请求强制违约方按照合同规定的标的履行义务，而不得以支付违约金和赔偿金的办法代替履行。规定继续履行的目的，不仅在于保护受损害一方的合法利益，使其订立合同的目的得以实现，同时也可以避免违约方为了私利，用支付违约金、赔偿金来达到逃避履行合同义务的目的。

4. 采取补救措施

补救措施是指在违约方给对方造成损失后，为了弥补对方遭受的损失，依照法律规定由违约方承担的违约责任形式。在仓储合同中，这种补救措施表现为对损坏的仓储物进行修理、将仓储物转移到良好的仓库存放、修复仓储设备或者支付保养费、运杂费等。

5. 定金惩罚

定金是《民法典》规定的一种担保方式。《民法典》第586条规定："当事人可以约定一方向对方给付定金作为债权的担保。定金合同自实际交付定金时成立。定金的数额由当事人约定；但是，不得超过主合同标的额的百分之二十，超过部分不产生定金的效力。实际交付的定金数额多于或者少于约定数额的，视为变更约定的定金数额。"本单元学习情境中未采用定金方式担保合同的履行。

（四）仓储合同违约责任的免除

违约责任的免除，是指一方当事人不履行合同或法律规定的义务，致使对方遭受损失，由于不可归责于违约方的事由，法律规定违约方可以不承担民事责任的情形。仓储合同违约责任的免除有以下几种情况。

1. 因不可抗力而免责

不可抗力是指当事人不能预见、不能避免并且不能克服的客观情况。它包括自然灾害和某些社会现象，前者如火山爆发、地震、台风、冰雹等，后者如战争、罢工等。合同签订后因出现不可抗力的时间不同，一般会产生以下法律后果：①延期履行；②部分不履行；③不履行。

另外，在不可抗力发生以后，作为义务方必须采取以下措施才可以免除其违约责任：①应及时采取有效措施，防止损失的进一步扩大，如果未采取有效措施，防止损失的进一步扩大，无权就扩大的损失要求赔偿；②发生不可抗力事件后，应当及时向对方通报不能履行或延期履行合同的理由；③发生不可抗力事件后，应当取得有关证明，遭受不可抗力的当事人一方应当取得有关机关的书面证明材料，证明不可抗力的发生及其对当事人履行合同的影响。

2. 因自然因素或货物本身的性质而免责

在货物储存期间，由于自然因素，如干燥、风化、挥发、锈蚀等或货物（含包装）本身的性质如易碎、易腐、易污染等，导致的损失或损耗，一般由存货人负责，保管人不承担责任。

3. 因存货人的过错而免责

在仓储合同的履行中，存货人对于损失的发生有过错的，如包装不符合约定、未能提供准确的验收资料、隐瞒和夹带、存货人的错误指示和说明等，根据存货人过错的程度，可以减少或者免除保管人的责任。

4. 合同约定的免责

基于当事人的利益，双方在合同中约定免责事项，对免责事项造成的损失，不承担相互赔偿责任。如果约定货物入库时不验收重量，则保管人不承担重量短少的赔偿责任；约定不检查货物内容质量的，保管人不承担非作业保管不当的内容变质、损坏责任。

七、仓储合同纠纷的解决

仓储合同纠纷是指双方当事人在合同订立后至完全履行之前，因对仓储合同的履行情况，对合同不履行或不完全履行的后果以及合同条款理解不同而产生的争议。仓储合同纠纷的解决方式主要有四种：协商、调解、仲裁、诉讼。

1. 协商解决

仓储合同纠纷的协商解决，是指在发生合同纠纷之后，双方当事人根据自愿原则，按照国家法律、行政法规的规定和合同的约定，在互谅互让的基础上，自行解决合同纠纷的一种方式。在实践中，协商解决合同纠纷是较常见和普遍的一种解决合同纠纷的办法。

2. 调解解决

仓储合同纠纷的调解解决，是指调解人应仓储合同纠纷当事人的请求，根据有关法律的规定和合同的约定，就双方当事人的合同纠纷对双方当事人进行说服教育，以使双方当事人在互谅互让的基础上达成协议，解决合同纠纷。

3. 仲裁解决

仓储合同纠纷的仲裁解决，是指仓储合同纠纷的当事人根据有关法律的规定，以协议的方式自愿将合同争议提交仲裁机关，由仲裁机关按照一定的程序进行调解或裁决，从而解决合同纠纷。

4. 诉讼解决

合同纠纷发生后，双方当事人协商、调解不成，合同中也没有订立仲裁条款，或者事后没有达成书面仲裁协议，均可以直接向人民法院起诉，通过人民法院的审判，使合同纠纷最终得到公正合理的解决。一般而言，仓储合同纠纷由各级人民法院的经济审判庭按照《中华人民共和国民事诉讼法》所规定的程序进行审理。

本单元学习情境中，合同约定发生纠纷时双方先协商解决，协商不成，任何一方可向人民法院提起诉讼。

八、仓单

（一）仓单的基础知识

所谓仓单，是指保管人在收到仓储物时向存货人签发的表示已经收到一定数量的仓储物的法律文书。仓单实际上是仓储物所有权的一种凭证，是仓单持有人依仓单享有对有关仓储物的所有权的法律凭证。仓单是仓储合同存在的证明，也是仓储合同的组成部分。

（二）仓单的法律性质

（1）仓单是要式证券。仓单上必须记载保管人的签字以及必要条款，以此来确定保管人和存货人各自的权利和义务。

（2）仓单是物权证券。仓单持有人依仓单享有对有关仓储物的所有权，行使仓单上载明的权利或对权利进行处分。实际占有仓单者可依仓单所有权请求保管人交付仓单上所载的储存物。

（3）仓单是文义证券。仓单上的权利义务的范围，以仓单的文字记载为准，即使仓单上记载的内容与实际不符，保管人仍应按仓单上所载文义履行责任。

（三）仓单的内容

仓单正面如图 2-8 所示，仓单反面如图 2-9 所示。

<table>
<tr><td colspan="6" align="center">仓单</td></tr>
<tr><td colspan="6">公司名称：
公司地址：
电话：　　　　　　　　　　传真：
账号：　　　　　　　　　　批号：
存货人：　　　　　　　　　发单日期：
保管人：　　　　　　　　　起租日期：
兹收到下列货物依本公司条款（见后页）储仓</td></tr>
<tr><td>唛头及号码</td><td>数量</td><td>所报货物</td><td>每件收费</td><td>每月仓租</td><td>进仓费</td></tr>
<tr><td></td><td></td><td></td><td></td><td></td><td></td></tr>
<tr><td></td><td></td><td></td><td></td><td></td><td></td></tr>
<tr><td colspan="6">总件数：
总件数（大写）：
备注：
核对人：</td></tr>
</table>

图 2-8　仓单正面示例

<table>
<tr><td colspan="6" align="center">仓单
存货记录</td></tr>
<tr><td>日期</td><td>提单号码</td><td>提货单位</td><td>数量</td><td>结余</td><td>备注</td></tr>
<tr><td></td><td></td><td></td><td></td><td></td><td></td></tr>
<tr><td></td><td></td><td></td><td></td><td></td><td></td></tr>
<tr><td colspan="6">储货条款：
一、本仓库所载之货物种类、唛头、箱号等，均系按照存货人所称填写，本公司对货物内容、规格等概不负责。
二、货物在入仓交接过程中，若发现与存货人填列的内容不符，我公司有权拒收。
三、本仓库不储存危险物品，存货人保证入库货物绝非危险品，如果因存货人的物品危及我公司其他货物并造成损失时，存货人必须承担因此而产生的一切经济赔偿责任。
四、本仓单有效期为一年，过期自动失效。已提货之分仓单和提单档案保留期亦为一年。期满尚未提清者，存货人须向本公司换领新仓单。本仓单须经我公司加盖印章方为有效。
五、存货人凭背书之仓单或提单出货。本公司收回仓单和提单，证明本公司已将该项货物交付无误，本公司不再承担责任。</td></tr>
</table>

图 2-9　仓单反面示例

附：仓储合同示例

仓储租赁及货物保管协议

合同编号：20210901001

存货方（甲方）：NJ家用电器公司

保管方（乙方）：WH仓储公司

根据《中华人民共和国民法典》的有关规定，保管方和存货方就双方责、权、利等有关事项，经双方友好协商，达成如下协议。

第一条：甲方委托乙方储存、保管货物。

1. 甲方委托乙方储存、保管甲方指定地区的货物，具体交接计划及实施方案见《附件一》。

2. 乙方提供完好的仓库租给甲方存货。

第二条：储存货物的品名、品种、规格、数量、质量、包装。

1. 货物的品名：NJ彩电等系列产品。

2. 货物的品种规格：NJ彩电等系列产品的各种规格。

3. 货物的数量：按照甲方的计划数量。

4. 货物的质量：按照国家标准。

5. 货物的包装：按照国家标准。

第三条：货物验收的内容、标准、方法、时间、资料。

1. 货物验收时，乙方必须核对货物与送货单据上列明的型号、数量是否相符，产品包装是否完好、受损。

2. 如有包装破损，货物短少、损坏，乙方仓库必须填写货物验收一览表，详细、准确地列明货物验收情况。

3. 送货车辆抵达目的仓库2小时内，乙方必须安排卸车收货。

4. 乙方按照货物台数清点、核收。

5. 乙方收货后，必须填制甲方要求的产品入库单。

第四条：货物保管条件和保管要求。

1. 乙方做到库房设施完善，具备防雨、防潮等条件，消防器材和照明设备保持良好状态。

2. 乙方必须严格按照包装箱标示要求的高度、层数、方向堆码，不得倒置，产品摆放整齐有序，便于清点、盘存和检查。

3. 货物堆垛科学，有效利用仓库库容，库容状态接受甲方的监督。

第五条：货物入库、出库手续、时间、地点、运输方式。

1. 产品入库开具甲方要求的入库单，保管员签名确认。

2. 甲方的客户到仓提货，必须持有甲方开具的有效的提货单，提货单必须具有甲方指定的提货专用章、财务签名。

3. 乙方必须保证收到提货单后60分钟内准时发货。

4. 产品出库严格按照甲方开具的提货单所列的品种、规格、数量安排发货，“白条”或口头通知等一律不准发货，否则，因此而发生的一切损失由乙方承担。

5. 产品退换必须有甲方指定负责人签名的书面通知，否则，一律不准退换。

6. 退货产品乙方必须严格验收，列明包装破损、残次品，编制备查流水账。在货物退货单上退货单位必须签字确认，必要时由甲方代表现场确认。

第六条：货物的损耗标准和损耗处理。

1. 除原有包装、经甲方批准退货或运输等损坏外，所有因保管责任引起的损坏、产品短缺均由乙方负责。

2. 在包装箱完好无损、无开启痕迹的情况下，客户开箱后发现产品型号不符，部件短缺、有质量问题等情况，乙方不承担任何责任，但有义务配合甲方查明原因。

3. 由乙方承担的货物损失，按照甲方销售价格加物料成本，加运输费用，加维修处理费用计算。

第七条：计费项目、标准和结算方式。

1. 甲方租用乙方仓库的仓库租金价格是12元/平方米/月。

2. 按照双方确认的平均库存台数（每天的实物库存台数累加除以当月天数）计算仓租面积，每平方米可存放3.6台彩电（折合数），即当月仓租=平均库存台数/3.6×12。

3. 仓库租金按月结算。

4. 甲方向乙方支付装卸费，装卸费按件计费：21寸0.65元/台，25寸0.8元/台，29寸1元/台，34寸1.45元/台，分月结算。

5. 结算方式：月结，上述费用，甲方自收到乙方的发票和结算明细单（对账单）之日（以邮戳为准）起，15天内应予承付（以货款划出日为准）。如遇特殊情况应由甲乙双方友好协商解决。

第八条：双方责任与义务。

甲方责任与义务

1. 甲方应按照有关规定，提供产品的有关信息、有效的单据及预留印鉴式样。如有变更，须至少提前3天书面通知乙方。

2. 按照协议约定，向乙方及时足额支付有关费用。

3. 保证货物本身的安全性，易爆、易渗漏、有毒等危险货物以及易腐、超限等特殊货物，必须在合同中注明，并向乙方提供必要的保管运输技术资料。未经允许不得将易燃、易爆、具腐蚀性等危险品存入库房，否则造成的后果由甲方承担。

4. 严格执行消防部门及乙方的有关安全防火规定。

5. 对所储存的货物的包装，应保障货物在仓储、运输过程中的安全。

6. 货物临近失效期或有异状的，在乙方通知后甲方不及时处理，造成的损失由甲方承担。

7. 甲方负责提供产品堆码、保管技术规范、有效票样样板。

8. 为了确保产品安全，甲方有权不定期进到仓库对乙方保管的甲方产品抽检，乙方须积极配合。

乙方责任与义务

1. 负责库房的维修、管理，保证不漏雨、不潮湿。

2. 负责甲方货物的安全保卫，提供足够数量的消防设施。

3. 保持库房的清洁，并提供足够数量的垫板，保证甲方货物的干净和干燥。

4. 提供专门的管理人员，负责甲方货物的进出仓及日常的货物保管工作，保证其进出仓时有足够数量的搬运工人和装卸设备。

5. 提供每周 7 天，每天 24 小时货物进出仓库的装卸服务。

6. 严格按照附件中的运作流程规范进行作业并及时提供有关报表及统计信息。

7. 在保管期间如需要更换仓库，须经甲方同意。

8. 积极配合甲方有关工作如保险、不定期抽检等。

9. 在货物保管期间，未按合同规定的储存条件和保管要求保管货物，造成货物灭失、短少、变质、污染、损坏的，乙方应照价赔偿。

10. 乙方须保证提供甲方约定的仓库面积，保证尽最大可能优先提供临时加大的使用面积。

11. 乙方负责入库、出库及在库品的管理，商品堆码符合甲方要求和安全管理规定。

12. 在合同期内，乙方如需更改仓库使用用途，须负担甲方由此而产生的一切损失。如甲方因政策变化需撤换仓库，应提前 15 天通知乙方，乙方应无条件同意甲方的撤仓要求。甲方在付清至撤仓日止所欠乙方的仓库租金费用后，乙方不得以租期未到为由而提出其他不合理的要求。

13. 乙方协助甲方盘点和对账。

保管期间，由于乙方保管不善，造成甲方货物发生损坏、丢失、淋湿、受潮、火灾等情况，造成的损失由乙方负责赔偿。但因不可抗力或由于甲方违反附件规定的操作规程所造成的损失，乙方不承担责任。

14. 如乙方未按附件规定的要求，在单据、手续不全或明显不符的情况下出库，致使货物被冒领而使甲方遭受的损失，由乙方负责赔偿。

第九条：合同效力与期限。

本协议自甲乙双方签订之日起生效。

本协议有效期为 1 年，即 2021 年 7 月 10 日至 2022 年 7 月 9 日，如需续约，双方另行商议。

第十条：变更和解除合同的期限。

由于不可抗力事故，直接影响合同的履行或者不能按约定条件履行时，遇有不可抗力事故的一方，应立即将事故情况电报通知对方，并在 7 天内，提供事故详情及合同不能履行，或者部分不能履行，或者需要延期履行的理由的有效证明文件，此项证明文件应由事故发生地区的地级机构出具。按照事故对履行合同影响的程度，由双方协商是否解除合同，或者部分免除履行合同的责任，或者延期履行合同。

第十一条：其他约定事项。

运输破损由乙方出具验收报告，送交甲方确认，并保留由承运方代表签字认可的原始记录，方便日后备查。

本协议附件规定的运作流程规范具有与本协议相同的法律效力，双方都必须严格遵照执行。违反规定所造成的损失，由违规方负责。

任何一方违约，均须支付违约金20000元。

第十二条：合同纠纷解决方式。

本协议发生争议，由双方当事人协商解决。协商不成，任何一方可向××市人民法院提起诉讼。

第十三条：未尽事项。

本协议未尽事项，按《中华人民共和国民法典》执行，或由双方另行协商解决或签订补充协议，作为本协议的有效附件。

第十四条：本协议一式四份，双方各执两份。

甲方（章）：	乙方（章）：
法定代表人：	法定代表人：
委托代理人：	委托代理人：
电话：　　　　传真：	电话：　　　　传真：
开户行：	开户行：
账号：	账号：
日期：	日期：

单元四　商务职业能力实训项目

1. 实训目的

SN 物流公司线路外包，要将其业务通过招标方式承包给其他企业。能够根据招标方的招标文件和对招标方的调查，结合自身的情况完成投标工作并编制投标书。熟悉中标后的商务业务处理，如双方合同条款的洽谈、合同的签订等。

2. 实训准备

（1）掌握客户开发、招投标相关知识和方法，熟悉招投标的流程。

（2）将全班学生分组，每组 5～10 人，分别扮演招标方和投标方。

（3）时间安排 2 学时。

3. 实训任务

（1）客户调查。通过各种渠道收集客户资料，确定潜在客户，对潜在客户进行全面调查，根据调查结果综合评价潜在客户，制订客户开发计划。

（2）编写招标书。招标书涵盖概况与招标范围、投标方资格条件、报名要求及招标文件、图纸等。

（3）编制投标书。根据招标方的招标书，再进行调研和考察，结合自身的优势特点编制投标书。

（4）中标后，甲乙双方进行谈判，签订合同。

4. 实训步骤

（1）人员准备。将学生分成若干组，每组 6 人。每两组中，一组担任甲方，另一组担任乙方。

（2）甲方模拟将公司物流业务进行招标，制作招标公告并发布，吸引客户投标。

（3）乙方根据甲方提供的招标文件，制作投标文件。

（4）甲乙双方模拟合同条款的洽谈，编制合同书，签订合同。

5. 任务评价

任务评价的方式有教师评价、小组内部成员评价和第三方评分组成员评价三种，建议教师评价占 60%的权重，小组内部成员评价占 20%的权重，第三方评分组成员评价占 20%的权重，三者综合起来的得分为该生在该项目的最终得分。任务评价单如表 2-8 所示。

表 2-8　任务评价单

考评人		被考评人	
考评地点			
考评内容	招投标业务		

（续表）

	具体内容	分值/分	实际得分/分
考评标准	客户资料收集	20	
	制订客户开发计划	20	
	制作招标书	20	
	制作投标书	20	
	合同谈判和沟通	20	
合计		100	

注：考评满分100分，60分以下为不及格，60～69分为及格，70～79分为中，80～89分为良，90分以上为优。

公司背景：SN物流公司干线运输业务

SN物流公司创办于1990年，历经空调专营、综合电器连锁、互联网零售三个阶段，目前在中国和日本拥有两家上市公司，员工18万人，位列中国民营企业前三强。

SN云商是SN物流公司六大产业集团（云商、置业、金控、投资、文创、体育）之一。面对互联网、物联网、大数据时代，SN云商按照“一体两翼三云四端”的互联网零售战略构架，始终坚持顾客服务、商品经营的零售本质，O2O融合运营，开放物流云、数据云和金融云，产品线从家电、3C拓展至超市、母婴、百货、数据服务、金融产品、内容等领域，通过四端协同实现无处不在的一站式服务体验。物流始终是零售发展的核心竞争力。SN物流公司已经建立覆盖全国的物流配送网络，实现立体化存储、自动化拣选、可视化配送，进一步完善小件物流和农村物流，重点拓展航空物流、冷链物流和跨境电商物流，为平台商户、供应商和社会用户提供专业物流服务。

该项目是为SN物流公司干线运输业务流标线路而组织的再次招标，主要为武汉、北京、上海、广州、南京5个仓库至辖区内DC的干线整车正逆向业务，北京、武汉、广州、成都4仓间干线整车/零担调拨，以及集团级金华仓库至全国部分仓库的整车运输业务，由总部进行统一招标，本次招标主要采取综合评标方式选择承运商。

本模块小结

本模块主要目的是通过仓储企业的市场调研，了解开发客户的流程，主要通过投标方式开发大客户。熟悉企业中标后，合同的洽谈和签订流程。最后通过模拟物流企业投标业务和商务洽谈，签订商务合同，让学生进一步理解仓储企业的市场调研和客户开发，以及如何签订仓储合同。

复习题

一、选择题

1. 下列哪种合同规定商品所有权发生转移？（　　）

A. 一般保管合同　　B. 混藏式仓储合同

C. 消费式仓储合同　　D. 租赁仓储合同

2. 仓库租赁经营的收益主要来自（　　）。

A. 租金　　　　B. 仓储费

C. 消费收入　　　　D. 流通加工收入

3. 下列不能作为仓储物的是（　　）。

A. 桌子　　　　B. 电视机

C. 课本　　　　D. 知识产权

4. 定金是《民法典》规定的一种担保方式，在订立合同时，定金不得超过合同的（　　）。

A. 10%　　　　B. 15%

C. 20%　　　　D. 30%

5. 调解人应仓储合同纠纷当事人的请求，根据有关法律的规定和合同的约定，就双方当事人的合同纠纷对双方当事人进行说服教育，以使双方当事人在互谅互让的基础上达成协议。以上属于下列哪种纠纷解决方式？（　　）

A. 协商解决　　　　B. 调解解决

C. 仲裁解决　　　　D. 诉讼解决

二、简答题

1. 仓储合同和保管合同的区别是什么？
2. 仓储合同的主要类型是什么？
3. 仓储合同应如何签订？
4. 什么情况下保管人可以对仓储物进行提存？
5. 仓单在金融仓储中有何作用？

三、案例题

某储运公司与某食品加工厂签订了食品原料仓储合同，约定由储运公司储存食品加工厂的生产原料，该储运公司同时还为其他行业的客户提供仓储服务。在合同履行期间，食品厂发现从仓库提取的生产原料有变质现象，致使食品厂生产原料供应不上，影响了生产。经查，仓库的通风设备发生故障，不能按时通风，从而导致了生产原料变质。

请分析如下问题：

1. 储运公司提供的仓储属于哪种类型的仓储？为什么？
2. 生产原料变质造成的损失应由谁承担？为什么？
3. 责任承担方应该赔偿合同另一方当事人的哪些损失？

模块三

仓库布局规划与库房规划能力

单元一　仓库布局规划

学习情境

A公司是生产卫浴洁具的集团企业，主要生产水龙头、花洒、阀门和感应洁具等水暖产品，现拥有七家下属子公司，其生产体系具有从模具、铸造、压铸、机加工、抛光、电镀、装配到实验检测和污水处理等一系列先进制造流程。公司在国内各大中城市设有两千多个营销网点，营销网络遍布全国各地。随着市场需求的不断增大，A公司原材料和零部件的采购量、产品的品种和生产量以及销售量都急剧增加，原有的产成品仓库已不能满足迅速增长的物流仓储需求。为了实现更加高效、快捷、安全和低成本管理企业物流，满足企业发展对先进物流的迫切需求，A公司需要对其物流和新厂房的物流中心进行科学合理的规划。下面，我们主要学习该公司新建的产成品仓库是如何规划布局的。

学习目标

1. 了解仓库总平面布局规划。
2. 学会仓库设备选型及仓库设备规划设计程序。
3. 掌握仓库面积计算方法，了解仓库主要技术参数设置。
4. 通过仓库布局调研，进一步理解仓库布局规划。

学习地点

1. 校内仓库实训室。
2. 调研对象仓库。

学习内容

一、仓库总平面布局规划

现代仓库总平面布局一般可以划分为生产作业区、辅助作业区和行政生活区三大部分。现代仓库为满足商品快速周转的需要，在总体规划布局时应适当增大生产作业区中收发货作业区面积和检验区面积。

1. 生产作业区

生产作业区是现代仓库的主体部分，是商品仓储的主要活动场所，主要包括储存

区、铁路专用线、道路、码头、装卸平台等。

储存区是储存保管、收发整理商品的场所，是生产作业区的主体区域。储存区主要由保管区和非保管区两大部分组成。保管区用于储存商品，非保管区包括各种装卸设备通道、待检区、收发作业区、集结区等。

按照仓储作业的功能特点以及 ISO 9001 国际质量体系认证的要求，库房储存区可划分为：待检区、待处理区、不合格品隔离区、合格品储存区等。

待检区：用于暂存处于检验过程中的商品。这些商品一般采用黄色的标志以区别于其他状态的商品。

待处理区：用于暂存不具备验收条件或质量暂时不能确认的商品。这些商品一般采用白色的标志以区别于其他状态的商品。

不合格品隔离区：用于暂存质量不合格的商品。这些商品一般采用红色的标志以区别于其他状态的商品。

合格品储存区：用于储存合格的商品。这些商品一般采用绿色的标志以区别于其他状态的商品。

为方便业务处理和库内货物的安全，待检区、待处理区和不合格品隔离区应设在仓库的入口处。仓库内除设置上述基本区域外，还应根据仓储业务的需要，设置进货作业区、流通加工区和出货作业区等。现代仓库已由传统的储备型仓库转变为以收发作业为主的流通型仓库，其各组成部分的构成比例通常为：合格品储存区面积占总面积的 40%～50%；通道占总面积的 8%～12%；待检区及出入库收发作业区占总面积的 20%～30%；集结区（发货集中区）占总面积的 10%～15%；待处理区和不合格品隔离区占总面积的 5%～10%。

库区铁路专用线应与国家铁路、码头、原料基地相连接，以便机车直接进入库区内进行货运。库区的铁路专用线最好是贯通式，一般应顺着库长方向铺设，并应使岔线的直线长度达到最大限度，其股数应根据货场和库房宽度及货运量来决定。

现代仓库道路是根据商品流向的要求，结合地形、面积、各个库房建筑物、货场的位置来决定道路走向和形式的。汽车道主要用于起重机械的调动及防火安全，同时也要考虑保证仓库和行政生活区之间的畅通。仓库道路分为主干道、次干道、人行道和消防道等。主干道应采用双车道，宽度应在 6～7 米；次干道为 3～3.5 米的单车道；消防道的宽度不少于 6 米，布局在库区的外周边。

2. 辅助作业区

辅助作业区包括为仓储业务提供各项服务的设备维修车间、车库、工具设备库、油库、变电室等。值得注意的是，油库的设置应远离维修车间、宿舍等易出现明火的场所，周围须设置相应的消防设施。

3. 行政生活区

行政生活区是指行政管理机构办公和职工生活的区域，具体包括办公楼、警卫室、化验室、宿舍和食堂等。为便于业务接洽和管理，行政管理机构一般布置在仓库的主要出入口，并与生产作业区用隔墙分开。这样既方便工作人员与生产作业区的联系，又避免非工作人员对仓库生产作业的影响和干扰。职工宿舍楼一般应与生产作业区保持一定的距离，以保证仓库的安全和生活区的安宁。

二、仓库内布局的原则及主要形式

（一）仓库内布局的原则

第一，要适应仓储企业生产流程，有利于仓储企业生产正常进行。要遵循单一的物流方向，保证最短的运距，保证最少的装卸环节，保证最大的利用空间等，有利于仓储作业的进行。第二，有利于提高仓储经济效益，因地制宜，充分考虑地形、地址，并能保证仓库的充分利用，使平面布置与竖向布置相适应。第三，有利于保证安全生产和文明生产。库内各区域间、各建筑间应根据《建筑设计防火规范》的有关规定，留有一定的防火间距，并配有防火、防盗等安全设施。

（二）仓库内布局的主要形式

1. U 形流动

U 形流动的布局形式如图 3-1 所示。可根据进出货频率大小，将物流量大的物品安排在靠近进出口端的储存区，缩短物品的拣货搬运路线。如果有大量的产品，且一入库马上就进行出库操作，可优先考虑 U 形流动的布局形式。U 形流动的布局形式的特点是：储存区靠里布置，比较集中，好利用；易于控制和安全防范。

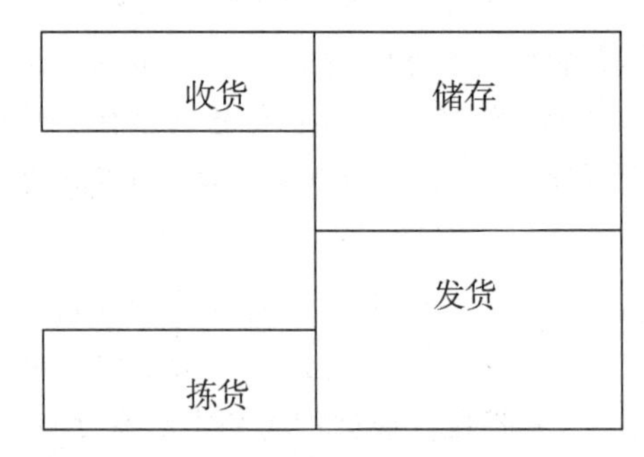

图 3-1　U 形流动的布局形式

2. 直线形流动

直线形流动的布局形式如图 3-2 所示。直线形流动是指作业按照收货、储存、拣货、发货的顺序进行，即货物按照直线移动。直线形流动的优点是：货物移动的线路是一条直线，距离短，节约时间，能够应对进出货同时发生的情况。

收货	储存	拣货	发货

图 3-2　直线形流动的布局形式

3. T 形流动

T 形流动的布局形式如图 3-3 所示。T 形流动的布局形式可以满足快速流转和储存两大功能的需要，也可以根据要求增加储存面积，适用范围广。

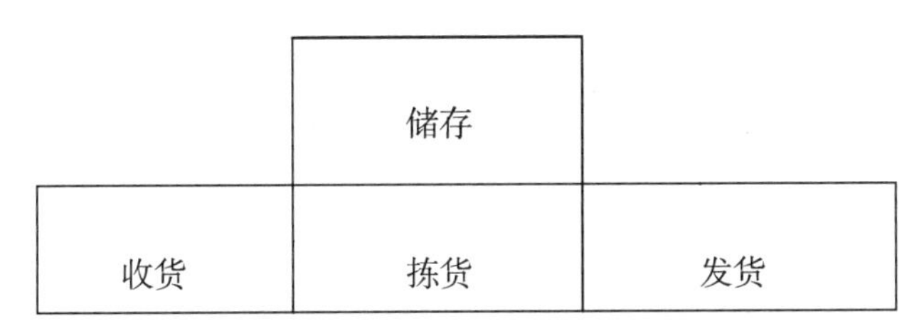

图 3-3　T 形流动的布局形式

三、仓库设备配置

（一）仓库设备配置原则

仓库设备配置是仓库系统运行良好的重要保证。在选择仓库设备时，主要从仓库设备的技术指标和经济指标综合分析评价。

（1）仓库设备的工作性能与仓库作业量、出入库作业频率相适应（如图 3-4 所示）。

（2）选用自动化程度高的存取装置。

（3）计量作业和搬运作业同时完成。

（4）注意仓库设备的技术性和经济性的平衡。

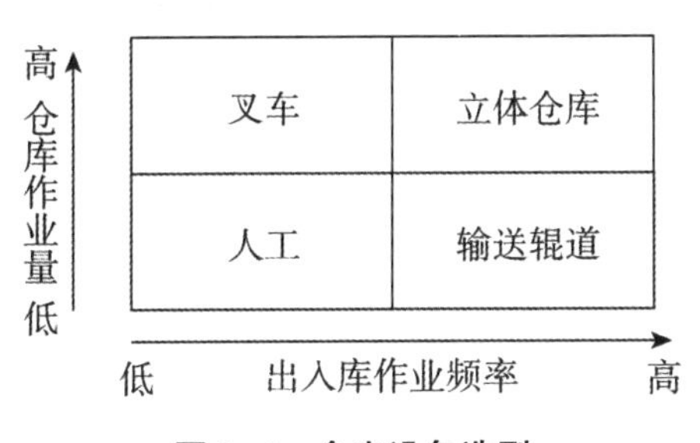

图 3-4　仓库设备选型

（二）仓库设备规划设计程序

仓库设备的规划设计，应以仓库单元负载单位为基准，确定储运作业的单位，从而决定各阶段仓库作业的设备规格。通常先决定箱或托盘的尺寸、货架高度、重量等，再设计仓库设备规格。规划仓库设备时，须考虑作业操作空间、搬运走道空间，因此通常须作布置面积的修正与调整，从而限制了搬运设备的使用、搬运或输送的速度等。仓库设备规划设计程序可参考图 3-5。

（三）仓库主要设备配置列表

仓库主要设备列表如表 3-1 所示，包括储存设备、搬运设备、输送设备、分拣设备、容器及流通加工设备等。

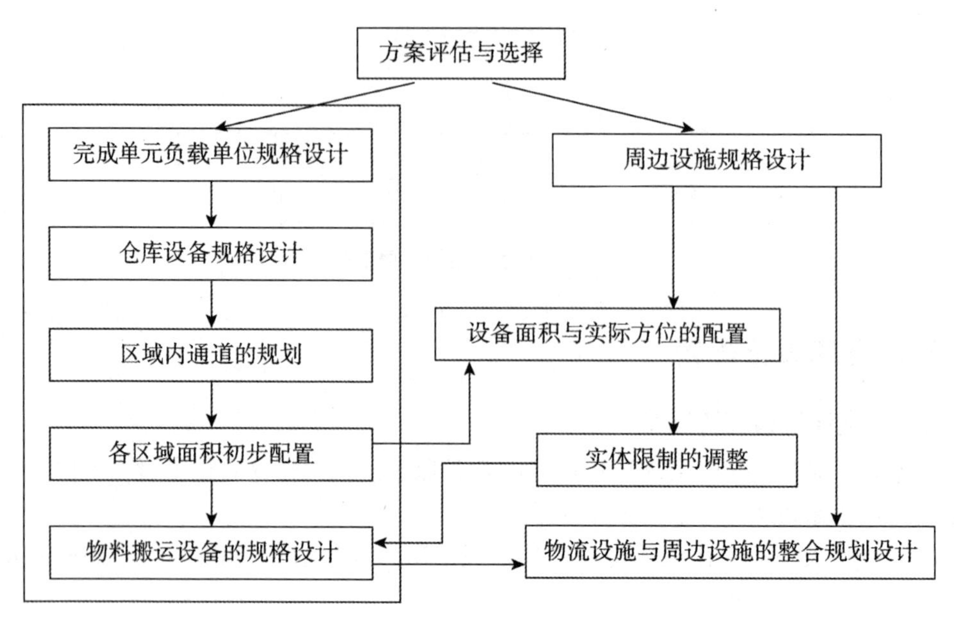

图 3-5　仓库设备规划设计程序

表 3-1　仓库主要设备列表

设备类型	设备项目	设备选用内容
1. 储存设备	1.1 自动仓储设备	□单元负载式 □水平旋转式 □垂直旋转式 □可拣取式 □窄道式
	1.2 大量型仓储设备	□重型托盘货架 □驶入式/驶出式货架 □重型流动货架 □移动式货架 □阁楼式货架
	1.3 多种少量储存设备	□轻型移动储柜 □轻型货架 □轻量型流动货架 □其他
2. 搬运设备	2.1 自动化搬运设备	□自动仓储存取车 □自动无人搬运车 □空中导轨小车 □其他
	2.2 叉车	□平衡重式叉车 □前移式叉车 □侧叉式叉车 □拣选式叉车 □手动叉车

（续表）

设备类型	设备项目	设备选用内容
	2.3 垂直搬运设备	□垂直升降梯（载货） □升降梯（客货两用） □其他
	2.4 手推车系列	□二轮手推车 □多轮手推车 □物流笼车
3. 输送设备	3.1 重力式输送机	□滚轮式输送机 □滚筒式输送机 □滚珠式输送机
	3.2 动力式输送机	□动力链条式输送机 □动力滚筒式输送机
4. 分拣设备	4.1 拣选车	□拣选台车 □RFID 拣选叉车
	4.2 电子拣选货架	□电子标签拣选货架 □其他
	4.3 自动分拣机	□气缸侧推式 □旋转挡臂式 □滑块式 □轨道台车式
5. 容器	5.1 搬运用容器	□纸箱 □托盘 □储运箱
	5.2 储存用容器	□托盘 □周转箱
6. 流通加工设备	6.1 裹包集包设备	□裹包机 □装盒机
	6.2 外包装设备	□钉箱机 □裹包机 □打带机
	6.3 条形码设备	□条形码识读设备 □条形码数据采集器 □条形码打印机
	6.4 拆箱设备	□拆箱机 □拆柜工具
	6.5 称重设施	□称重机 □地磅

四、仓库面积及主要参数说明

（一）仓库面积的确定

现代仓库的种类和规模不同，其面积的构成也不尽相同，因此必须首先明确仓库面积的有关概念。

（1）仓库总面积：指从仓库外墙线算起，整个围墙内所占的全部面积。若在墙外还有仓库的行政生活区或库外专用线，则应包括在总面积之内。

（2）仓库建筑面积：指仓库内所有建筑物所占平面面积之和。若有多层建筑，则还应加上多层面积的累计数。仓库建筑面积包括生产性建筑面积（包括库房、货场、货棚所占建筑面积之和）、辅助生产性建筑面积（包括机修车间、车库、变电室等所占的面积之和）和行政生活建筑面积（包括办公室、食堂、宿舍等所占面积之和）。

（3）仓库使用面积：指仓库内可以用来存放商品的面积之和，即库房、货棚、货场的使用面积之和。其中库房的使用面积为库房建筑面积减去外墙、内柱、间隔墙及固定设施等所占的面积。

（4）仓库有效面积：指在库房、货棚、货场内计划用来存放商品的面积之和。

（5）仓库实用面积：指在仓库使用面积中，实际用来堆放商品所占的面积，即仓库使用面积减去必需的通道、垛距、墙距及进行收发、验收、备料等作业区后所剩余的面积。

仓库总面积的计算公式是：

$$F = \sum S/i \tag{3-1}$$

公式中：F——仓库的总面积（m^2）；

S——仓库实用面积（m^2）；

i——仓库面积利用系数。

仓库实用面积的计算公式是：

$$S=Q/q \tag{3-2}$$

公式中：S——仓库实用面积（m^2）；

Q——仓库最高储存量（t）；

q——单位面积商品储存量（t/m^2）。

（二）仓库主要参数说明

1. 卡车车道

仓库内的卡车车道：单线车道宽度为 4 米，双线车道宽度为 8 米。

2. 卡车回转区

仓库内的卡车回转区可以使大卡车容易地停靠月台（非常重要但是常常被忽视）。卡车回转区的长度根据卡车的长度不同而有不同设计，原则上是卡车全长的两倍。

3. 月台高度

仓库内的月台是进出货必经之路。月台高度的设计应配合卡车货台的高度，但是卡车的种类非常多，且高度也都不一样；空车的高度与载重车的高度也不一样，因此

往往必须导入油压升降平台来辅助装卸。一般而言，进货的卡车较大，可能是11吨大货车或是货柜车、拖车；而出货的卡车较小，大部分是3.5吨车（总重）及7.2吨车。另外，卡车因厂家的不同，高度也不同。一般来说，相对于不同规格的卡车，月台高度的设计为：2吨车约为0.7米，4吨车约为0.9米，11吨车约为1.2米，拖车及货柜车约为1.3米。在月台上面也必须考虑配备防撞的装置，避免月台遭卡车撞坏。低温仓库则必须配备门封设备。

4. 遮阳（雨）棚高度及长度

仓库月台的遮阳（雨）棚也是物流进出货必要的设备，因为有的商品对湿度及太阳直射非常敏感，因此进出货的地方必须有遮阳（雨）棚。遮阳（雨）棚与月台的距离至少需要3米，与地面的距离至少需要4米，遮阳（雨）棚的长度至少需要5米；而且遮阳（雨）棚的斜度最好是往内部倾斜，避免雨水滴落到车厢后被风吹进月台，甚至弄湿商品。另外，有一种车厢是左右两边开启的，称为海鸥式车厢，使用此种车厢时，遮阳（雨）棚的高度从地面算起至少需要5.5米。

5. 仓库的内部通道

在仓库内部，搬运设备种类不同，对通道大小的要求也就不同。常见的搬运方式有人工方式和利用手推车及叉车等设备。一般而言，人的单行通道为0.6米，若是双向时则为1.2米；手推车的单行通道为1米，若是双向可以会车时则为2米；叉车直行时的通道约为1.5米，而垂直作业时则为2.5～4.0米，具体需要参考叉车的机型及托盘的尺寸。

6. 库房高度及天花板高度

库房高度的计算公式：（托盘上货物的高度+叉举高度20厘米+梁高10厘米）×N层=库房的实际作业高度，另外还要考虑电灯、冷气风管或消防水管等空间高度。天花板高度=库房实际作业高度+30厘米。

7. 仓库内柱子的跨距

仓库内柱子的跨距必须根据货架的规划位置来确定。对物流规划而言，柱子的跨距愈大愈好；但是对建筑成本而言，柱子跨距愈大，成本愈高。因此，必须取得物流规划与建筑成本的平衡。也就是说，柱子跨距要恰当，成本也要合理。根据货架的规划尺寸及恰当的通道尺寸（设托盘货架深度与通道的尺寸约为6米），此方向（X方向）的柱子跨距以6米的倍数为宜，即此方向的柱子跨距必须是6米的倍数，建议最少为12米。在另一方向（Y方向）上，则以托盘式货架的宽度（设托盘货架宽度为2.6米）乘以几列就等于其柱子净跨距。除此之外，还必须考虑柱子实际的宽度及间隙，以三列货架为例，则柱子净跨距为2.6米×3=7.8米，再加上柱子实际的宽度80厘米（0.8米）及间隙20厘米（0.2米），则柱子跨距应该为8.8米或9米。当然也可以用更大的柱子跨距，但是必须根据Y方向的柱子跨距计算公式：柱子跨距（Y方向）=2.6米×N列+柱宽+间隙。

8. 地板荷重和地板材质

仓库内部的地板荷重及地板表面材质是很重要的。在多层楼或是有地下室的楼板上，常常可发现地板荷重不足的情形，例如地板不正常龟裂及震动，或者结构体严重受损。储存的商品不同，其地板荷重不同。一般来说，办公室地板荷重为300千克/平方米，储存服饰商品的地板荷重为 300～500 千克/平方米，储存杂货商品的地板荷重为 500～1000 千克/平方米，而储存饮料商品的地板荷重为 2 吨/平方米以上。除此之外，还应考虑楼层高度和储放商品的高度。另外，为避免地板表面起砂，地板表面材质的选用非常重要，应针对储存商品特性选择较耐用的材质，目前的地板表面材质种类很多，有水泥地板、金刚砂水泥地板、塑料地砖地板、无缝树脂地板等。目前使用最多的是金刚砂水泥地板，其价格也比较合理。

9. 屋顶、屋高及梁高

常见的仓库屋顶建造材料有彩色钢板、钢筋混凝土、库体板、石棉瓦等，目前以彩色钢板较为普遍。由于建造方式的不同，屋顶的样式也不同，有平屋顶、单面斜度及两面斜度等，必须要注意屋顶斜度，因为屋顶斜度的大小会影响屋高及梁高，目前屋顶斜度从 5/100 至 20/100 左右都有（5/100 的斜度是指 100 米长的屋顶，屋顶高有 5 米）。

10. 墙壁及门窗

仓库的墙壁种类有很多种，视储存商品的特性不同，可选择不同的墙壁材料。墙壁材料有彩色钢板，彩色钢板+隔热，库体板，砖墙等，彩色钢板的价格比较低，但隔热及防尘效果不佳；库体板及砖墙的价格比较高，但隔热及防尘效果较佳。仓库的门有手动卷门、电动卷门、手动快速门等类型。其中手动卷门价格比较低，但费力；电动卷门及手动快速门比较省力，但价格比较高。窗户尽量规划在较高的位置，开窗的主要目的在于采光及紧急逃生。

11. 消防设备

仓库的消防非常重要，必须设置足够的消防设备，消防设备的种类有许多，常见的有烟感报警器、消火栓、灭火器、自动洒水系统、自动二氧化碳灭火系统等。消火栓及灭火器的价格比较低，但是必须由人操作；自动洒水系统及自动二氧化碳灭火系统的效果比较好，但是价格比较高。

12. 仓库的换气

仓库的换气方法有很多种，如天窗自然换气、门窗自然换气、强制性通风器（自动）、空调系统等。在利用自然通风的时候，要根据天气、季节来确定通风的起止时间。

13. 采光及照明

采光及照明对于仓库作业也是非常重要的，尤其是拣货作业及检查作业，如果光线不足，容易造成拣货错误。库房的自然采光方法有两种：一是利用屋顶采光板，二是利用门窗采光。利用屋顶采光板时，必须尽量把采光板规划在走道的上方；同理，在规划照明时，也必须把采光板规划在走道的上方。

五、仓库布局规划的案例

下面，以本单元学习情境中的 A 公司为例说明仓库布局规划过程。根据企业生产运营的需要，对成品仓库进行合理的功能区域的设置、划分和布局，是 A 公司成品仓库功能区规划设计的主要内容。

1. 成品仓库功能区整体布局

成品仓库的总面积为 380 米×270 米，从东往西各功能区依次划分为成品仓储区

（宽 320 米）、成品备货验货区（宽 20 米）、出货区（宽 40 米），设有三条横向（东西走向）贯穿的宽度为 4 米的主通道（如图 3-6 所示）。根据成品仓库的实际需要，所有区域的设置、布局以及成品仓储区内货物的存放始终遵循快速、高效和总成本最低的原则。

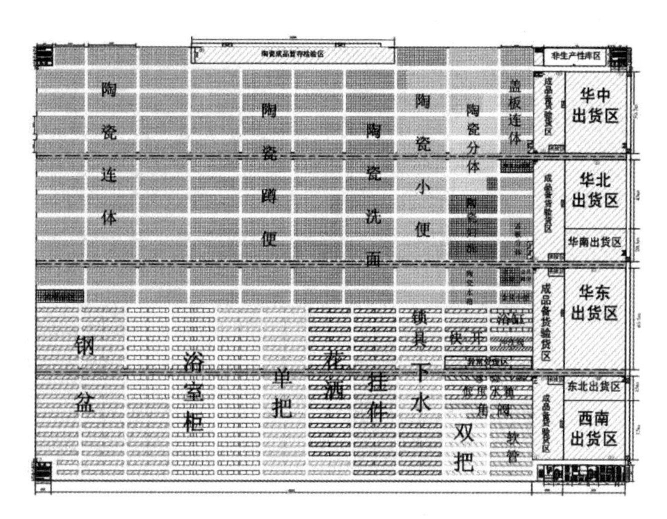

图 3-6　成品仓库功能区整体布局

另外，成品仓库内还设有现场办公室、样品室、品保室、会议室、抽检区、打包区、叉车和托盘存放区、饮水区、卫生间以及异常处理区等辅助功能区。

2. 成品仓库功能区描述

（1）成品仓储区。

成品仓储区设计面积约 80 064 平方米，是成品仓库的最大区域，也是成品货物存放的主要区域，几乎占据了成品仓库中部的所有空间，该区域对不同品类的成品货物采用沿纵向存放的方式，能同时方便总装中心产品入库和成品仓库内货物出库配送工作，缩短物流路线的同时，还可避免交叉作业。根据不同货物的出货频率和进出口位置，可确定其不同的存放位置。成品仓储区的详细仓储情况（非陶瓷类）如表 3-2 所示。

表 3-2　成品仓储区的详细仓储情况（非陶瓷类）

非陶瓷类	需要托盘数	设计托盘数	设计货架组数	图例
钢盆	6000	6192	43	
浴室柜	6000	6192	43	
挂件	2625	2808	19.5	
低压水箱	527.3	576	4	
花洒	2900	2952	20.5	

（续表）

非陶瓷类	需要托盘数	设计托盘数	设计货架组数	图例
单把	3125	3312	23	
下水	976.6	1008	7	
双把	800	936	6.5	
快开	385.8	432	3	
角阀	476.2	504	3.5	
软管	752	864	6	
冲洗阀	227.3	288	2	
浴缸	363	432	3	
锁具	937.5	1008	7	
感应	204	216	1.5	

表3-2中的每一个图例代表一种成品。成品仓库有两种货架排列五金和陶瓷货架：五金产品设置24个货架为一“组”，摆放方式如图3-7所示，两排相靠，每排12个货架，货架尺寸为2.2米×1米×3层，单层可存放2个托盘，3层可存放6个托盘。因此，每组长为26.4米，宽2.5米（货架宽度实际为1米×2，考虑托盘尺寸，留有0.5米的弹性设计，包括货架间0.2米的间隔）。

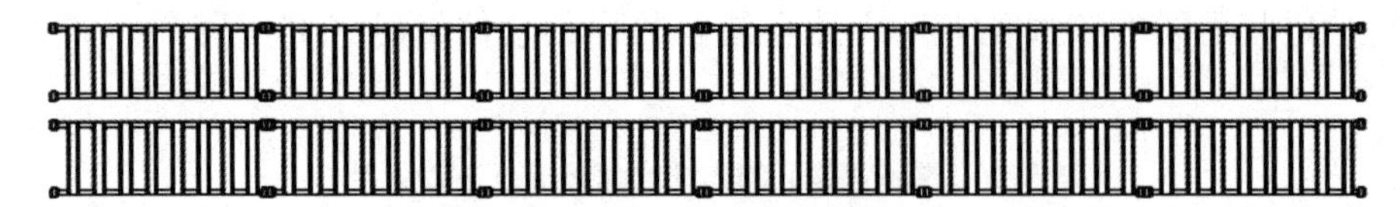

图3-7　五金产品排列

陶瓷产品存放考虑提高空间利用率，采用两种形式搭配摆放，一种为7排20列，即横向20个托盘，纵向7个托盘；另一种是5排20列，即横向20个托盘，纵向5个托盘。托盘尺寸为1.3米×1.5米，相应的，货架尺寸设计为1.52米×1.55米（包括间宽1.46米和立柱厚度0.06米，托盘与托盘间留有0.05米的弹性设计）。故陶瓷产品的第一种摆放方式为7排20列，长30.4米，宽10.85米（如图3-8所示）；陶瓷产品的另一种摆放方式为5排20列，长30.4米，宽7.75米（如图3-9所示）。

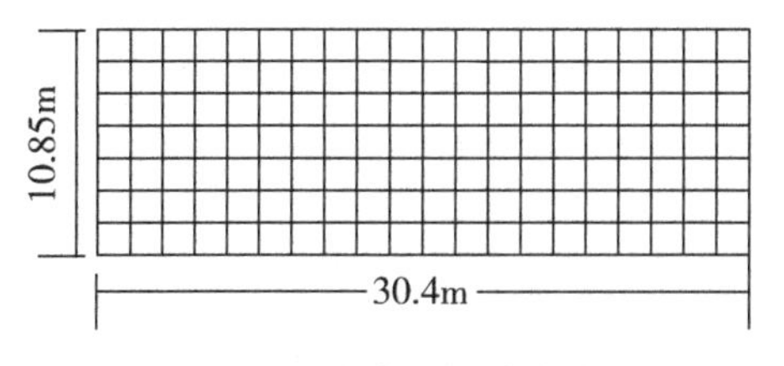

图 3-8　陶瓷产品摆放方式一

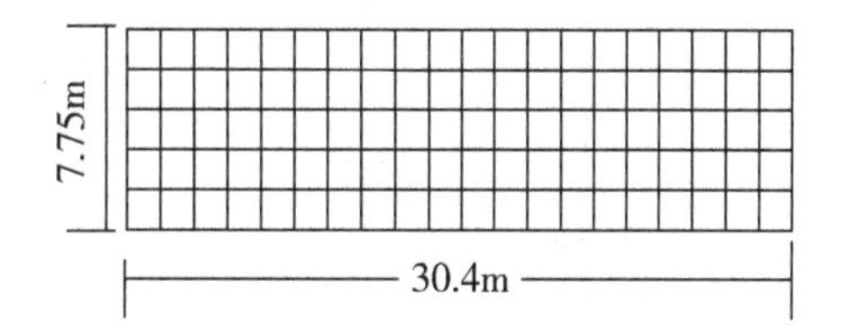

图 3-9　陶瓷产品摆放方式二

非陶瓷产品每个货架与托盘存放具体摆放方式如图 3-10 所示（货架宽度留有 0.1 米的弹性设计）。

非陶瓷产品（五金货架）每组货架占用地面面积为 2.5 米×26.4 米 = 66 平方米。每组货架占地面积在仓储图例中以带条纹的矩形表示，如图 3-11 所示。

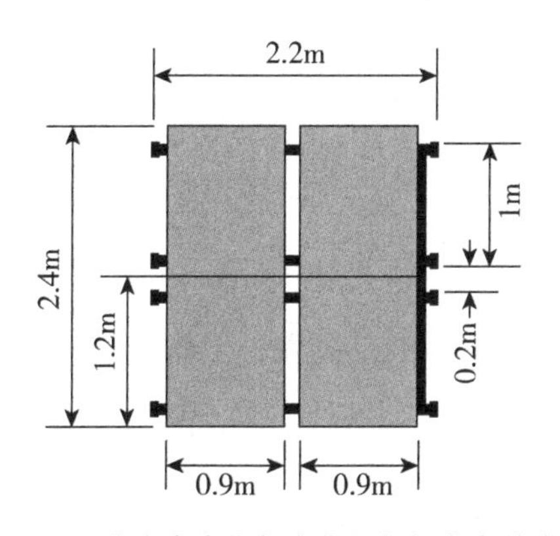

图 3-10　非陶瓷产品每个货架与托盘存放方式

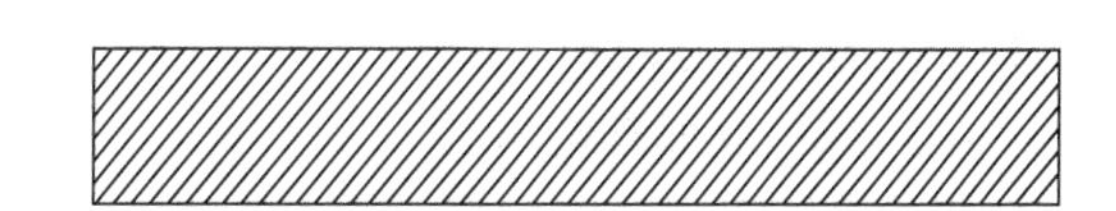

图 3-11　货架储存区在仓储图例中的示意

在成品仓储区，非陶瓷产品货架组间的横向通道宽度如图 3-12 所示，有 4 米的标示，纵向通道宽 2.6 米。

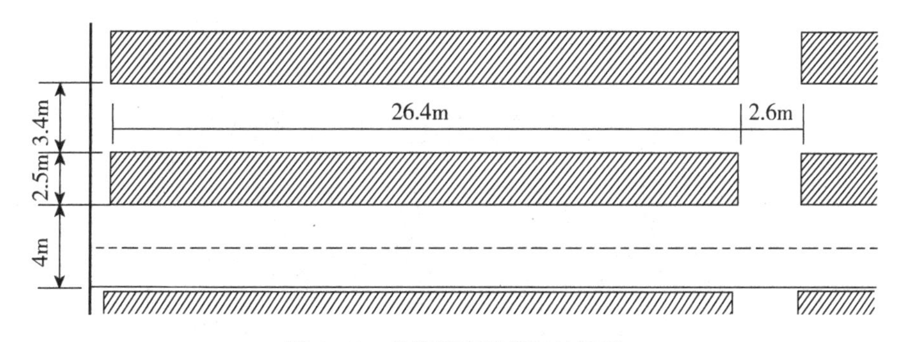

图 3-12　非陶瓷产品货架的通道

陶瓷产品货架通道如图 3-13 所示，有 4 米的标示，纵向通道宽 2.6 米。

（2）成品出货区。

成品出货区设计面积约 9200 平方米，用于备完货的客户产品的分区存放，方便货物的搬运和装车。

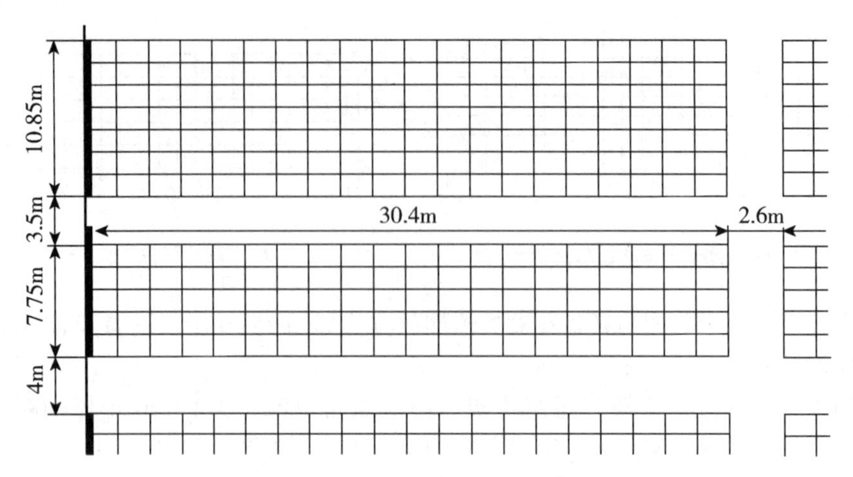

图 3-13　陶瓷产品货架通道

（3）现场办公区。

现场办公区设置在进货区通道口及出货区靠近月台处，方便成品仓库工作人员对入库、出库等作业进行管理和监督。

（4）托盘暂存区（月台）。

托盘暂存区设在出货月台上，集中暂存成品装车后的空托盘，工作结束后，再将这些空托盘存放在成品仓库。

（5）成品仓库东南角区。

成品仓库东南角区设有洗手间、饮水室、物流部办公室及会议室、仓储管理信息中心、品保室、样品室、成品部办公室（成品办）及会议室。将以上功能区集中布置，是因为这些功能区的性质相近，可以共同营造一个良好的办公环境；同时各办公室靠近行政大楼，有助于提高行政办公效率（如图 3-14 所示）。

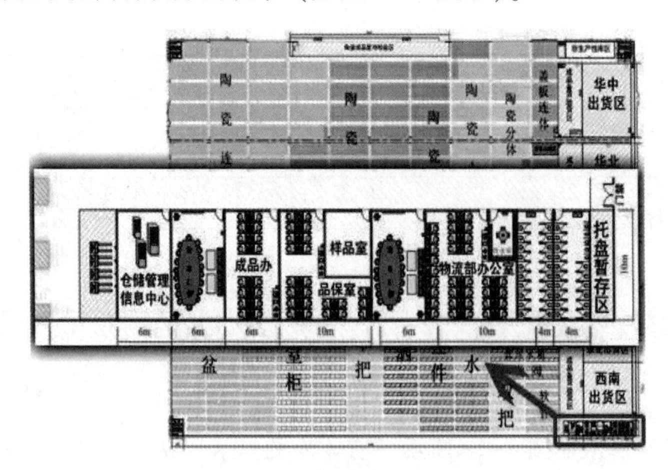

图 3-14　成品仓库东南角区

①成品仓库的四个角落各设置一套洗手间和饮水室，主要供成品仓库的工作人员使用。

②仓储管理信息中心主要对成品仓库和配件仓库内的库存信息、物料和成品的出

入库信息等进行统一管理，并提供决策支持。

③品保室作为成品仓库品保工作人员办公室，靠近出库暂存区，方便品质管理人员（以下简称品管）确认成品质量工作；与成品部办公室相邻，便于相关单据的传接和信息交流。

④样品室用于存放成品合格样品，属于品保部。当成品品质存在争议时，品管取样品进行确认。

⑤物流部办公室和物流部会议室分别用作物流部工作人员办公和会议场所。

⑥成品仓库办公室和成品仓库会议室主要用作成品仓储科人员办公和会议场所。

（6）成品仓库东北角区。

成品仓库东北角区设有洗手间、司机休息室、饮水室、非生产性库区。其中，司机休息室带有小洗手间且只能从成品仓库外部进入；非生产性库区内包括广告品区、劳保用品区等区域，位置靠近出库口，是因为存放的广告类物品多数是伴随着成品的出库使用的，有利于减少装卸搬运作业（如图 3-15 所示）。

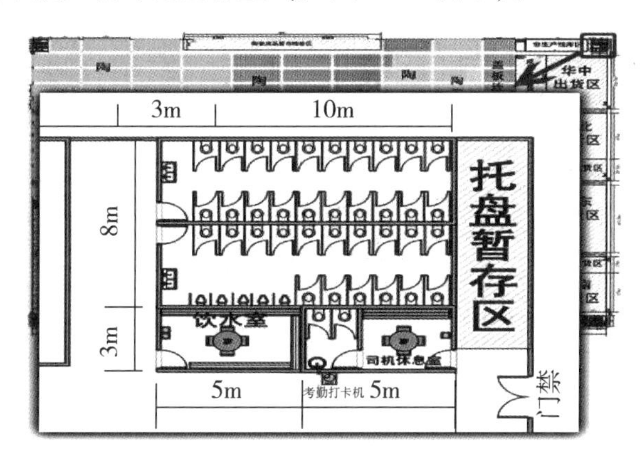

图 3-15　成品仓库东北角区

（7）成品仓库北端区。

成品仓库仓储区的上端设有陶瓷类暂存检验区，面积约 1300 平方米。由于陶瓷类产品体积较大且数量多，故考虑将陶瓷类成品暂存检验区设置在靠近陶瓷生产中心的区域，在上端设置入口，方便产品以最短距离和合理的路线入库。

（8）成品仓库其他区。

成品仓库中还设有异常处理区、打包区、抽检区、托盘暂存区以及成品备货验货区等。其中，异常处理区位于成品存放区通道口，用于处理在成品仓库出现的异常情况，如经销商延迟取货时，暂时存放已备好的货物；打包区用来对客户的零散货物进行打包；抽检区供客户对货物进行抽检使用；托盘暂存区靠近出库备货区，方便仓库管理员取用托盘进行备货作业；成品备货验货区用于成品出库暂存，根据备货通知单进行拣货、点货、验货和打包等备货工作（如图 3-16 所示）。

3. 成品仓库各功能区的设计面积

根据 A 公司成品管理的功能需求、成品仓库内各类成品的储存需求以及货架和托盘特征，设计成品仓库各功能区面积如表 3-3 所示。

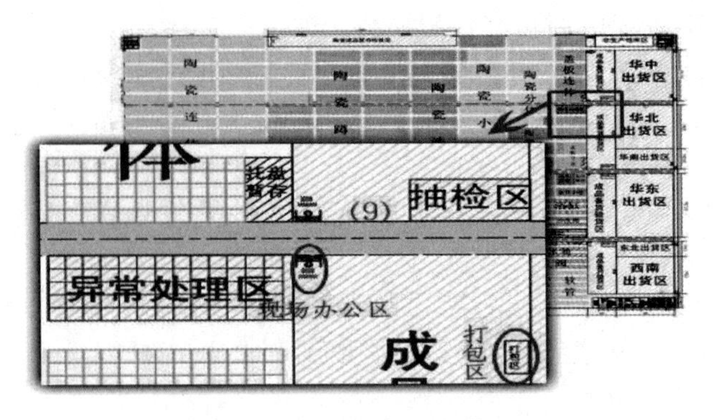

图 3-16　成品仓库其他区

表 3-3　成品仓库各功能区面积

功能区	数量	总面积/平方米
成品仓储区	1	81 040
陶瓷类暂存检验区	1	1300
成品备货验货区	1	4600
出货区	1	9200
洗手间	4	320
抽检区	4	200
饮水室	4	88. 5
物流部办公室	1	86. 5
物流部会议室	1	60
成品部会议室	1	60
品保室	1	70
成品部办公室	1	60
仓储管理信息中心	1	60
打包区	4	32
样品室	1	30
司机休息室	1	15
托盘暂存区（月台）	2	52
叉车存放	2	80
托盘暂存区（成品仓储区）	3	76. 8
呆滞品	1	402
非生产性库区	1	440
合计	98 272. 8	

单元二　库房规划

学习情境

福建省某著名电缆生产企业，是省内外电力、邮电、国防等行业相关重点建设的重要合作伙伴。该企业拥有自营进出口权，产品行销全国，并出口世界多个国家。该企业厂内的成品仓库露天设置在厂区内空的场所，由于受场地的限制和对物流认识的不足，仓库容量设计得很小，厂区内各成品仓库的总库容平均只能容纳3天的生产量。再加上对产成品的储存规划缺乏清晰的认识，产成品储存规划不当，使得大量产品只能露天分散存放，哪里有空地就往哪里放；待发产品无序地存放于路边，靠原始的标记方法标记产品位置，仓库管理员经常花大量的时间用于寻找产品。造成上述问题的原因在于该企业没有对库房进行合理规划。仓储物流管理人员很有必要加强对库房规划知识的学习。下面介绍库房规划的相关理论知识，这些是进行库房规划的基础。

学习目标

1. 掌握库房内部规划的知识。
2. 学会库房分区与货位编号规划。
3. 能够进行库房商品堆码设计。
4. 通过到物流企业仓库调研企业库房情况，深入理解库房规划的相关知识。

学习地点

1. 校内。
2. 某物流企业仓库。

学习内容

库房规划是根据仓库总平面布置和物品储存任务，对库房、货棚、货物进行合理分配，并对其内部空间进行科学布置。

一、库房内部布置规划

（一）库房内部布置分类

按库房作业的主要内容，库房可分为储备型库房和流通型库房。库房主要作业内容不同，对库房内部布置的要求也就不同。

1. 储备型库房的内部布置

储备型库房是以商品保管为主的库房。在储备型库房中储存的商品一般周转速度较为缓慢，并且以整进整出为主。对于储备型仓库来说，库房内部布置的重点就是尽可能增加储存面积的比例，以增加商品的存储量。

因此，必须严格核定各种非储存区域商品出入库作业场地的占用面积。在核定作业场地时，要清楚地了解库房平时出入库的商品数量。一般来说，作业区范围的大小因库房出入库作业量而定，这样可既保证及时、有效地组织商品出入库作业，又可避免库房面积的浪费。在库房一次收发货量较少的情况下，甚至可利用主通道作为收发货场地。

2. 流通型库房的内部布置

流通型库房是以商品收发为主的库房，如批发和零售仓库、中转仓库等。这类库房中的商品一般在库时间短，周转较快。商品零进整出或整进零出的业务居多，作业量大。因此，流通型库房的内部布置必须充分考虑提高作业效率的要求，以适应库房内大量商品高频率收发作业的需要。

与储备型库房布置相反，流通型库房缩小了储存区，而相对地增加了作业区的面积。在流通型库房里，配货发运往往是一项既复杂、工作量又大的作业。分拣区、发货区的作用就是为了方便商品出库作业，较好地协调储存与作业的需要，以提高作业效率和灵活性。

确定出库作业场地的大小时，除了要考虑商品出库作业量的大小外，还要看出库作业的复杂程度，作业越复杂，作业量越大，作业区域也应相应扩大，以免作业过程中作业场地过于拥挤，相互干扰，降低作业效率。

（二）库房储存区平面布置

库房储存区主要由货架或堆垛组成，其平面布置形式一般有垂直式布置和倾斜式布置。

1. 垂直式布置

垂直式布置是指货架或堆垛的排列与库墙和通道互相垂直。垂直式布置又分为横列式布置、纵列式布置和纵横式布置。

（1）横列式布置（如图 3–17 所示）。

横列式布置是指货架或堆垛的长度方向与库房的长度方向互相垂直（与库房的宽度方向平行）。横列式布置的优点是：主通道长且宽，副通道短，整齐美观，方便商品的存取、盘点；通风和自然采光良好；便于机械化作业。其缺点是：主通道占用面积多，仓库面积利用率受到影响。

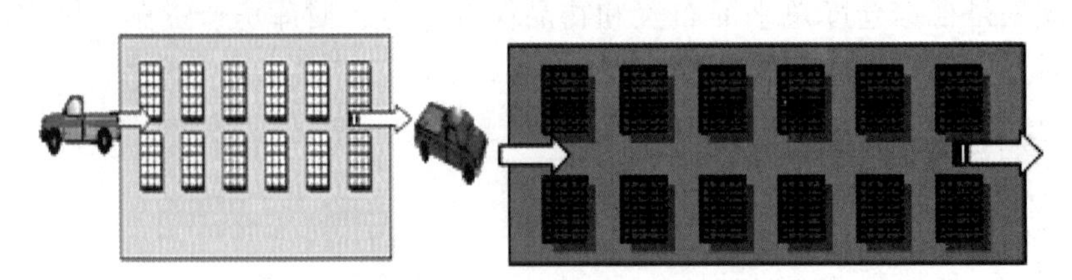

图 3–17　横列式布置

（2）纵列式布置（如图 3-18 所示）。

纵列式布置是指货架或堆垛的长度与库房的长度方向平行（与库房的宽度方向垂直）。纵列式布置的优缺点正好与横列式布置相反，采用这种布置形式，库房平面利用率比较高，但存取商品不便，通风采光不良。

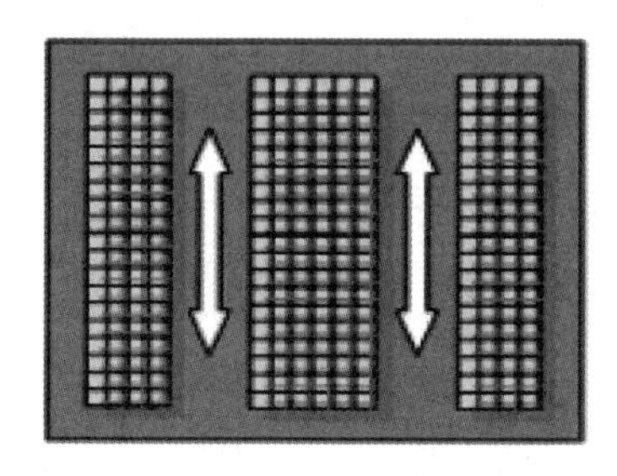

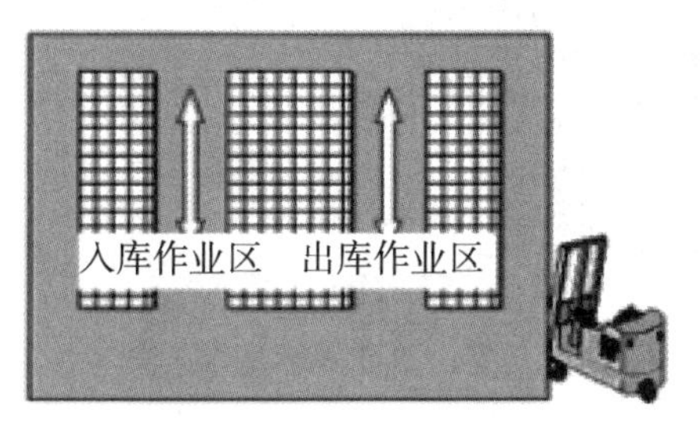

图 3-18　纵列式布置

（3）纵横式布置（如图 3-19 所示）。

纵横式布置是指在同一保管场所，兼有横列式布置和纵列式布置，结合了上述两种方式的特点。

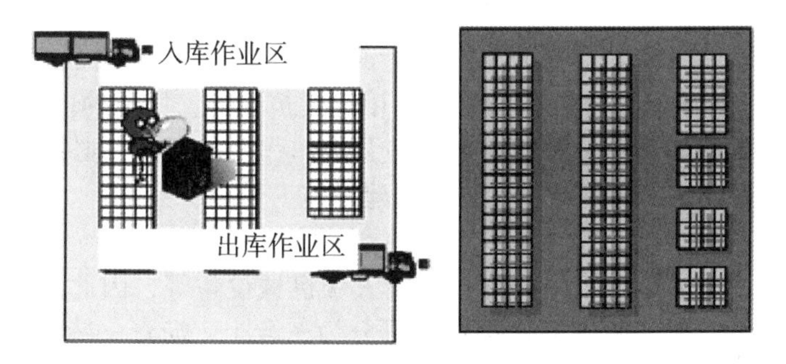

图 3-19　纵横式布置

2. 倾斜式布置

倾斜式布置是指货架或堆垛与主通道之间不是互相平行或垂直的，而是呈 60°、45°或 30°的锐角。这种布置方式又分为堆垛倾斜式布置和通道倾斜布置。

（1）堆垛倾斜式布置（如图 3-20 所示）。

堆垛倾斜式布置是指堆垛的布置与库墙和通道之间呈一锐角。其优点是叉车作业回转角度小，装卸搬运效率高；缺点是不能充分利用仓库面积，有死角。

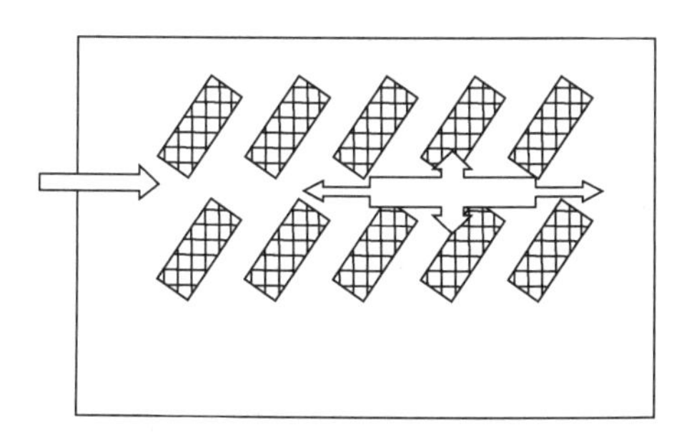

图 3-20　堆垛倾斜式布置

（2）通道倾斜式布置（如图 3-21 所示）。

通道倾斜式布置是指堆垛与库墙之间仍垂直，而通道与堆垛和库墙之间呈锐角。这种布置方式既能避免死角，又便于商品搬运，提高作业效率。

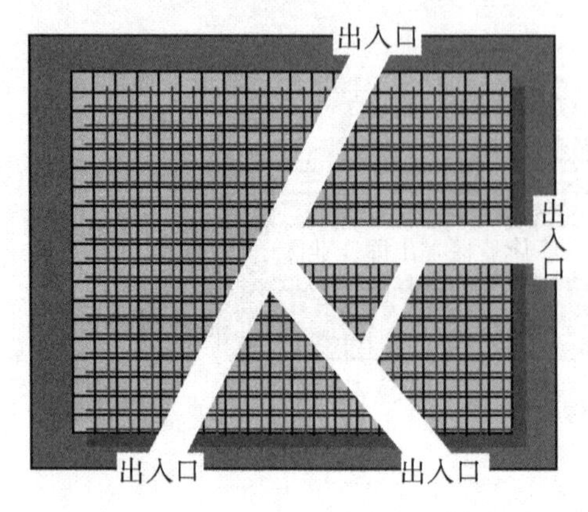

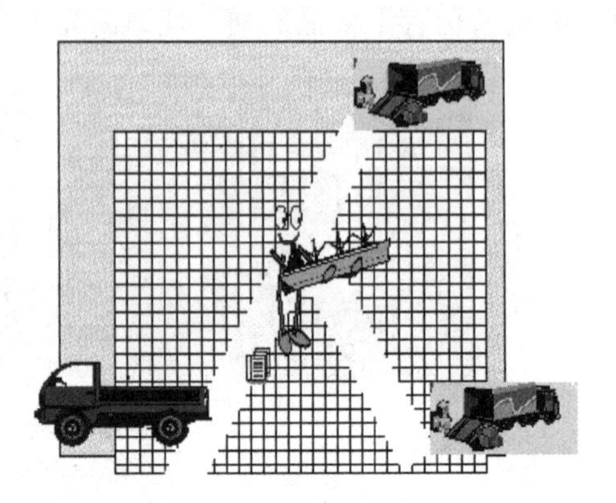

图 3-21　通道倾斜式布置

（三）库房建筑规划

库房一般由地坪、墙体、屋顶和门窗等部分组成。由于库房的类型和规模不同，以及储存物品的保管要求、安装的设备、使用的建筑材料、投资的情况等也不尽相同，因此为了保证库房建筑质量，保证储存物品及操作作业的安全，必须针对具体情况和条件，严格按库房建筑的各项技术要求进行建设施工。

1. 地坪

地坪的作用主要是承受货物、货架以及人和机械设备等，因此地坪必须有足够的强度，以保证安全。地坪使用的建筑材料可分为三合土、沥青、砖石、混凝土以及土质地坪等。对地坪的基本要求是平坦坚实，耐摩擦和冲击，表面光洁不起灰尘。地坪的承载能力应视堆放物品性质、当地地质条件和使用的建筑材料而定，一般载荷量为 5～10 吨/平方米。

2. 墙体

墙体是库房建筑的主要组成部分，起着承重、围护和分隔等作用。墙体一般可分为内墙和外墙；按承重与否可分为承重墙和非承重墙。对于起不同作用的墙壁，可以根据不同的要求选择不同的结构和材料。对于外墙，因其表面接触外界，受外界气温变化、风吹、雨淋、日晒等的影响，因此外墙除了要具有承重能力外，还需要满足保温、隔热、防潮等围护要求，以减少外部温度、湿度变化对库存物品的影响。

3. 屋顶

屋顶的作用是抵御雨雪、避免日晒等自然因素的影响。屋顶具有承载和覆盖两种功能。承载方面：除了承担自身重量外，还要承担风、雪的荷载。覆盖方面：主要作用是抵御雨、雪、风、沙的侵袭，同时也起保温、隔热、防潮的作用。对屋顶的一般要求是防水、保温、隔热，并具有一定的防火性能，符合自重要轻、坚固耐用的要求等。

4. 门窗

门窗是库房围护结构的组成部分，要求具有防水、保温、防火、防盗等功能。其

中，库房窗户主要起通风和采光的作用，因此窗户的形状、尺寸、位置和数量应能保证库房内采光和通风的需要，而且要求开闭方便，关闭严密。库门主要供人员和搬运车辆通行，同时作业完毕后要关闭，以保持库内正常的温度、湿度，保证物品存放安全。库房门窗规划要求如下：

（1）对库门的要求是关启方便、关闭紧密。库门的数量、尺寸应考虑库房的大小、吞吐量的多少、运输工具的类型、规格和储存物品的形状等因素。

（2）库房门宽不大于 3.3 米时，宜用双扇外平开门，并在适当的位置设置定门器。库房门宽大于 3.3 米时，宜用双扇推拉门。

（3）门上方应设置雨罩，雨罩比门洞每边应宽出 500 毫米，伸出墙外的长度不应小于 900 毫米，门外有站台时，应根据站台的大小设计。

（4）库房的窗地面积比宜为 1∶10～1∶18，窗功能以采光为主的库房，宜用固定窗，窗地面积比应取大值；窗功能以通风为主的库房，宜用中悬窗，窗地面积比应取小值，但应按自然通风换气次数验算核定。

（5）库房的通风口面积应通过计算确定，单个通风口的面积不宜大于 0.2 平方米，且应设置有安全防护措施，通风口底部距库房内地面的高度差不应大于 250 毫米。

5. *结构形式*

库房的建设可根据实际要求，结合建筑设计规范，采用相应的结构形式。随着现代物流的发展及要求，目前库房结构形式主要为门式钢架结构和拱形彩板结构。

6. *库房层数*

库房可采用单层库房或多层库房的形式，并应与库房的结构形式相匹配。根据目前物流发展的方向，为了货架化和托盘化，以及便于理货分拣，宜采用单层的高架库房。

7. *库房净高*

库房净高与结构形式以及所存取的货物类型有关。一般单层高架库房的净高不应小于 7 米，如采用门式钢架结构，考虑钢结构特点及经济性，净高取 8～10 米；如采用拱形彩板结构，净高为 8～12 米比较适合。

8. *库房面积*

库房的长度和宽度应根据库房所存储的货物类别、搬运方式及建筑构造选型等因素确定，库房的长宽比例应适当，一般采用矩形，长度为宽度的 3 倍左右比较合适。高架库房的最小宽度与长度分别不宜小于 30 米、60 米，最大宽度与长度分别不宜大于 60 米、180 米（但可根据货物的储存需要建成超大库房）。

二、库房分区、编号和货位规划、编号

（一）库房分区、编号

仓库对储存的商品进行科学管理的一种重要方法是实行分区、分类和定位保管。分区就是按照库房、货场条件将仓库分为若干货区；分类就是按照商品的不同属性将储存的商品划分为若干大类；定位就是在分区、分类的基础上固定每种商品在仓库中具体存放的位置。

库房编号就是在库房分区、分类的基础上将商品存放场所按照位置的排列，采用

统一标记编上顺序号码，并做出明显标志。对多层库房的编号，需要区别库房的楼层。在同一楼层有两间以上库房时，楼层库房的编号，一般以上楼梯的方向，采取左单右双或自左而右的顺序编序编号方法。

（二）货位规划与编号

1. 货位规划

进行货位规划即确定商品在仓库中具体存放的位置时应注意以下几点。

（1）为了避免商品在储存过程中相互影响，性质相同或所要求的保管条件相近的商品应集中存放，并相应安排在条件适宜的库房或货场。

（2）根据商品周转情况和作业要求合理选择货位。对于出入库频繁的商品应尽可能安排在靠近出入口或专用线的位置，以加速作业和缩短搬运距离。对于体大笨重的商品，应考虑装卸机械的作业是否方便。

（3）应当根据商品储存量的多少，比较准确地确定每种商品所需的货位数量。如果一种商品的储存货位超过实际需要，则不利于仓容的充分利用。

（4）在规划货位时应注意保留一定的机动货位，以便当商品大量入库时可以调剂货位的使用，避免打乱货位安排。

2. 货位编号

货位编号就是将商品存放场所按照位置的排列，采用统一标记编上顺序号码，并做出明显标志。货位编号在商品保管工作中有重要的作用。在商品收发作业过程中，按照货位编号可以迅速、方便地进行查找，不但提高了作业效率，而且有利于减少差错。

货位编号应按照统一的规则和方法进行。首先要确定编号先后顺序的准则，规定沿着什么方向，用怎样的顺序进行编号。编排货位的顺序号码应按照便于掌握的原则加以选择。在同一仓库内，编号规则必须相同，以便于查找和防止错乱。其次应采用统一的方法进行编号。每一货位的号码必须使用统一的形式、统一的层次和统一的含义编排。所谓统一的形式是指所用的代号和连接符号必须一致；统一的层次是指货位编号中每种代号的先后顺序必须固定；统一的含义是指货位编号中的每个代号必须代表特定的位置。一种既简单又实用的货位编号方法是采取四组数字来表示商品存放的位置，俗称“四号定位法”。通常，在采用货架存放商品的库房里，可将库房货架储位编号为四组数字，依次代表库房的编号、货架的编号、货架层数的编号和每一层中位置的编号。例如，四组数字 2-11-3-8，它们顺序表示第 2 号库房，第 11 个货架，第 3 层中的第 8 个货位。根据货位编号就可以迅速地确定某种商品具体存放的位置。

三、库房商品堆垛设计

（一）库房商品堆垛设计的要求

（1）合理。垛形必须适合商品的性能特点，不同品种、型号、规格、牌号、等级、批次、产地、单价的商品，均应该分开堆垛，以便合理保管，并要合理地确定堆垛之间的距离和走道宽度，便于装卸、搬运和检查。垛距一般为 0.5～0.8 米，主要通道宽度约为 2.5～4 米。

（2）牢固。堆垛必须不偏不斜，不歪不倒，不压坏底层的商品和地坪，与屋顶、

梁柱、墙壁保持一定距离，确保堆垛牢固安全。

（3）定量。每行每层的数量力求成整数，过秤商品不成整数时，每层应该明显分隔，标明重量，以便于清点发货。

（4）整齐。垛形应有一定的规格，各垛排列整齐有序，包装标志一律朝外。

（5）节约。堆垛时应考虑节省货位，提高仓库利用率。

（二）堆垛的基本方式

根据商品的基本性能、外形等不同，应确定不同的堆垛方式。堆垛的基本方式有重叠式、纵横交错式、仰俯相间式、压缝式、宝塔式、通风式、栽柱式、鱼鳞式、衬垫式和五五化等。现在将较为通行的若干方式介绍如下。

（1）重叠式。逐件逐层向上重叠码高而成堆垛，此垛形是机械化作业的主要垛形之一，适于中厚钢板、集装箱等商品，堆码板材时，可逢十略行交错，以便记数（如图 3-22 所示）。

图 3-22　重叠式

（2）纵横交错式。将长短一致、宽度排列能够与长度相等的商品，一层横放，一层竖放，纵横交错堆码，形成方形垛。长短一致的锭材、管材、棒材、狭长的箱装材料均可用这种垛形。有些材料，如铸铁管、钢锭等，一头大、一头小的，要大、小头错开。锭材底面大、顶面小，可仰俯相间。对于水泥等商品，如果包装统一，可采用“二顶三”“一顶四”等方式，在同一平面内纵横交叉，然后再层层纵横交错堆垛，以求牢固。这种垛形也是机械堆垛的主要垛形之一（如图 3-23 所示）。

（3）仰俯相间式。对于钢轨、槽钢、角钢等商品，可以一层仰放、一层俯放，仰俯相间而相扣，使堆垛稳固；也可以俯放几层，再仰放几层，或者仰俯相间组成小组再码成垛（如图 3-24 所示）。但是，角钢和槽钢仰俯相间码垛，如果是露天存放，应该一头稍高，一头稍低，以利于排水。

（4）压缝式。将垛底的底层排列成正方形、长方形或环行，然后起脊压缝上码（如图 3-25 所示）。底层呈正方形或长方形，纵横断面呈层脊形，适于阀门、缸、建筑卫生陶瓷等的堆垛。

（5）宝塔式。宝塔式堆垛与压缝式堆垛类似，但压缝式堆垛是在两件物体之间压缝上码，宝塔式堆垛则在四件物体之中心上码，逐层缩小。

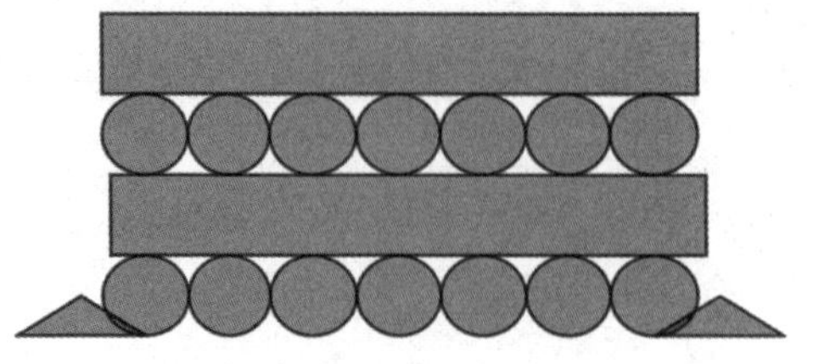
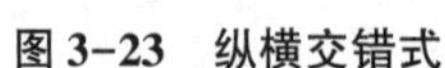

图 3-23　纵横交错式

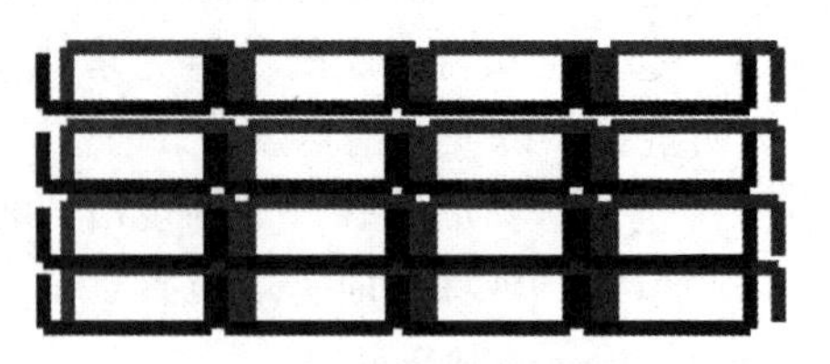

图 3-24　仰俯相间式

（6）通风式。这种垛形适于需要防潮通风保管的商品，堆垛时一件商品和另一件商品之间都留有一定的空隙，以利于通风（如图 3-26 所示）。

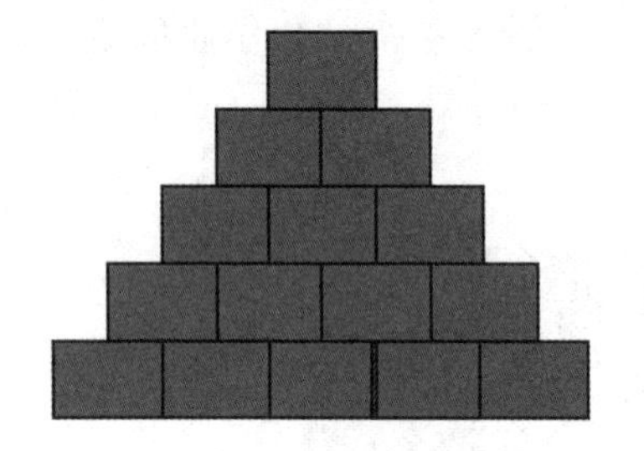

图 3-25　压缝式

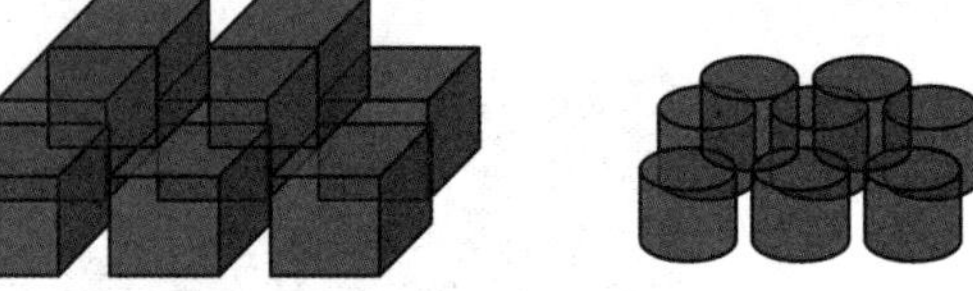

图 3-26　通风式

（7）栽柱式。在货垛的两旁栽上两根至三根木柱或钢棒，然后将材料平铺在柱中，每层或间隔几层在两侧相对应的柱子上用铁丝拉紧，以防倒塌（如图 3-27 所示）。这种垛形多用于金属材料中的长条形材料，如圆钢、中空钢的堆码。这种堆垛方式适用于机械堆码，采用较为普遍。

（8）衬垫式。在每层或每间隔几层商品之间夹进衬垫物，利用衬垫物使货垛的横断面平整，商品互相牵制，以加强货垛的稳固性。衬垫物需要视商品的形状而定。这种堆垛方式适用于四方整齐的裸装商品，如电动机的堆垛。

（9）五五化。五五化堆垛就是以五为基本计算单位，堆码成各种总数为五的倍数的货垛，即大的商品堆码成五五成方，小的商品堆码成五五成包，长的商品堆码成五五成行，短的商品堆码成五五成堆，带眼的商品堆码成五五成串（如图 3-28 所示）。这种堆垛方式过目成数、清点方便、数量准确，不易于出现差错，并且收发快、效率高，适用于按件计量的商品。

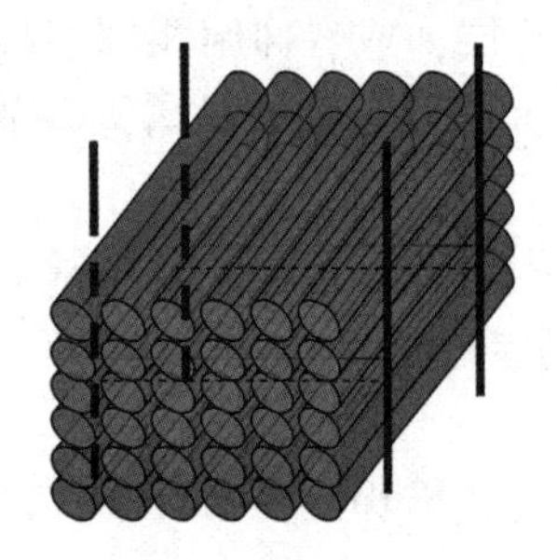

图 3-27　栽柱式

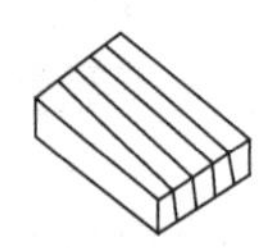
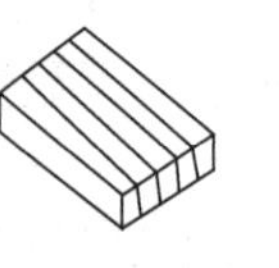
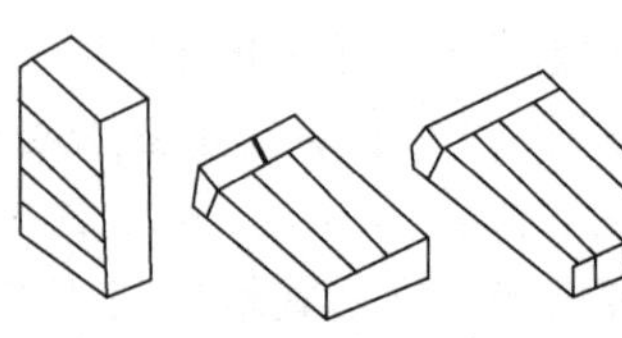

图 3-28　五五化

单元三　仓库布局与库房规划实训项目

1. 实训目的

通过实地调研某仓库，了解仓库的总体平面布局，对调研单位的仓库功能布局进行描述；同时了解该企业主要储存商品种类，以及该企业库房布局和规划，熟悉仓库所存商品如何进行分类、分区及储位编号。

2. 实训准备

（1）了解调研目的。

（2）分组，将全班同学分成若干小组，每组4～5人。

（3）确定实训地点：不同的组选择不同的仓库进行现场参观考察。具体记录以下信息。

交通地址：说明比较所在地址环境的优缺点（必须画出地理位置图）。

前方设施：①停车场位置、设施；②出入口设计。

仓库设施：①内部各作业环节的分区与布局；②通道设计；③仓房内部分区、储位编号；④搬运设施。

辅助设施：①员工福利设施；②办公室以上内容须有照片或平面图说明。

（4）时间安排4学时。

3. 实训任务

选择当地一家物流公司或工商企业的配送中心或仓库，进行现场调查，了解该仓库的布局规划及仓库设备配备。调研结束后，完成报告。调研报告内容如表3-4所示。各小组派一名同学在课堂上陈述调研结果。

4. 实训步骤

（1）选择联系好当地物流公司或企业的仓库，前往实地调查。

（2）撰写调研报告。

（3）各小组制作PPT，在课堂上汇报调研内容。

表3-4　调研报告内容

项目	内容
封面内容	题目、组别（学号）、（组员）姓名、缴交日期
正文内容	调研背景与目的：说明仓库布局规划的重要性，通过对某配送中心的布局调查，理解布局规划的目的 调研方法与对象：说明在调研中所用的方法；调研对象的基本情况简介，如该仓库的背景简介（包括成立历史、大事记、组织状况与目前经营情形说明，但字数不要多）

（续表）

项目	内容
	调研结果分析（陈述调查的结果、数据等） 建议（针对调查中所发现的问题，针对布局的不合理方面，提出改进的意见和建议） 参考文献 附录：小组成员分工表、补充数据或图表等

5. 任务评价

任务评价的方式有教师评价、小组内部成员评价和第三方评分组成员评价三种，建议教师评价占60%的权重，小组内部成员评价占20%的权重，第三方评分组成员评价占20%的权重，三者综合起来的得分为该生在该项目的最终得分。任务评价单如表3-5所示。

表3-5　任务评价单

考评人		被考评人	
考评地点			
考评内容	仓库布局与库房规划调研		
考评标准	具体内容	分值/分	实际得分/分
	工作态度	10	
	沟通水平	10	
	实地调研	20	
	调研报告文字	30	
	调研报告陈述	30	
合计		100	

注：考评满分100分，60分以下为不及格，60～69分为及格，70～79分为中，80～89分为良，90分以上为优。

本模块小结

本模块要求学生熟悉仓库的平面布局和库房内部布置规划，掌握库房分区与货位编号规划。通过对仓库的实地调研，进一步深入理解仓库的平面布局、库房内部布置、仓库分区和货位编号，能够熟练进行库房商品堆垛操作。

复习题

一、选择题

1. 现代仓库待检区及出入库收发作业区占总面积的比例为（　　）。

A. 40%～50%　　B. 8%～12%

C. 20%～30%　　D. 10%～15%

2. 托盘上的货物奇数层和偶数层之间呈 90°交叉堆码属于（　　）。

A. 重叠式　　　　B. 层间纵横交错式

C. 正反交错式　　　　D. 旋转交错式

3. 仓库内所有建筑物所占平面面积之和是仓库的（　　）。

A. 总面积　　　　B. 建筑面积

C. 使用面积　　　　D. 有效面积

4. 手推车的单行通道尺寸为（　　）米。

A. 0. 5　　B. 0. 8　　C. 1. 0　　D. 1. 5

5. 在货垛的两旁栽上两根至三根木柱或者是钢棒，然后将材料平铺在柱中，每层或间隔几层在两侧相对应的柱子上用铁丝拉紧，这种堆垛方式属于（　　）。

A. 压缝式　　　　B. 宝塔式

C. 通风式　　　　D. 栽柱式

二、简答题

1. 库房内部布局原则及主要形式是什么？
2. 仓库设备如何配置？
3. 如何选择仓库地板荷重和地板材质？
4. 库房商品堆垛的基本方式有哪些？
5. 仓库货位要如何编号？

三、案例题

下图是某城市物流配送中心的仓库平面设计图，综合多种情况，物流中心对仓库进行了如下的区域布置规划，请问：规划采用何种布置方式？主要布局有哪些设施？该仓库布局规划的优缺点是什么？

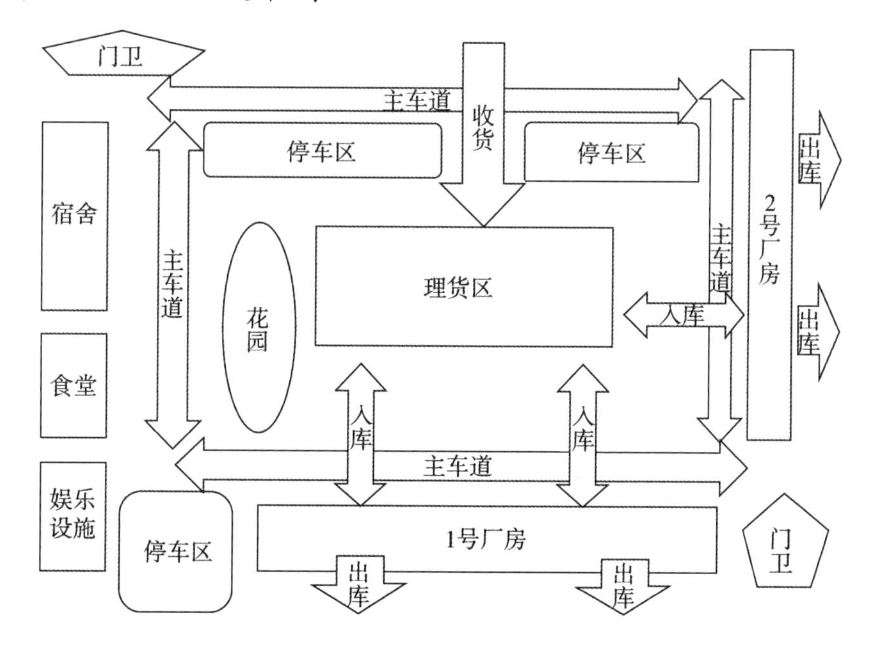

模块四

仓储经营管理能力

单元一　仓储物流经营战略选择

学习情境

福建省 SH 物流公司创立于 1992 年，经过 20 多年的发展，目前注册资本 3.2 亿元，经营场所 120 多万平方米，仓储面积达 17 万平方米，自有运输车辆 1600 多部。目前，已开设 240 多家分公司、办事处，60 多条省际特快直达专线，30 多条全国甩挂运输专线，经营网络覆盖全国。多年来公司为众多知名企业提供整合运输服务、仓储服务、配送中转、异地托运等全方位物流服务。该物流公司的物流发展战略是为专业化客户提供一体化的物流服务。随着与电子类客户的深入合作，一些国内知名的电子企业要求 SH 物流公司提供更专业化的仓储、分销、配送、包装等服务。在这样的合作背景下，该物流公司应该采取什么样的仓储物流经营战略才能符合客户的物流服务需求呢？

学习目标

1. 懂得仓储物流经营战略对企业经营的重要性。
2. 识别仓储物流经营战略的类型。
3. 掌握仓储物流经营战略的分析方法。
4. 通过实地调研，进一步理解仓储物流经营战略的选择及规划。

学习地点

1. 校内。
2. 仓储物流企业。

学习内容

Strategy（战略）一词源于希腊语“strategos”，意为军事将领、地方行政长官。后来演变成军事术语，指军事将领指挥军队作战的谋略。在现代，战略是一种从全局考虑谋划实现全局目标的规划，是一种长远的规划，是远大的目标。

仓储物流经营战略是指仓储物流企业为达到企业中长期经营目标而制定的经营方针和方向。为了实现企业的总体发展目标，就必须根据企业的外部环境和内部条件制定出正确的经营战略。企业的经营战略是对企业长期的、全局性的经营问题的谋划，是实现企业目标的重大决策或举措。仓储物流企业要想在竞争中获得优势地位，必须根据自身的具体情况与行业环境，采取适合的经营战略。经营战略的最终目的就是实

现竞争优势，根据哈佛大学波特教授关于竞争理论的相关研究，一般情况下，有三种基本经营战略，即总成本领先经营战略、标新立异经营战略、目标集聚经营战略。

一、仓储物流经营战略的类型

（一）总成本领先经营战略

总成本领先经营战略是指通过采取一系列降低成本的措施，以总成本最低的优势在行业竞争中获得市场份额。总成本领先经营战略要求建立达到经济规模的物流服务基础设施，抓好每一环节的成本控制，最大限度地减少研发、服务、营销、广告、管理等方面的费用。总成本领先战略的核心是在经营中使各项成本低于竞争对手，以获得竞争的优势，在市场中占有较高的市场份额。

仓储物流企业要实施总成本领先战略，就要有相当规模的客户形成的稳定的业务量、广泛覆盖仓库业务的网点、信息化程度高的仓储服务平台，保持较宽的相关产品系列，以分散成本和费用，以批量购买的价格折扣向客户群提供服务。总成本领先战略需要较高的前期投资、激进的定价和承受初始的亏损，以便获得较高的市场份额。而较高的市场份额又可获得采购的经济性，从而使成本进一步降低。一旦赢得了成本领先地位，所获得的利润又可以增加仓储设施投入，进一步维护成本的领先地位。

有条件采取总成本领先战略的企业一般是拥有一定仓库资源优势的全国性企业。该类型企业具有资金、设施方面的优势，他们大多是全国性的公司，地方有许多子公司。

（二）标新立异经营战略

标新立异经营战略也称歧异化经营战略。它是将企业提供的产品或服务标新立异，形成一些在全行业范围内独特性的东西，向客户提供独特的服务。实施标新立异经营战略可以通过许多方式：设计品牌形象、技术特点、外观特点、经销网络及其他方面的独特性。最理想的情况是企业在几个方面都标新立异。标新立异经营战略并不意味着企业可以完全忽视成本，此时成本不是企业的首要战略目标。实施标新立异经营战略实际就是利用客户对品牌的忠诚度及由此产生的对价格敏感性下降，从而使企业避开竞争。

仓储物流企业实施标新立异经营战略，就是仓储物流企业在某一方面独树一帜，以此获得溢价的服务价格。对于中小型仓储物流企业来说，技术以及专利均无法占据优势，只能在服务以及质量等方面达到标新立异，主要手段有在某一区域以独一无二的仓储服务覆盖整个区域范围、高订单满足率、快速的仓储周转率、高素质的从业人员、内部管理流程优化等软性手段以及独一无二的仓储物流设施设备、高效的仓储物流信息系统等硬件手段。中小型仓储物流企业比较适合采取标新立异经营战略，相比大型仓储物流企业而言，中小型仓储物流企业能比较灵活、容易、快速地捕捉到客户的实际需要，容易开发出增值服务，形成自己的竞争法宝。

（三）目标集聚经营战略

目标集聚经营战略是指主攻某个特定的顾客群、某产品系列的一个细分区段或某个地区市场。目标集聚经营战略的核心是以某一特定目标为中心而建立的。实施这一战略的前提是：企业能够以更高的效率、更好的效果为某一狭窄的战略对象服务，从而超过更广阔范围的竞争对手。

仓储企业要实施目标集聚经营战略，就要找准某一细分仓储物流市场，并量体裁衣地为其服务，形成自己的竞争优势。对于中小型仓储物流企业来说，要实现目标集聚就是要为客户提供独一无二的服务或者在提供相同仓储物流服务项目时能够比其他企业更加高效、专业化或低成本。目标集聚经营战略是建立在准确的仓储市场定位基础上的，采取成本集聚与歧异集聚，即在某一细分市场上做到成本领先或者标新立异。对于中小型仓储物流企业来说主要可以通过以下手段来实现此战略：服务对象的集聚，即找准既有市场潜力，而自身也拥有一定发展资源的仓储物流市场，如冷链仓储、家电仓储、服装产品仓储、机电产品仓储等服务对象，把其中之一作为自己的细分市场；流程集聚，即为需要某些特殊物流作业流程的货物或企业提供独有的专业化仓储流程服务；功能集聚，即不仅提供传统的仓储、配送等物流功能，还提供诸如二次转运、逆向物流、电子商务配送、专业化流通加工、物流咨询与教育、融通仓等新兴仓储物流服务。中小型仓储物流企业通过对仓储市场的有效细分，找准定位，将企业资源集中整合在特定市场细分带中，逐步培育自己的竞争优势，使自己成为目标集聚型的中小型仓储物流企业。

下面，以杭州 FR 物流公司为例说明仓储目标集聚经营战略的运用。

FR 物流于 2001 年 9 月正式投入运营，注册资本为 5000 万元。它在杭州市下沙路旁租用的 300 亩土地上建造了 140 000 平方米现代化常温月台库房，并在九堡镇建造规模更大的 600 亩物流园区。FR 物流公司拥有杭州市最大的城市快速消费品配送仓。FR 物流公司定位于快速流通民用消费品物流细分市场，其主要运作模式是基于配送的仓储服务。制造商或大批发商通过干线运输等方式大批量地把货品存放在 FR 物流公司的仓库里，然后根据终端店面的销售需求，用小车小批量配送到零售店或消费地。通过有效的市场定位及目标集聚经营战略的运用，该企业已经成为华东区快速消费品的总仓，其影响力和辐射半径还在日益扩大中。目前，FR 物流公司通过引入第三方物流经营理念，成功地开拓了以杭州为核心的周边物流市场，它已成为杭州最大的第三方物流企业之一。

FR 物流公司在业务和客户源上已经形成了良性循环。在操作层面，FR 物流公司如何迅速扩充仓储面积，提高配送订单的处理能力，增加对客户的服务能力；在战略层面，该物流公司应该采取什么样的经营战略，进一步提高区域影响力，这些已成为 FR 物流公司决策层考虑的战略重点。

在此背景下，FR 物流公司决策层决定继续采用目标集聚经营战略，通过以下措施进一步达到“长三角地区”有竞争力的快速消费品的仓储物流服务供应商。第一，进一步扩大仓储能力，更好地为快速消费品企业提供仓储物流服务。FR 物流公司扩大了 6 万平方米的仓储容量，使每天储存的商品量达 10 亿元左右。按每月流转 3 次计，公司的每月物流量达 30 亿元左右。第二，从简单的操作模式迈向科学管理的新台阶，FR 物流公司的管理层意识到仅仅依靠决策层的先进思路是不够的，此时导入全面质量管理的管理理念和实施 ISO9000 质量管理体系，保证所有层次的管理人员和基层人员能够严格地遵守全面质量管理的要求。第三，将传统的手工订单改为录入系统的电子订

单，建立科学现代的符合自身业务特点的物流信息化管理系统。在信息系统的帮助下，FR物流公司的管理体系上到一个科学管理的高度。第四，FR物流公司已经开始密切关注客户的需求。FR物流公司为客户提供仓储、配送、装卸、加工、代收款、信息咨询等物流服务，并为客户规划出多种增值服务。

二、仓储物流经营战略的制定

仓储企业为了实现经营目标，需要进行战略的制定和战略的实施等一系列决策和行动。下面介绍经营战略的制定。

（一）树立正确的战略思想

战略思想是指导企业经营战略的制定和实施的基本思想，是整个企业经营战略的灵魂。它主要包括市场观念、用户观念、竞争观念、创新观念、机会观念、开发观念、信誉观念、开放观念、效益观念等。

（二）进行战略环境的分析

一方面，环境变化给仓储物流企业带来了巨大风险，但同时又为仓储物流企业发展提供了较多的机会，从而影响和决定了仓储物流企业在动态环境中可做何种选择；另一方面，环境又对仓储物流企业提出了承担社会非经济责任的要求，从而影响和决定了仓储物流企业在动态的环境中应做些什么决策。这里的环境包括企业内部条件和企业外部条件。仓储物流企业内部条件分析是指对影响企业生存和发展的内部因素进行分析，由于企业内部因素是可控制因素，因此企业内部条件分析的目的在于利用和强化优势，克服和改变劣势，它主要是对企业的绩效、实力、资源等进行分析。仓储物流企业外部条件分析是指对影响企业生存和发展的外部因素进行分析，包括国内外的政治、经济、技术、社会和自然条件等环境因素。由于外部环境的变化性和不可控性，往往会给企业的经营活动带来重大的影响。

（三）确定企业宗旨

企业宗旨是关于仓储物流企业存在的目的或对社会发展的某一方面应做出的贡献的陈述，有时也称为企业使命。企业宗旨不仅陈述了企业未来的任务，而且要阐明为什么要完成这个任务以及完成任务的行为规范是什么。

（四）制定战略目标

企业战略目标是指企业在完成基本任务过程中所追求的最终结果。它是由战略决策者根据企业宗旨要求确定的定量数值。企业战略目标为企业的运行指明前进的方向，为企业业绩评估提供标准，为企业资源配置提供依据，利用企业战略目标就可以对企业全部经营活动进行有效管理。

（五）经营战略类型的选择

首先明确企业的经营领域、企业在该领域内的优势，然后再了解竞争对手的经营战略。经营战略类型的选择要因地制宜，根据本企业的特点确定战略类型。根据哈佛大学波特教授关于竞争理论的相关研究，在仓储经营战略类型中，有三种基本的经营战略可供选择，分别是总成本领先经营战略、标新立异经营战略、目标集聚经营战略。

(六) 经营战略方案的设计

经营战略方案是企业经营战略的具体化，它可以推动企业在自己所确定的经营领域内夺取优势，从而保证企业目标的实现。可用于企业经营战略方案设计的基本方法有 SWOT 矩阵法、SPACE 图解法和战略方案汇总表法等。

1. SWOT 矩阵法

SWOT 矩阵法是优势（Strengths）、劣势（Weaknesses）、机会（Opportunities）、威胁（Threats）匹配矩阵法的简称。利用 SWOT 矩阵法针对企业内部条件和外部环境中关键战略要素进行匹配，可设计出四类基本经营战略方案（如表 4-1 所示）。

表 4-1 利用 SWOT 矩阵法设计出的四类基本经营战略方案

外部环境	内部条件	
	优势（S）	劣势（W）
机会（O）	SO 战略方案（依靠内部优势，利用外部机会）	OW 战略方案（利用外部机会，克服内部劣势）
威胁（T）	ST 战略方案（利用内部优势，避开外部威胁）	WT 战略方案（减少内部劣势，回避外部威胁）

2. SPACE 图解法

SPACE 是 Strategic Position and Action Evaluation Matrix 的缩写。SPACE 图解法是将企业所处的战略地位因素进行匹配，从而形成经营战略方案的设计方法（如图 4-1 所示）。

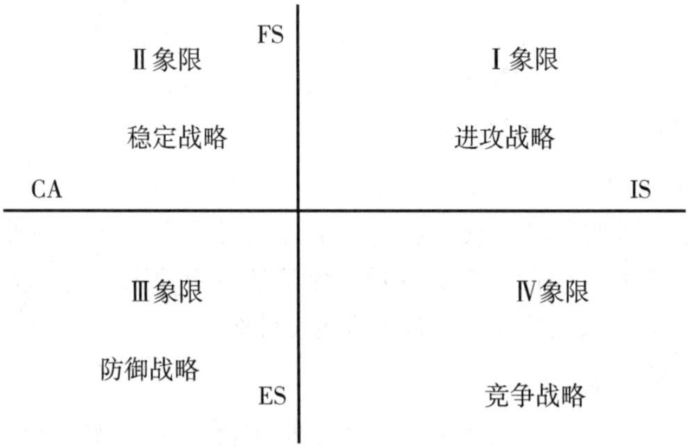

FS
Ⅱ象限
稳定战略
Ⅰ象限
进攻战略
CA
IS
Ⅲ象限
防御战略
Ⅳ象限
竞争战略
ES

图 4-1 SPACE 图解法

在图 4-1 中，纵坐标正负方向分别表示企业内部的财务优势（Financial Strength，FS）与外部环境稳定性（Environment Stability，ES），横坐标正负方向分别表示行业优势（Industry Strength，IS）与竞争力量（Competitive Advantage，CA）。在这里，财务优势、外部环境稳定性、行业优势和竞争力量是影响企业总体战略地位的四大决定性因素。坐标系第Ⅰ象限到第Ⅳ象限分别表示与变量组合相对应的四个战略方案类型：进攻战略、稳定战略、防御战略、竞争战略。

3. 战略方案汇总表法

战略方案汇总表法是指根据企业的竞争地位与市场增长的不同情况，汇总出各种可能的战略方案（如表 4-2 所示）。

表 4-2 战略方案汇总表法

行业市场增长	企业竞争地位	
	劣势（W）	优势（S）
迅速	第Ⅱ象限战略方案集合	第Ⅰ象限战略方案集合
缓慢	第Ⅲ象限战略方案集合	第Ⅳ象限战略方案集合

第Ⅰ象限表示处于最佳竞争地位和市场迅速增长的行业环境的企业所应采取的战略方案。第Ⅱ象限表示面临着市场迅速增长的行业环境，但需要企业改善自身竞争地位的战略方案。第Ⅲ象限表示面临市场缓慢增长的行业环境和企业自身竞争地位较低的状态下应采取的战略方案。第Ⅳ象限表示处于较高竞争地位，却运行于市场缓慢增长的行业环境的企业应采取的战略方案。

由上可知，企业战略模式的选择方式多种多样。但是应该注意，处于实际经营中的企业应具体问题具体分析，不能盲目照抄国内外其他企业的战略模式，要根据自己的实际情况定位，取他人之长，发挥自己的优势，择优而定。

（七）战略方案评价与决策

对战略方案的评价过程，也是对各种方案的筛选过程。对于筛选出来的方案，还必须经过一个最终的决策过程，要应用科学的方法和严格的程序，选出最终的将要付诸实施的经营战略方案。

三、SH 物流公司经营战略的制定

下面以本单元学习情境中的 SH 物流公司为例说明企业的仓储物流经营战略制定过程。

（一）经营战略思想及企业宗旨的确定

为适应经济全球化和现代物流业的发展，SH 物流公司树立了以争创全球性的物流服务品牌为目标，争做物流行业中民营企业的典范为公司战略思想。为达成此事业，公司以“诚信经营、优质服务、团结奋进、共创辉煌”为宗旨；以“团结拼搏、开拓创新、携手共进、争创一流”为企业精神；以“客户至上、信誉第一、价格合理、服务周到”为服务宗旨。

（二）战略环境分析

为了更好地进行仓储物流经营战略规划，我们利用 PESTLE、波特五力分析、SWOT 方法，分析目前 SH 物流公司面临的内外部环境。

1. SH 物流公司面临的宏观环境——PESTLE 分析

这里采取 PESTLE 分析方法对以下环境因素进行分析：对企业产生影响的国内外政治、经济、社会文化、科学技术、法律及自然条件等。SH 物流公司面临的政治和法律环境：当地政府出台鼓励物流经营发展的优惠政策，对其公司是利好的；该公司所处海西地区，经济发展水平近年来呈现较高的态势，特别是电子产业、轻工产品等产业发展势头迅猛；该地区较为开放的社会文化环境也比较适合发展物流产业；当地的科学技术发展水平为物流的经营战略提供了很好的物流技术变革条件；该地区在东南沿海，自然环境稳定，为物流业务的经营战略提供了生存空间。

2. SH 物流公司面临的竞争环境——波特五力分析

波特五力分析模型主要用来分析公司所面临的竞争环境。SH 物流公司面临的行业竞争环境分析如图 4-2 所示。

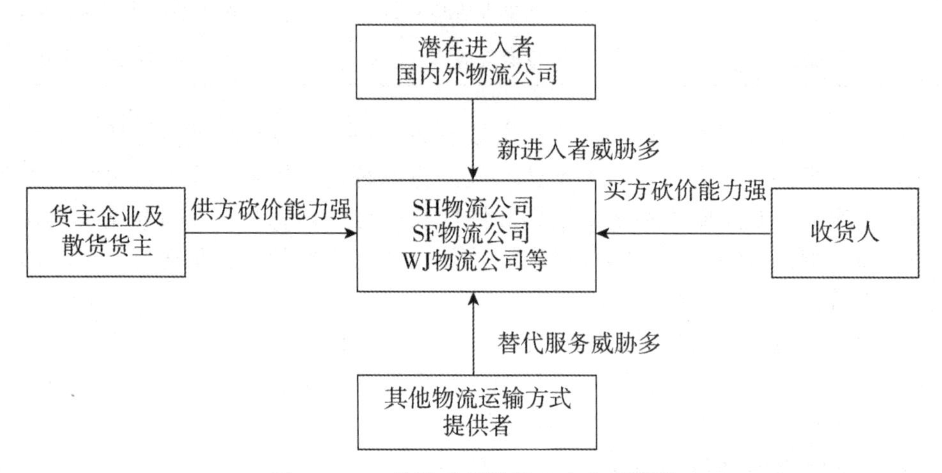

图 4-2　SH 物流公司波特五力分析模型

从图 4-2 中可以看出，该企业面临的行业竞争激烈，驱动行业竞争的五种力量也决定了目前该公司的行业获利能力较弱。

3. SWOT 矩阵法

（1）SH 物流公司拥有的内部优势。

①区域市场地位优势。该企业是福建省较早从事专业仓储运输服务的第三方物流企业，率先进入了电子类产品物流的细分领域，并在区域市场中的市场份额、知名度、营业规模、效益指标等方面已经取得了较大的领先地位。

②公司物流网络优势。以福州为中心，已在全国主要大中型城市设立分支机构，形成较为完善的物流业务网络。

③利用信息技术形成的优势。在福州市同业间率先启用 GPS 全球卫星定位货物追踪系统，并和公司的物流信息管理系统结合使用，能够及时地掌握货物的流量、流向、车辆状况和库存动态。

④较为雄厚的货物运输能力。公司具备大中小型货车 1600 多辆，可以为客户提供一体化的运输服务，通过对自有车辆与合作伙伴车辆资源的有效利用，形成全国性的承运网络，运用公司的物流信息平台的运输管理系统进行中央发运控制，通过 GPS 车辆远程监控平台进行车辆货物跟踪，确保客户的货物能够安全可靠、准确及时地到达终点。

⑤物流客户定位较为明确，与大客户合作形成客户资源优势。该企业与省内的电子类知名企业形成了较长期的合作关系。

（2）SH 物流公司存在的劣势。

①经营管理环节存在薄弱之处。该企业是民营企业，管理层都是创业元老，在管理上很难进行有效的约束，他们的经营管理理念很难跟上现代物流的思想，严重制约了公司的长远发展。在员工的管理上也缺乏有效的激励机制。

②物流人才缺乏，特别是高层次物流人才严重缺乏。由于所处的工作环境较为艰苦，加上工资福利待遇一般，也存在社会养老和保险等诸多问题，导致员工的流动率较高，很难吸引人才和留住人才。

③物流经营战略比较模糊。该企业缺少战略定位和战略规划，在战略经营上还存在一定的盲目性。市场定位较模糊，可以用“有什么做什么”来形容目前的经营情况。

④企业缺乏资金是其发展的瓶颈。该企业规模还比较小，而且企业的股权单一，很难在社会上融资并进行大规模的扩大生产和建设。

⑤仓储资源还不能适应客户需要。目前公司仓储面积虽然已达 17 万平方米，其提供的主要是普通的仓储保管服务，还是不能适应电子类客户多样化的仓储物流服务需求，如为电子类客户提供分销、配送、包装、流通加工等服务。

（3）外部环境给 SH 物流公司带来的机会。

①国家和地方政府支持重点物流企业的发展，在政策上给予了优惠措施。该企业属于第四批物流税收试点备选企业对象之一。福州市“十三五”物流规划提出优化福州物流园区空间布局，结合区位特点和物流需求，按照节约集约用地的原则，在交通枢纽、产业集聚区合理布局建设物流园区，完善物流园区基础设施，加快现代化立体仓库和信息平台建设，提升物流园区管理和服务水平，树立一批国家级、省级示范物流园区标杆，发挥示范园区的引导带动作用，集聚一批物流企业，打造全物流产业链，逐步形成以物流园区为支撑的产业生态圈。其中就包括重点建设 SH 园中物流园、CL 翔福物流园、WJ 物流公共中心等项目。

②物流行业市场机遇。中央支持福建加快发展，批准设立平潭综合实验区、中国（福建）自由贸易试验区、21 世纪海上丝绸之路核心区、福州新区、福厦泉国家自主创新示范区、国家生态文明试验区等，为福建发展注入了强劲动力。六大国家发展战略叠加，使福建成为中国优惠政策最多、最集中的省份之一，激发了福建发展的无限活力。随着重大产业集群的产生，基本形成产业布局合理、区域特色突出、结构明显优化的产业集群发展格局。产业集群的快速发展产生较大规模的物流需求市场，并随着货主企业认识到第三方物流企业和专业仓储服务的优越性，使得运输仓储型物流服务企业面临更大的市场空间和持续高速扩张的机遇。

③中国台湾地区的电子产业向海峡西岸经济区转移带来物流市场机遇。

（4）外部环境给 SH 物流公司带来的威胁。

①国外物流企业进入国内物流市场，给物流业带来竞争的压力。根据中国加入世界贸易组织的相关协议规定，中国逐步向国外竞争者开放包括仓储、国内运输、快递服务等在内的第三方物流服务领域，最终威胁国内物流企业的生存空间。

②外部成本上升带来的企业经营利润下滑。油价、外购成本、土地成本带来的企业经营费用急剧上升。近年 SH 物流公司的年均毛利率与顶尖的物流公司利润仍有一段差距。

③福建省内一些物流企业采取低价竞争策略，市场竞争激烈带来外部挑战。企业以传统储存运输业务为主，经营结构相对简单，技术含量不高，劳动资本密集，传统仓储运输业务基本处在供应链的末端，价格竞争激烈。目前的仓储物流市场属于微利经营的局面，市场经济给SH物流公司的冲击显而易见，货源减少，营业收益下降、成本不断攀升。面对市场激烈的竞争，一些仓储物流企业为了求得短期生存，不断降低仓储运输价格，扰乱市场秩序。

（三）企业经营战略目标的树立

为了实现企业的经营战略思想及企业宗旨，该企业以“不断追求卓越的服务品质，采用现代物流信息技术，演绎尽善尽美的物流服务，力求成为国内一流的第三方物流企业”为其战略目标。

（四）企业仓储物流经营战略类型选择

根据波特的竞争理论，有三种基本经营战略即总成本领先、标新立异、目标集聚可供选择。利用SWOT分析方法，可供选择的经营战略有SO、OW、ST、WT四种。根据目前该企业的战略环境分析情况，可以采取目标集聚经营战略（SO战略）。

改革开放四十多年来，福建的经济快速腾飞。福建工商业界与台湾科技产业的融合越来越紧密，台湾地区的科技产业转移到福建，电子科技产业集群的快速发展产生了较大规模的物流需求市场。国家出台了一系列支持福建加快发展的意见、规划和方案，尤其是支持海峡西岸经济区建设以及赋予自由贸易试验区、21世纪海上丝绸之路核心区、生态文明先行示范区、福州新区、自主创新示范区建设等重大使命和任务，政策效应将进一步显现，这些政策叠加效应引领福建物流业先行先试、跨越发展。根据当前的发展态势，该企业可以实施目标集聚经营战略，以电子类产品物流市场为核心，利用业已形成的客户合作关系，重点开拓区域内电子类制造企业客户，并给其提供一体化物流服务，量体裁衣地为其提供全国各地的运输服务（多式联运货物运输），提供物流分拨、仓储、配送、产品分拣、包装、流通加工等服务，力争在区域市场形成自己的竞争优势。根据SH物流公司的情况，其采取的目标集聚经营战略属于SO战略，即依靠内部优势，利用外部机会。利用现有完善的物流网络，强大的运输能力，与大客户形成的良好合作关系等内部优势，并抓住外部电子类产品物流市场的机遇，为客户提供安全可靠、准确及时的第三方物流服务，扩大企业经营规模，成为区域内电子类产品物流的领先者。

单元二　仓储经营方法

学习情境

某企业A刚好有个空闲仓库，恰好某外贸公司B准备要租赁下来，租金是100万元/年。如果采取仓库租赁经营的方式，这100万元收入必须向税务局申报缴纳房产税12万元，增值税5万元（其他税费忽略不计），共计17万元。A企业的总经理认为这种经营方式税负太重，请问有没有其他的经营方式，既可以降低税收，又可以安排企业富余的资源呢？

学习目标

1. 学会运用在不同类型的仓储企业采取不同的仓储经营方法。
2. 掌握创新式仓储经营方法。

学习地点

1. 校内。
2. 调研企业。

学习内容

随着企业经营环境的不断变化，商品的仓储数量和仓储结构也在不断变化，为了保证商品的仓储趋向合理化，必须采用一些科学的方法，对商品的仓储及仓储经营进行有效的动态控制。如何确定科学的、有效的仓储经营方法，使仓储资源得以充分利用，这是仓储企业搞好经营管理的关键。现代仓储经营方法主要包括保管仓储经营、混藏仓储经营、消费仓储经营、仓库租赁经营、创新仓储经营等。

一、保管仓储经营

1. 保管仓储的经营方法

保管仓储是指存货人将储存物交付给仓储经营人储存，并支付仓储费的一种仓储经营方法。

在保管仓储经营中，仓储经营人一方面需要尽可能多地吸引仓储，获得大量的仓储委托，求得仓储保管费收入的最大化；另一方面还需在仓储保管中尽量降低保管成本，以获取较大的经营成果。仓储保管费取决于仓储物的数量、仓储时间以及仓储费率。其计算公式为：

$$C=Q\times T\times K \tag{4-1}$$

公式中：C——仓储保管费；

Q——存货数量；

T——存货时间；

K——仓储费率。

仓储总收入可按下式计算：

$$\text{仓储总收入}=\text{总库容量}\times\text{仓容利用率}\times\text{平均费率}$$

2. 保管仓储的经营特点

保持储存物原状是保管仓储的经营特点。存货人将储存物交付给仓储经营人，其主要目的在于保管，储存物的所有权不会因交付给仓储经营人而转移，因此仓储企业必须提供必要的保管条件，保持储存物原状，而不能对储存物进行其他处理。

3. 保管仓储的经营管理

保管仓储经营也是目前仓储业常见的经营方式。它最重要的工作是如何使仓储物的质量保持完好。要做好保管仓储的经营管理工作：首先，要加强仓储技术的科学研究，根据商品的性能和特点提供适宜的保管环境和保管条件，保证仓储商品的数量正确，质量完好；其次，要不断提高仓储员工的业务水平，培养出一支训练有素的员工队伍，在养护、保管工作中发挥其应有的作用；最后，要建立和健全仓储管理制度，加强市场调查和预测，维护好客户关系，组织好商品的收、发、保管和保养工作，掌握库存动态，保证仓储经营活动的正常运行。

二、混藏仓储经营

1. 混藏仓储的经营方法

混藏仓储是指存货人将一定品质、数量的储存物交付给仓储经营人储存，在储存保管期限届满时，仓储经营人只需以相同种类、相同品质、相同数量的替代物返还的一种仓储经营方法。

混藏仓储主要适用于农业、建筑业、粮食加工等行业中品质无差别、可以准确计量的商品。在混藏仓储经营中，仓储经营人应寻求尽可能控制品种的数量和大批量混藏的经营模式，从而发挥混藏仓储的优势。混藏仓储的收入主要来源于仓储保管费，存量越多，存期越长，收益越多。混藏仓储保管费的计算方式与保管仓储保管费的计算方式相同。

2. 混藏仓储的经营特点

（1）混藏仓储是成本最低的仓储方式。当存货人基于物品之价值保管目的而免去保管人对原物的返还义务时，仓储经营人既减轻了义务负担，又扩大了保管物的范围。混藏仓储是在保管仓储的基础上，为了降低仓储成本，通过混藏的方式，使仓储设备投入最少，仓储空间利用率最高，从而使仓储成本最低。

（2）种类物混藏的方式便于统一仓储作业、统一养护、统一账务处理等。将所有同种类、同品质的保管物混藏仓储保存，在保存方式上则没有各保管物特定化的必要，种类物成为保管合同中的保管物。各存货人对混合保管物交付保管时的份额各自享有所有权。这种种类物混藏的方式给各种作业、养护及账务工作带来管理上的便利。

三、消费仓储经营

1. 消费仓储的经营方法

消费仓储是指存货人不仅将一定数量、品质的储存物交付仓储经营人储存，而且双方约定，将储存物的所有权也转移到仓储经营人处，在合同期届满时，仓储经营人以相同种类、相同品质、相同数量替代物返还的一种仓储经营方法。

消费仓储经营人的收益主要来自对仓储物消费的收入，当该消费的收入大于返还仓储物时的购买价格时，仓储经营人即可获得经营利润。反之，消费收益小于返还仓储物时的购买价格时，就不会对仓储物进行消费，而依然原物返还。在消费仓储中，仓储费收入是次要收入，有时甚至采取零仓储费结算方式。消费仓储的开展使得仓储财产的价值得以充分利用，提高了社会资源的利用率。消费仓储可以在任何仓储物中开展，但对于仓储经营人的经营水平有极高的要求，现今广泛应用于期货仓储中。

2. 消费仓储的经营特点

消费仓储最为显著的特点是仓储经营人在接收储存物时便取得了储存物的所有权。在储存过程中，仓储经营人可以自由处分储存物。返还时，只需以相同种类、相同品质、相同数量的替代物返还。因此，消费仓储是仓储经营人利用仓储物停滞在仓库期间的价值进行经营，追求利用仓储财产经营的收益。

消费仓储是一种特殊的仓储形式，以种类物作为保管对象，兼有混藏仓储的经营特点。原物虽然可以消耗使用，但其价值得以保存。消费仓储为仓储经营提供了发挥的空间。

四、仓库租赁经营

1. 仓库租赁的经营方法

仓库租赁经营是通过出租仓库、场地，出租仓库设备，由存货人自行保管货物的仓储经营方式。进行仓库租赁经营时，最主要的一项工作是签订仓库租赁合同，在合同条款的约束下进行租赁经营，取得经营收入。仓库租赁经营既可以是整体出租，也可以采用部分出租、货位出租等分散出租方式。目前，采用较多的是部分出租和货位出租方式。

2. 仓库租赁的经营特点

（1）承租人具有特殊商品的保管能力和服务水平。

仓库租赁经营的前提条件为：出租的收益所得高于自身经营收益所得。一般依据下面的公式来计算：

租金收入>仓储保管费－保管成本－服务成本

下面以一个例子说明仓库租赁经营的成立条件。某公司考虑了两种经营方案，A 方案：直接出租，即把仓库以 100 万元/年的价格出租给一家贸易公司。这 100 万元收入必须向税务部门申报缴纳房产税 12 万元以及其他税费，共计 17 万元。A 方案的实际收入＝100 万元−17 万元＝83 万元。B 方案：该公司申请增加经营范围，增加仓储业经营业务，这样该公司不但可以出租仓库、还可以提供仓储服务。仓储保管费收入是 130

万元，保管成本是20万元，服务成本是20万元，税金是11万元。B方案的实际收入=130万元-20万元-20万元-11万元=79万元。可以看到：出租的收益所得高于自身经营收益所得，该公司应该采取出租仓库的经营方式。

（2）以合同的方式确定租赁双方的权利和义务。

出租人的权利是对出租的仓库及设备拥有所有权，并按合同收取租金。同时必须承认承租人对租用仓库及仓库设备的使用权，并保证仓库及仓库设备的性能完好。承租人的权利是对租用的仓库及仓库设备享有使用权（不是所有权），并有保护设备及按约定支付租金的义务。

（3）分散出租方式增加管理的工作量。

若采用部分出租、货位出租等分散出租方式，出租人需要承担更多的仓库管理工作，如环境管理、保安管理等。而如果采用整体出租的方式，虽然减少了管理工作量，却同时也放弃了所有自主经营的权力，不利于仓储业务的开拓和对经营活动的控制。

仓库租赁经营比较适合出租方没有较强的仓储业务经营能力，而承租方拥有较强的仓储经营能力的情况。这种情况下，把仓库交给别人经营带来的收益要大于自己经营所带来的收益。

五、创新仓储经营

伴随着企业经营内外部环境的变化以及仓储经营竞争压力的增加，仓储企业可采用有别于传统的仓储企业单一的经营方式，即创新仓储经营。仓储经营方式的创新使仓储企业保持了生机和活力，使传统的仓储企业获得了源源不竭的发展动力。目前出现的创新仓储经营方式有网络仓库、融通仓、融资租赁、流通加工等。

1. 网络仓库

网络仓库是与传统仓库完全不同的仓库形式。它是借助先进的通信设备，可随时调动所需物品的若干仓库的总和。网络仓库的覆盖区域非常广，根据供应商订货的数量和距离条件，通过网络渠道将信息传递到网络中心，迅速寻找配对，在最短的时间内做出选择，选择一个容量足够并且距离需求地最近的存储仓库。网络仓库实际上是一个虚拟的仓库，它利用强大的信息流，以统筹网络上可利用的仓库资源，大大满足了对订货的需求，提升了订货量。在运输时间、空间以及仓储费用方面具有非常大的优势。

2. 融通仓

融通仓是融、通、仓三者的集成，统一管理，综合协调。融通仓是一种把物流、信息流和资金流进行综合管理的创新，其内容包括物流服务、金融服务、中介服务和风险管理服务以及这些服务间的组合与互动。融通仓是一种物流和金融的集成式创新经营方式，其核心思想是在各种流的整合与互补互动关系中寻找机会和时机，其做法是：仓库经营企业为中小型企业提供融通仓服务，中小型企业的货主把货物存放在仓储企业的仓库中，取得仓单后凭此向银行申请贷款。银行根据质押物品的价值和其他相关因素向客户企业提供一定比例的贷款。仓储企业所提供的服务就是接受银行的委托，对货物的流动性进行监管，及时向银行提供质押监管信息，以便银行随时掌握货

物流动的信息。

仓库采取融通仓经营方式的优点是：①与金融机构不断巩固和加强合作关系，依托融通仓设立中小企业信用担保体系，以便于金融机构、融通仓和企业更加灵活地开展质押贷款业务；②充分发挥融通仓对中小企业信用的整合和再造功能，可帮助中小企业更好地解决融资问题；③银行拓宽了服务对象范围，扩大了信贷规模，也给第三方物流企业带来新的利润增长点，带来了更多、更稳定的客户。成功的融通仓运作能取得银行、企业、物流公司三赢的良好结果。

3. 融资租赁

当一些货物对仓库的现代化和智能化程度要求较高，但同时货主限于实力不能自主建造仓库时，普通的仓库租赁不能满足这些货主的需求。在实践中，仓储企业通过提供融资租赁等解决方案来满足这些货主的需求。

融资租赁是指由出租方融通资金为承租方提供所需设备，是具有融资、融物双重职能的租赁交易，它主要涉及出租方、承租方和贷款方，并有两个或两个以上的合同。在融资租赁方式下，首先由货主提出关于仓库需求的招标方案，仓储企业投标，中标后便进入融资租赁方案的实施阶段。仓储企业与货主签订融资租赁协议，筹资时与银行签订贷款协议。融资租赁经营方式是仓储企业根据货主的个性化要求去设计仓储建设方案，并提供仓储服务。这种经营方式具有融资功能，对仓储企业与货主企业都有好处。但由于融资租赁的仓库大多是根据货主的个性化需求建造的，这种仓库对其他货主并无用处。如果仓储企业与货主企业合作期满，但融资租赁尚未到期，一旦货主企业重新招标淘汰该仓储企业，此时仓储企业还拥有该仓库的所有权，但将面临不得不闲置的风险。

4. 流通加工

仓库提供流通加工增值服务的经营方式，可以使仓库经营人扩大业务范围，提供更多的增值服务项目，使其在激烈的市场竞争中获得竞争的优势，得到更多的利益。流通加工是指物品从生产地到使用地的过程中，根据需要施加包装、分割、计量、分拣、刷标志、拴标签、组装等简单作业的总称。

最普通的增值服务与流通加工中的包装处理有关。通常情况下，产品往往是以散装形式或无标签形式装运到仓库里的，所以这种存货基本上没有什么区别。一旦收到顾客的订单，仓库经营人就要按客户的要求对产品进行定制和发放。有关这方面服务的例子与一家汽车电池制造商有关：电池制造商把未做标志的产品装运到仓库中，而已经出售的电池需要向仓库经营人提供有关商标牌号的待印图案。接到要求使用特定的标志时的订单时，仓库经营人就把该标志图案印制到电池上，然后用定制的盒子将产品包装起来。所以，即使该产品在仓库里存放时是没有区别的，但是该顾客实际收到的是已经定制化了的产品和包装。由于支持个别顾客需求所需要的安全储备量较少，使该制造商可以减少其存货。与此同时，还可以相应地降低市场预测和生产计划的复杂性。

此外，仓库可以通过优化包装来提高这种增值服务，以满足整个渠道的顾客需求。例如，仓库可以通过延伸包装（Stretch-Wrapping）和变换托盘来增值。这种做法可以使制造商只处理一种统一的产品，同时实施延期包装，以使包装需求专门化。另一个有关仓库增值的例子是在产品交付给顾客以前，去除保护性包装：对于大型器械产品来说，这是一种有价值的服务，因为有时顾客处理掉大量的包装是有困难的，因此去除或回收包装材料也是仓库提供的增值服务。仓库提供流通加工服务，不仅为客户提供了便利，也为自身带来了额外的收益。

单元三　仓库经营管理实训项目

1. 实训目的

通过调研仓储企业的经营战略，让学生更了解仓储企业经营战略的基本知识，并能对调研单位的经营战略和经营方法进行分析、总结，提出自己的建议。

2. 实训准备

（1）了解仓储经营战略和经营方法等相关知识。

（2）将全部同学分成若干小组，每个小组 5 人。

（3）确定典型调研对象，联系调研企业。

（4）确定调研时间、地点及调研内容。

调研对象概况：调研对象简介、调研对象战略思想、战略目标、企业宗旨等。

调研对象仓储经营战略和经营方法运用情况：调查调研对象所采取的仓储经营战略和经营方法及存在的问题等。

（5）前往调研企业了解仓储企业经营战略和经营方法。

3. 实训任务

选择当地一家仓储型物流公司作为调研对象，进行现场调研，了解调研对象的仓储经营战略和经营方法等。调研结束后，完成调研报告。各小组派一名同学在课堂上陈述调研结果。

4. 实训步骤

（1）选择并联系好当地物流公司或企业的仓库，前往实地调研。

（2）撰写调研报告。调研报告内容如表 4-3 所示。

表 4-3　调研报告内容

封面内容	题目、组别（学号）、（组员）姓名、缴交日期
正文内容	1. 调研背景与目的：说明仓储经营战略和经营方法的重要性，通过对某仓储企业的战略进行详细调查，了解仓储经营战略和经营方法在企业中的运用 2. 调研方法与对象：说明在调研中所用的方法，调研对象的基本情况，如该企业的成立历史、大事记、组织状况与目前经营战略情况说明 3. 经营战略和经营方法调查结果分析：利用 SWOT 方法分析调研对象，陈述调查的结果 4. 建议：针对调查中所发现经营战略的问题，对经营战略和经营方法的不合理方面提出改进建议 5. 参考文献及附录：小组成员分工表、补充数据或图表等

（3）各小组制作 PPT，在课堂上汇报调研内容。

5. 任务评价

任务评价的方式有教师评价、小组内部成员评价和第三方评分组成员评价三种，建议教师评价占60%的权重，小组内部成员评价占20%的权重，第三方评分组成员评价占20%的权重，三者综合起来的得分为该生在该项目的最终得分。任务评价单如表4-4所示。

表4-4 任务评价单

考评人		被考评人	
考评地点			
考评内容	仓储企业经营战略和经营方法调研报告		
考评标准	具体内容	分值/分	实际得分/分
	工作态度	10	
	沟通水平	10	
	实地调研	20	
	调研报告文字	30	
	调研报告陈述	30	
合计		100	

注：考评满分100分，60分以下为不及格，60～69分为及格，70～79分为中，80～89分为良，90分以上为优。

本模块小结

本模块主要任务是熟悉仓储企业的经营战略，能够通过企业内外部环境分析进行企业经营战略的选择。在企业经营环境不断变化的情况下，为了保证商品的仓储趋向合理化，采用科学、先进、有效的仓储经营方法，对商品的仓储及仓储经营进行有效的动态控制。

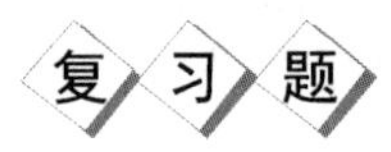

一、选择题

1. 下列哪种战略是将企业提供的产品或服务标新立异，形成一些在全行业范围内具有独特性的东西，向客户提供独特的服务？（　　）

A. 总成本领先战略　　B. 标新立异战略
C. 目标集聚战略　　D. 独特性战略

2. 既能依靠内部优势，又能利用外部机会的战略是（　　）。

A. SO 战略　　B. ST 战略
C. WO 战略　　D. WT 战略

3. （　　）经营人的收益主要来自对仓储物消费的收入。

A. 保管仓储　　B. 混藏保管
C. 消费仓储　　D. 租赁经营

4. （　　）是指存货人将一定品质、数量的储存物交付给仓储经营人储存，在储

存保管期限届满时，仓储经营人只需以相同种类、相同品质、相同数量的替代物返还的一种仓储经营方法。

A. 保管仓储　　B. 混藏保管
C. 消费仓储　　D. 租赁经营

5. 当租金收入>仓储保管费-保管成本-服务成本时，企业宜选择（　　）经营方法。

A. 保管仓储　　B. 混藏保管
C. 消费仓储　　D. 租赁经营

二、简答题

1. 如何制定仓储经营战略?
2. 如何分析仓储宏观环境?
3. 如何利用波特五力模型分析物流企业?
4. 简述混藏仓储与消费仓储的异同。
5. 创新仓储经营有哪些方式?

三、案例题

FR物流公司于2001年9月正式投入运营，注册资本为5000万元。FR物流公司拥有杭州市最大的城市快速消费品配送仓。它在杭州市下沙路旁租用的300亩土地上建造了140 000平方米现代化常温月台库房，并正在九堡镇建造了规模更大的600亩物流园区。FR物流公司已经是众多快速流通民用消费品的华东区总仓，其影响力和辐射半径还在日益扩大中。

FR物流公司通过引入先进的第三方物流经营理念，聘请职业经理人，成功地开拓了以杭州为核心的周边物流市场，目前已成为杭州最大的第三方物流企业之一。FR物流公司的主要客户包括大型家用电器厂商、酒类生产企业、方便食品生产企业和其他快速消费品厂商。另外，还有家用电器连锁销售企业和连锁超市也与FR物流公司达成了战略合作关系。

FR物流公司的商业模式就是基于配送的仓储服务。制造商或大批发商通过干线运输等方式把大批量的货品存放在FR物流公司的仓库里，然后根据终端店面的销售需求，用小车小批量地配送到零售店或消费地。目前，FR物流公司为各客户单位每天储存的商品量达2.5亿元。最近，这家公司还扩大了6万平方米的仓储容量，使每天储存的商品量达10亿元左右。按每月流转3次计，这家公司的每月物流量达30亿元左右，其总经理运用先进的管理经营理念，使得FR物流公司成为浙江现代物流业乃至长三角地区的一匹“黑马”。FR物流公司为客户提供仓储、配送、装卸、加工、代收款、信息咨询等物流服务，利润来源包括仓租费、物流配送费、流通加工服务费等。FR物流公司的仓库全都是平面仓，部分采用托盘和叉车进行库内搬运，少量采用手工搬运；月台设计很有特色，适合于大型货柜车、平板车、小型箱式配送车的快速装卸作业。

与业务发展蒸蒸日上不同的是，FR物流公司的信息化一直处于比较原始的阶段，只有简单的单机订单管理系统，以手工处理单据为主。按照FR物流公司目前的仓库发展趋势和管理能力，以及为客户提供更多的增值服务的要求，其物流信息化瓶颈严重制约了 FR 物流公司的业务发展。直到最近才开始开发符合其自身业务特点的物流信息化管理系统。

FR 物流公司已经开始密切关注客户的需求，并为客户规划出多种增值服务，期盼从典型的仓储型配送中心转变为第三方物流企业。从简单的操作模式迈向科学管理的新台阶，FR 物流公司导入全面质量管理的管理理念和实施 ISO9000 质量管理体系，保证所有层次的管理人员和基层人员能够严格地按照全面质量管理的要求去操作，并且在信息系统的帮助下，FR 物流公司的管理体系上到一个科学管理的高度。

请分析：仓储经营战略有几种？FR 物流公司采取了什么样的仓储经营战略？

模块五

仓储作业能力

单元一　入库作业操作

学习情境

2021年6月，毕业于某职业学院物流管理专业的小陈成功应聘于福州SN物流公司，成为该公司的一名员工。SN物流公司拥有仓储及相关配套总面积799万平方米，快递网点25 894个，物流网络覆盖全国352个地级城市、2910个区县城市。小陈刚入职时，负责仓库收货入库、发货出库、盘点等工作。虽然小陈在学校里经过了系统化的物流理论学习，但是真正在物流公司仓库中操作出入库作业，还是比较生疏的。经过两个月的工作学习，小陈已经成为仓库入库作业的熟手。那么他是如何熟练地进行仓库入库作业的呢？

学习目标

1. 学会仓库入库作业流程。
2. 懂得仓库入库作业操作。
3. 掌握仓库入库的检验、交接和登记。

学习地点

1. 各类型仓库，如物流公司仓库、制造企业仓库等。
2. 校内实训室。

学习内容

一、仓库入库作业流程

仓库入库作业是仓库作业的开始，熟悉仓库入库作业流程对于刚刚入行的小陈来说是至关重要的，掌握了它就能够将仓库入库作业操作自如，提高工作效率。下面的仓库入库作业流程是针对一般流通型仓库进行介绍的（如图5-1所示）。

1. 入库指令传递

控制要点：入库核算员对第二天各种入库指令进行采集（调拨、调运、返修、移库、退换等计划或临时的入库指令）或接收司机直接带来的入库指令并确认；由核算员向账务主管和仓库主管汇报，由此形成制订入库计划的资料依据。

人均作业：5分钟/指令。

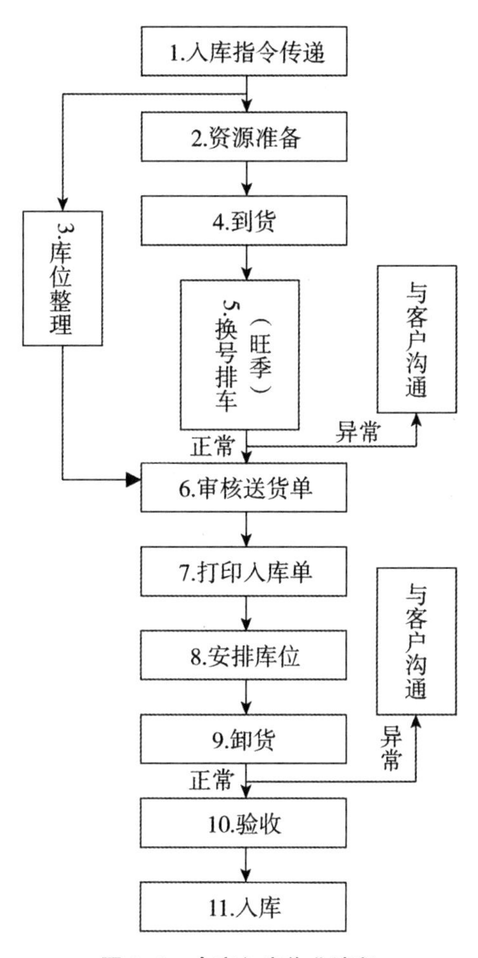

图 5-1　仓库入库作业流程

工具：电话、传真、电脑等。

2. 资源准备

控制要点：仓库主管根据入库计划通知仓库管理员和安排搬运人员做好入库的资源准备工作。

人均作业：1 分钟/指令。

工具：电话、传真、电脑等。

3. 库位整理

控制要点：仓库管理员指挥搬运人员按主管指令提前进行库位规划并整理。

人均作业：20 分钟/指令。

工具：对讲机、文件等。

4. 到货

控制要点：货物到货时，安排司机将车辆开至指定区域停放，等待处理。

人均作业：5 分钟/次。

工具：对讲机、文件等。

5. 换号排车

控制要点：旺季时，保安按到货时间排车，用排车号牌换客户的送货单并交仓库主管。

人均作业：3 分钟/单。

工具：排车号牌等。

6. 审核送货单

控制要点：仓库主管审核送货单或运输合同，包括印章和客户签名，不合格的退换货或代保管、返修等入库单重新开列或补齐手续。

人均作业：3 分钟/车次。

工具：电话、传真等。

7. 打印入库单

控制要点：仓库主管审核送货单后，将合格的单据交于库位管理员打印产品入库单，仓库主管审核后给仓库管理员三联，自己留存根联。

人均作业：5 分钟/单。

工具：电脑等。

8. 安排库位

控制要点：库位管理员根据计划指令首先计算到货立方并通知仓库主管安排库位，仓库主管指挥仓库管理员确定卸货仓库并通知保安带车。

人均作业：10 分钟/单。

工具：电话、电脑等。

9. 卸货

控制要点：由保安将车按顺序带到卸货地点，卸货时注意货物搬运时是否倒置，应轻放轻拿。

人均作业：30 分钟/车次。

工具：叉车、地托板等。

10. 验收

控制要点：仓库管理员按入库单据型号和数量对入库货物点数，对于残次品另外堆放及点数。有其他异常情况，及时通知仓库主管及客户。

人均作业：5 分钟/单。

工具：笔。

11. 入库

控制要点：搬运人员将验收合格的货物搬运至安排好的货位。注意搬运货物时不要倒置，应轻放轻拿，堆码时不能超高。放置货物时，不要混乱型号，不要倒置产品。

人均作业：30 分钟/车次。

工具：叉车、地台板等。

二、仓库入库准备

（一）制订入库计划

存货人在储存货物之前，会以仓储合同或保管合同的形式将其存放货物的种类、

规格、数量、性质、入库时间、保管时间、保管条件等信息明确地告知仓储方。这时，仓库计划人员就可以对其进行分析，编制具体的入库作业计划，说明作业流程与内容，并及时通知各部门做好相应的准备工作，以保证入库的顺利进行。通常，入库作业计划包括以下内容：

（1）了解货物入库的时间、数量、包装形式、规格；

（2）计划货物所需占用的仓容大小；

（3）预测车辆到达的时间及送货车型；

（4）为了方便装卸搬运，应计划车辆的停放位置；

（5）计划货物的临时存放地点；

（6）确定入库作业的相关部门。

可以看出，仓库计划人员负责将信息进行分解，把相应信息下发到各个部门，再由各部门做好入库的具体准备内容。

（二）入库准备

仓库各部门根据入库计划及时地做好入库前的准备工作，是确保货物准确迅速入库的重要环节，也是避免差错、减少浪费的有效措施，这需要仓库各业务部门、管理部门、设备部门分工协作，相互配合。

1. 信息准备

在接到入库作业计划后，仓库业务员要及时获得货物信息，包括发货时间、发货地点、运输方式、在途天数、预计到货时间、到货地点、联系电话、货物名称、规格、数量、包装、形状、单件体积、理化性质、保管要求、自提还是送货上门、是否需要与货站结算货款等内容，必要时要向存货人进行询问核实，确保准确无误，便于后续工作的顺利开展。

2. 场地准备

根据货物的入库时间、数量、性质、保管要求等信息，结合货物的堆码要求，计算货位面积，确定所需的存储空间和仓库条件，并对该仓库进行清查，整理剩余货物，腾出仓容，清扫消毒，准备好存货场所。

3. 设备准备

在货物到库之前，根据其种类、包装、规格、数量等情况，确定装卸搬运及检验的方法，并准备相应的车辆、检验器材、秤、尺、移动照明、撬棍、锤子等和堆码的工具，以及危险品需要的必要防护用品。

4. 人员准备

根据作业量的大小及专业化程度的高低，安排数量相符、技能娴熟的搬运、堆码、检验等相关作业人员，如遇特殊货物，还须对人员进行作业前培训及安全教育，保证货物到达后，人员及时到位，安全高效地完成工作任务。

5. 货位准备

根据货位的使用原则，妥善安排货位，并进行彻底清扫，清除残留物，检查照明、通风等设备，发现问题应及时解决。

6. 作业工艺设定

综合考虑货物、货位、设备、人员、场地、时间等多方面因素，科学合理地确定装卸搬运的工艺方案，尤其是对于超长、超宽、超高、不能拆分的大型物件，在保证安全的前提下，尽可能地提高作业效率。

7. 单证准备

仓库管理员需根据入库计划将作业时所需的入库记录单、验收单、货卡等各种单据、凭证、报表事先准备好，并预填妥善，以备使用。

8. 苫垫用品准备

根据货物的性质、数量、保管要求、堆码形式、储存场所等因素，确定货垛的苫垫形式，并准确计算出所需苫垫材料的数量和种类，预先准备充足，做到堆码的同时就完成苫垫工作，以提高工作效率，降低成本。

（三）货物接运

货物的接运是仓库直接与外部发生的经济联系。它的主要任务是及时而准确地向交通运输部门提取入库货物，要求手续清楚，责任分明，为仓库验收工作创造有利条件。因为接运工作是仓库业务活动的开始，如果接收了损坏的或错误的货物，那将直接导致货物出库装运时出现差错。接运工作完成的质量直接影响货物的验收和入库后的保管保养。因此，在接运由交通运输部门（包括铁路）转运的货物时，仓库管理员必须认真检查，分清责任，取得必要的单证，避免将一些在运输过程中或运输前就已经损坏的货物带入仓库，造成验收中责任难分和在保管工作中的困难或损失。

（四）审核单证

货物到库后，仓库管理员首先要核对入库单证，然后核查供货单位提供的发票、产品说明书、质量合格证书、装箱单、磅码单、发货明细等，最后还要核查承运部门提供的运单。如果在入库时货物已经发生货损货差现象，还须索取货运记录或普通记录。在核对单证时，要注意检查它们的真实性、合法性、有效性以及是否与实物相符。

货运记录是指由承运部门负责装、运、施封、卸载，发生问题由承运部门负责赔偿的货物运输事故记录。它是作为分析责任和请求赔偿的一种基本文件。凡在运输过程中发生以下事故时，运输部门应及时查明原因，按批编制货运记录：①货物的实际品名、件数、质量与货物运单记录不符；②货物被盗、丢失或损坏；③有货无票或有票无货；④发货件数短少、玷污、进水、变质、霉变、货损货差。记录必须反映事故的真实情况，字体清晰，如有涂改，则应由记录编制人在改正处盖章。

普通记录是指已由托运方自装施封，承运部门承运，途中车船施封完好，到港站卸货时发现异状，需收货人向发货人办理交涉而由承运部门出具的货运记录。它是一般的证明文件，不作为赔偿依据。在遇到下列问题时运输部门应于当日编制普通记录：①铅封破损、失效、不符、印文不清或没按规定施封；②施封的货车门窗关闭不严、发现货物损坏；③苫盖货物的篷布顶部有异味或苫盖不良，有漏水；④货物在运输途中有包装损坏，但货物未发生损失；⑤事故责任由供方负责的情况。普通记录除应按

照规定的各栏逐一填记清楚外，特别要注意详细记载发生问题的时间、地点和情况。

（五）初步验收

单证审核完毕后，货物交接前需要对其进行初步验收，主要是进行数量检验和包装检验。这时的数量检验属于大数验收，只清点货物大包装的数量是否与单证相符，一般采用逐一清点或是堆码点数的方法。在清点数量时，还须检查货物的外包装是否出现破损、浸湿、油污、渗漏、变形等异常情况。如发现异常情况，须做出相应记录，再打开货物的外包装，检查货物是否发生破损。在验收无误的情况下，再与仓库业务人员办理货物的交接手续。

（六）货物交接

完成以上各项作业后，就可以办理货物的交接手续。收货人员以送货单为依据，接受数量相符、质量合格的货物，同时接受送货人送交的货物资料、运输的货运记录、普通记录等，以及随货同行的相应证明文件。最后由双方在送货单、交接清单上签字和批注，并留存相应凭证。

三、入库检验

办理完交接手续后，需要对货物进行详细的验收才能办理入库手续。初步验收确定的只是大件货物的数量和包装状况，要想确认货物的具体数量、质量是否合乎标准，还须进一步验收。在入库作业流程中，货物验收不仅是严格控制入库商品质量的关键，还是决定入库作业效率的重要环节。验收工作要求及时、准确，在规定的验收期限内完成，并且采用科学的验收方法，合理的验收工具，认真仔细地完成。如果在验收时发现数量短少、质量异常等问题，要及时填写验收报告，划分清楚责任归属，妥善处理。

货物的验收主要包括数量检验、质量检验和包装检验，其中包装检验的目的是通过检查包装的异常状况来判断内部商品是否发生破损、丢失。在实际工作中，一种做法是数量清点无误后，仓库作业部门通知检验部门进行质量检验；另一种做法是先由检验部门检查完质量，认为完全合格后，再通知仓库作业部门办理接收手续，填写收货单。

（一）货物验收的内容和标准

货物验收的内容包括数量检验、质量检验和包装检验。

1. 数量检验

根据供货单位规定的计量方法进行数量检验，或过秤，或检尺换算，以准确地测定出全部数量。数量检验除规格整齐划一、包装完整者可抽验 10%～20%者外，其他应采取全验的方法，以确保入库物品数量的准确。

2. 质量检验

仓库一般只作物品外观质量的检验。进口物品或国内产品需要进行物理、化学、机械性能等内在质量检验时，应请专业检验部门进行化验和测定，并做出记录。

（1）外观质量检验。

外观质量检验主要包括以下项目：

①货物外观检验。对无包装的货物，直接查看货物的表面，检查是否有脏污、生锈、破裂、脱落、撞击、刮痕等。

②重量、尺度检验。对入库货物的单件重量、货物尺寸进行衡量和测量，确定货物的质量。

③标签、标志检验。检查货物标签、标志是否齐备、完整和清晰，标签、标志与货物内容是否一致。

④气味、颜色、手感检验。通过货物的气味、颜色判定其是否新鲜、有无变质。用手触摸、捏试，判定货物是否结块、干涸、融化和含水量太高等。

⑤打开外包装检验。对于外包装检验中有判定其内容有受损可能的依据时，或者检验标准要求开包检验，点算包内细数时，应该打开包装进行检验。开包检验必须有两人以上同时在现场，检验后在箱件上印贴已验收的标志。需要封装的应及时进行封装，对于包装已破损的应更换新包装。

（2）内在质量检验。

在外包装无破损的情况下，一般仓库不进行内在质量的检验，除非客户要求对货物的内在质量进行检验。内在质量检验由专业检验单位进行，检验后出具检验报告。

3. 包装检验

包装检验是在初步验收时进行的，主要查看包装有无浸湿、油污、破损、变形等异常情况。撬开、开缝和挖洞有可能是被盗的痕迹；污染为配装、堆存不当所造成；破损有可能因装卸、搬运作业不当和装载不当造成；水渍和粘湿是由于雨淋、渗透、落水和潮解造成的。另外，还要查看包装是否符合相关标准要求，包括选用的材料、规格、制作工艺、标志、填充方式等。对于包装物的干湿度也要检验，以免由于过干或过潮对货物造成影响。包装物安全含水量如表 5-1 所示。当需要开箱拆包检验时，应由两人以上同时在场，以明确责任。

表 5-1　包装物安全含水量

包装材料	含水量/%	说明
木箱（外包装）	18～20	内装易霉、易锈货物
	18～23	内装一般货物
纸箱	12～14	五层瓦楞纸的外包装及纸板衬垫
	10～12	三层瓦楞纸的包装及纸板衬垫
胶合板箱	15～16	—
布包	9～10	—

为了确保入库货物的质量，在验收前需要对验收标准予以确认。通常根据以下几项标准进行检验：

（1）以采购合同或订购单所规定的条件作为验收标准；

（2）以比价或议价时的合格样品作为验收标准；

（3）以采购合同中的规格或图纸作为验收标准；

（4）以产品的国家质量标准作为验收标准。

（二）货物验收的方式

由于货物的种类、性质、价值等各不相同，在入库验收时可以根据需求选用全检或抽检的方式。

1. 全检

全检即全部检验，主要是针对数量验收，或是对于批量小、种类杂、型号多、价值高的货物所采用的验收方法。全检是一项耗费人力、物力、财力、时间的作业，在组织时要注意做好充分的准备以及各环节工作的比例和均衡。

2. 抽检

抽检即抽样检验，是指借助于统计学的原理，从总体中抽选出一定量的样本作为检验的对象，并以样本的检验结果作为评价总体质量水平的依据。抽检结果会受到选取样本的直接影响，在确定抽样方法和抽样数量时，首先要结合货物的性质、特点、价值、生产条件、包装情况、运输工具、气候条件等综合因素的具体情况，利用统计学假设检验的方法确定在不同期望水平下抽取样本的数量和方法，避免检验结果出现弃真和取伪的现象。弃真是指本来货物的质量达到了验收标准，但由于随机选取样本的质量偏低，没有达到标准，就拒绝接收全部货物；取伪是指本来货物总体的质量是不合格的，但由于随机抽取的样本质量合格就认为货物全部合格，同意接收。表 4-2 和表 4-3 给出了部分货物的入库抽检比例。

表 5-2　货物数量验收的抽检比例

验收对象	抽检比例
散装货物	检斤率为 100%，不清点件数
有包装的货物	毛检斤率为 100%，回皮率为 5%～10%，清点件数为 100%
定尺钢材	检尺率为 10%～20%
非定尺钢材	检尺率为 100%
贵重金属材料	检斤率为 100%
有标量或标准定量的化工产品	按标量计算，核定总重量
同一包装、大批量、规格整齐的货物，或包装符合国家标准且有合格证的货物	抽检率为 10%～20%

表 5-3　货物质量验收的抽检比例

验收对象	抽检比例
带包装的金属材料	抽检率为 5%～10%
无包装的金属材料	全部目测查验
10 台以内的机电设备	检验率为 100%
100 台以内的机电设备	抽检率不少于 10%

（续表）

验收对象	抽检比例
运输、起重设备	检验率为 100%
仪器仪表外观缺陷	检验率为 100%
易于发霉、变质、受潮、变色、污染、虫蛀、机械性损伤的货物	抽检率为 5%～10%
外包装有质量缺陷的货物	检验率为 100%
进口货物	检验率为 100%

（三）验收的方法

1. 视觉检验

在充足的光线下，利用视力观察货物的状态、颜色、结构等表面状况，检查有无变形、破损、脱落、变色、结块等情况，以判定质量。

2. 听觉检验

通过摇动、搬运操作、轻度敲击并听取声音，以判定质量。

3. 触觉检验

利用手感鉴定货物的细度、光滑度、黏度、柔软程度等，以判定质量。

4. 嗅觉、味觉检验

通过货物所特有的气味、滋味测定，以判定质量或者判断是否发生串味损害。

5. 测试仪器检验

利用各种专用测试仪器进行货物性质测定，如含水量、密度、黏度、成分、光谱等测试，以判定质量。

6. 运行检验

对货物（如电器、车辆等）进行运行操作，检查其操作功能是否正常。

（四）验收结果的处理

1. 合格货物的处理

对验收合格的货物，应在其外包装上贴“合格”标签，以示区别。仓库业务人员可根据货物标识办理合格品入库定位手续，并在每日工作结束时，对处理的货物数量进行汇总记录。

2. 不合格货物的处理

对不符合验收标准的货物，应在其外包装上贴“不合格”标签，并在验收报告上注明不合格的原因，报相关主管请示处理方法，妥善处置。对于验收不合格的货物，可采取退货、维修或折扣的方式予以处理，为了方便迅速做出处理决定，可以参考表5-4进行决策。

表 5-4　货物验收处理程序表

货物验收的情况		a. 货物数量正确吗?	b. 质量检验合格吗?	c. 能够维修吗?	d. 供应商愿意付维修费吗?	e. 物流中心急需这批货吗?	决策的类别	f. 退回这批货物	g. 使用这些货物，但寻找新的供应商	h. 维修缺陷并接收	i. 寻找紧急供应商
问题形态	1	○	○	○	○	○	决策选择			√	
	2	○	○	○	○	●				√	
	3	○	○	●		○		√			
	4	○	○	●		●		√			
	5	○	○	○		○				√	
	6	○	○	○		●		√			
	7	○	●			○		√			√
	8	○	●			●		√			
	9	●	○	○		○				√	
	10	●	○	○		●		√			
	11	●	○	●		○			√		
	12	●	○	●		●		√			
	13	●	●			○			√		
	14	●	●			●		√			

注：○＝是　●＝否　√＝采取此项行动

3. 数量超额的处理

经验收，若发现交货数量超过订购量，原则上应予以退回。但对于以重量或长度计算的货物，其超交量在3%以下时，可在验收单上备注栏内注明超交数量，经请示相关负责人同意后予以接收。

4. 数量短缺的处理

经验收，若发现数量未达到订购量，原则上应要求供应商予以补足，经采购部门负责人同意后，可采用财务方式解决。

四、入库交接和登记

验收无误后，就可以办理入库手续，包括入库货物的信息录入、建立物料明细卡、货物登账、建立仓库工作档案和签单。信息录入是将入库货物的相关数据通过手工或条码扫描的方式录入仓储管理系统中，以便查询、管理。根据入库通知单所列的内容填写物料明细卡，明细卡要反映出该垛货物的品名、型号、规格、数量、单位及进出动态和结存数，要做到入库后立即建卡，一垛一卡。然后在仓库实物保管明细账上登记货物的入库、出库、结存等详细情况，并要经常核对，保证账、卡、货相符。建立仓库工作档案的目的是为了便于货物管理和客户联系，作为发生争议时的凭证，同时也有助于总结和积累仓储管理的经验，更好地提供仓储服务。在货物验收入库后，还要按照仓库商品验收记录的要求准确签回收货单据，以便向供货单位表明收到货物的情况。

货物入库交接手续是指经过验收后，仓库管理员对收到的货物向送货人进行确认，表示货物已接收，办理完交接手续，意味着划清送货部门和仓库的责任。较为完整的交接手续如下。

1. 接收货物

仓库管理员以送货单为依据，通过验收，将不良货物剔出、退回或编制残损单证等，确定收到货物的确切数量、货物表面良好状态。

2. 接收文件

送货人将货物资料、送货单、到货交接清单等文件送交仓库管理员。

3. 签署单证

仓库管理员在和送货人员交接货物，进行验收后，共同在送货人交来的送货单、到货交接清单（如表 5-5 所示）上签字和批注，并留存相应单证。仓库管理员提供相应的入库、验收、残损单证、事故报告，由送货人签字。

表 5-5　到货交接清单

收货人	发站	发货人	货物名称	标志	单位	数量	重量	货物存放处	车号	运单号
福州 GM 电器中亭街店	安徽芜湖	安徽 HR 公司	洗衣机		台	100	50kg		皖 A××××	2021072850
备注：										

送货人：×××　　　　经办人：×××　　　　接收人：×××

4. 登账

仓库中的实物保管明细账用来登记货物入库、出库、结存的详细情况。要严格按照货物的出入库凭证及时登记，填写清楚、准确。登账的主要内容有物品名称、规格、数量、结存数、存货人或提货人、批次、金额，并应注明货位号或运输工具、接（发）货经办人。记错时要画红线进行更正，并妥善保管，按货物的重量和编号顺序排列，注明货物的货位号和档案号，便于查对。仓库管理员要经常进行核对，保证账、卡、货相符。

货物交接完毕，仓库根据验收的实际情况制作入库单（如表 5-6 所示），详细记录入库货物的实际情况，对短少、破损等情况，应在备注栏填写和说明。

表 5-6　入库单

NO. 2021080106

货主单位：福州 GM 电器中亭街店　　　　入库日期：2021 年 8 月 1 日

物品编号	品名	规格（cm）	单位	数量	检验	实收数量	备注
XQG50-D809	HR 洗衣机	60×58×80	台	100	合格	100	

会计：×××　　　　仓库管理员：×××　　　　制单：×××

本单一式三联：第一联送货人联；第二联财务联；第三联仓库存查

5. 立卡

货物明细卡（货卡、货牌）又称料卡、货牌，是一张卡片，上面记载着所悬挂处货物的名称、型号、规格、数量、单位及进出库动态和结存数（如表 5-7 所示）。对于货卡的管理通常有两种方式：一种是由专人负责，集中保存管理；另一种是将货卡直接挂在货物下方的货架支架上或放在货垛正面的明显位置，便于随时与实物核对，以保证能够准确地掌握货物的结存数。

表 5-7　货卡

货主单位：　　　　　　日期：

年		货物名称	规格	单位	入库数量	出库数量	结存	经手人
月	日							

6. 建档

仓库建档工作是指将货物入库作业全过程的有关资料单据进行整理、核对，建成资料档案，便于查阅和管理。建立档案时要做到“一物一档、统一编号、妥善保管”，并由专人负责保管。资料档案主要包括货物到达仓库前的各种单据、运输资料；入库验收时的各种单据、资料；保管期间的各种业务技术资料；出库和托运时的各种业务单据、资料。

仓库管理员建立存货档案或客户档案并装订成册（如表 5-8 所示），以便于货物管理和保持客户联系，为将来可能发生的争议保留凭证。

表 5-8　单据装订清单

客户网点：　　　　　　单据日期：
清单号：　　　　　　　编制日期：

序号	订单日期	订单号	通知单号	仓库	红冲单号	核销单号	核销类型

以上环节是入库作业的基本作业内容。在实践中，由于储存场所的条件不同，仓库的性质不同，货物的种类、特性不同，以及储存的时间不同，会增加或减少一些作业内容。比如，有的仓库在入库时需要对货物进行拆包，将大包装变为小包装，这时就会增加流通加工这一环节；再如紧急物品，在入库时就会尽量减少环节，缩短作业时间。因此，组织货物入库时，需要结合实际的作业特点，设计合理的入库流程。

单元二　仓库理货作业操作

学习情境

小王是福州某知名中职学校的物流专业毕业生，经过层层面试，他被聘为某物流公司仓库理货员。虽然面试成功了，但对于仓库理货员具体做什么工作他仍然不太清楚。要胜任理货员这个岗位需要具备哪方面的能力呢？一名合格的理货员需要学习什么内容呢？

学习目标

1. 熟悉理货员岗位职责及理货员工作流程。
2. 学会理货员业务操作，如验收核对、残损处理、整理货物、堆码等，在合理安排货物仓储的同时，能对它们进行有序整理、拣选、配货、包装、置唛以及复核等。
3. 在理货过程中能进行相关理货单据的缮制，如残损报告单、理货清单、出库货物交接单等。

学习地点

1. 各类型仓库，如物流公司仓库、制造企业仓库等。
2. 校内实训室。

学习内容

仓库理货员是指运用仓储管理、财务、物流等综合知识对出入仓库的货物进行验收、整理、核对和堆码等，在合理安排货物仓储的同时，对它们进行有序整理、拣选、配货、包装、置唛以及复核的工作人员。

要想成为一名仓库理货员，首先必须具备仓储物流等相关专业中专以上学历，掌握仓储、物流、叉车驾驶等方面的基本知识。在上岗前，从事这一工作的人员应该接受相关仓储管理、财务知识、产品知识等方面的培训，这样有助于他掌握和了解产品的基本性能、理货作业流程以及运输流程。在实际工作中，仓库理货员应该具备吃苦耐劳的素质，能适应公司业务需要进行工作；同时能够熟练驾驶各类型的叉车；一名优秀的仓库理货员，还应该能够适应并运用目前逐步在仓储领域中推广的仓库管理信息系统，具备及时发现问题以及应对突发事件的能力。

为了对仓库理货员的工作有更深入的了解，不妨去仓库实地了解一下。

一、仓库理货作业流程

一般的仓库理货作业流程如图 5-2 所示。

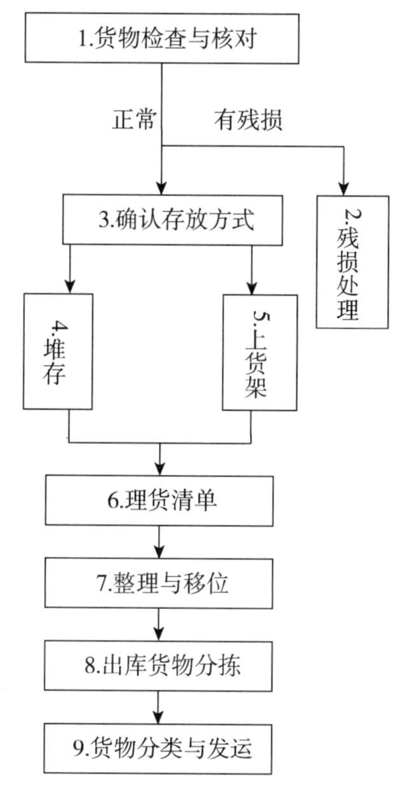

图 5-2　仓库理货作业流程

1. 货物检查与核对

控制要点：理货员根据入库单的信息清点货物件数，查验货物单重、尺寸，查验货物重量并检验货物表面状态。

人均作业：（清点货物、查验货物）5～8 分钟/单。

工具：笔、称重器、卷尺。

2. 残损处理

控制要点：在理货时，理货员如发现货物外包装不良或者怀疑内容损坏，应将不良货物剔出，单独存放，及时通知客户并制作残损报告。

人均作业：20 分钟/单。

工具：电话、电脑。

3. 确认存放方式

控制要点：理货员根据货物的不同特点、性质，采取分货种、分规格、分批次的方式储存货物。

人均作业：5 分钟/单。

工具：理货规范操作手册。

4. 堆存

控制要点：理货员根据货物的特性、包装方式和形状、保管的需要确定堆存方式，及时进行堆存作业。

人均作业：根据货物的数量确定工作时间。

工具：手动叉车、垫垛材料。

5. 上货架

控制要点：理货员利用叉车将货物从暂存区叉至指定的储存区货架上，及时将入库信息传递给仓库管理员。

人均作业：30 分钟/单。

工具：叉车、扫码器。

6. 理货清单

控制要点：理货员根据理货作业的内容，制定理货清单。

人均作业：10 分钟/单。

工具：电脑。

7. 整理与移位

控制要点：理货员根据客户储存货物及内部仓库储存需要，对库内货物进行整理和移位处理。

人均作业：20 分钟/单。

工具：电脑、叉车。

8. 出库货物分拣

控制要点：理货员根据客户订单，针对不同货物采取不同的拣货方法。

人均作业：30 分钟/单。

工具：电脑、电话、叉车。

9. 货物分类与发运

控制要点：理货员按照货物的运输方式、流向和收货地点，将出库货物分类集中，协助货物的搬运、整理。

人均作业：20 分钟/单。

工具：电脑、叉车。

二、仓库理货内容

仓库理货是指仓库在接收入库货物时，根据入库单、运输单据、仓储合同和仓储规章制度，对货物进行数量清点、外表质量检查、分类分拣、数量接收等的交接工作。仓库理货是货物在库管理的一项基础工作，通过理货确定货物的数量、质量状况，是仓库管理中保管质量的第一道关口，它对货物在库管理具有积极的意义。

1. 货物检查与核对

仓库理货作业是理货员在货物入库或出库现场的管理工作，理货员根据入库单或出库单的信息对入库或出库的货物进行检查与核对工作。其主要工作如下：

（1）清点货物件数。

理货员清点实际交货数量与送货单的数量是否相符。对于件装货物，包括有包装的货物、裸装货物、捆扎货物，按照合同约定的计算方法点算货物的件数。如果合同没有约定清点运输包装件数，对于要拆装入库的货物清点，应按照最小独立包装清点。

（2）检查货物单重、尺寸。

货物单重是指每一运输包装的货物重量。货物单重一般通过称重的方式核定。对于以长度或者面积、体积进行交易的商品，入库时必须要对货物的尺寸进行丈量。丈量的项目（长、宽、高等）根据约定或者根据货物的特性确定，用合法的标准量器如卡尺、直尺、卷尺等进行丈量。

（3）查验货物重量。

理货员对入库货物的整体重量进行查验。对于需要计重的货物，须衡定货物重量。衡重方法如下：

衡重单件重量，则总重量等于所有单件重量之和；

分批衡重重量，则总重量等于每批重量之和；

入库车辆衡重，则总重量=总重车重量－总空车重量；

抽样衡重重量，则总重量=（抽样重量/抽样样品件数）×整批总件数；

抽样重量核定，误差在1%以内的，则总重量=货物单件标重×整批总件数。

（4）检验货物表面状态。

理货员理货时对每一件货物的外表进行感官检验，查验货物外表状态，接收货物外表状态良好的货物。

2. 制作残损报告单

理货员在理货时如果发现货物外表状况不良，或者怀疑内容损坏，则将不良货物剔出，单独存放，避免与其他正常货物混淆。待理货工作结束后进行质量认定，确定内容有无受损以及受损程度。理货员对不良货物采取退货、修理、重新包装等处理措施，或者制作残损报告单，以便明确划分责任。残损报告单如表5-9所示。

表5-9　残损报告单

收货日期：　　　　　　编号：

货主：　　　　　　　　送货单号：

<table>
<tr><td>残损原因</td><td colspan="4"></td><td>仓库</td><td></td></tr>
<tr><td rowspan="2">品名</td><td rowspan="2">规格</td><td rowspan="2">残损数量</td><td colspan="3">残损处理</td><td>备注</td></tr>
<tr><td>退回</td><td>修理</td><td>包装</td><td></td></tr>
<tr><td></td><td></td><td></td><td></td><td></td><td></td><td></td></tr>
<tr><td></td><td></td><td></td><td></td><td></td><td></td><td></td></tr>
<tr><td></td><td></td><td></td><td></td><td></td><td></td><td></td></tr>
<tr><td></td><td></td><td></td><td></td><td></td><td></td><td></td></tr>
</table>

理货员：　　　　　　货主代表：

3. 确认货物存放方式

理货员根据货物特性、包装方式和形状、保管的需要，确保货物质量、方便对货物进行整理、拣选，按照货物的流向、受理顺序、发运时间和到达地点，来合理安排货物储存堆码。仓库货物存放的方式主要有三种形式：一是利用地面存放，二是利用托盘存放，三是货架存放。

4. 理货清单制作

理货员根据每次入库理货的情况制作理货清单，记录货物的品名、规格、数量、理货时间、存放位置及备注等。理货清单如表 5-10 所示。

表 5-10　理货清单

品名	规格	数量	理货时间	存放位置	备注

理货员：

5. 货位整理和转移

理货员在整理仓库时按照已划分好的区域、货架，将已经归类的货物进行定期整理，检查货物是否摆放整齐，是否过期，包装是否需要进行更换等。理货员根据货物存放的需要对仓库的货物进行整理并进行储位的转移时，要做到账、卡、物一致。

6. 出库货物分拣

理货员根据客户订单的要求，按照出货优先顺序、储位区号、配送车辆次号、客户号、先进先出等方法，把出库货物分拣、组配、整理出来，经复核人员确认无误后，将出库货物放置暂存区。

7. 货物分类与发运

将货物拣选出来以后，理货员根据货物的运输方式、流向和收货地点，将出库货物分类集中在出货区，通知驾驶员提货发运，并按交接清单逐件核对装卸，双方确认无误后在交接清单上签章。

三、仓库理货堆存基本方法

仓库理货堆存即商品堆码，亦称“商品堆垛”或“商品堆桩”。商品堆码要根据商品性能、规格、形状、包装、体积、重量、库房高度、地面负荷、设备条件、季节变化等因素，采取合理科学的堆码方法，做到货垛整齐、稳固。

（一）仓库理货堆存的基本要求

1. 安全

堆码的操作工人必须严格遵守安全操作规程；使用各种装卸搬运设备，严禁超载，同时还须防止建筑物超过安全负荷量。码垛必须不偏不斜、不歪不倒、牢固坚实，以免倒塌伤人、摔坏商品。

2. 合理

不同商品的性质、规格、尺寸不相同，应采用适合的垛形。不同品种、产地、等级、单价的商品，须分别堆码，以便于收发、保管。货垛的高度要适度，不压坏底层的商品和地坪，与屋顶、照明灯保持一定距离；货垛的间距，走道的宽度，货垛与墙面、梁柱的距离等都要合理、适度。垛距一般为 0.5～0.8 米，主要通道宽度为 2.5～3 米，如涉及叉车叉运，则通道宽度一般设计为 4～5 米。

3. 方便

货垛行数、层数力求成整数，便于清点、收发作业。若过秤商品不成整数时，应分层标明重量。

4. 整齐

货垛应按一定的规格、尺寸叠放，排列整齐、规范。商品包装标志应一律朝外，便于查找。

5. 节约。堆垛时应注意节省空间，适当、合理地安排货位，提高仓容利用率。

知识链接

货垛五距

商品堆码要做到货垛之间以及货垛与墙、柱等保持一定距离，留有适宜的通道，以便于商品的搬运、检查和养护。要把商品保管好，五距很重要。这里的五距是指顶距、灯距、墙距、柱距和堆距。

①顶距。顶距是指货堆的顶部与仓库屋顶平面之间的距离。留顶距主要是为了通风，顶距应在50厘米以上为宜。

②灯距。灯距是指在仓库里的照明灯与商品之间的距离。留灯距主要是防止火灾，商品与灯的距离一般不应少于50厘米。

③墙距。墙距是指货垛与墙的距离。留墙距主要是防止渗水，便于通风散潮。

④柱距。柱距是指货垛与屋柱之间的距离。留柱距是为了防止商品受潮和保护柱脚，一般留10～20厘米。

⑤堆距。堆距是指货垛与货垛之间的距离。留堆距是为了便于通风和检查商品，一般留10厘米即可。

（二）货垛设计

货垛设计的内容包括垛基、垛形、货物堆码的方式等。

1. 垛基

垛基是指整垛货物的重量均匀地分布于地坪，以保证良好的防潮和通风，保证垛基上存放的货物不发生变形。

2. 垛形

垛形是指货垛的外部轮廓形状。其中，垛底的平面形状一般包括矩形、正方形、三角形、圆形、环行等，货垛立面的形状一般包括矩形、正方形、三角形、梯形、半圆形等，另外还有矩形-三角形、矩形-梯形、矩形-半圆形等复合形状（如图5-3所示）。

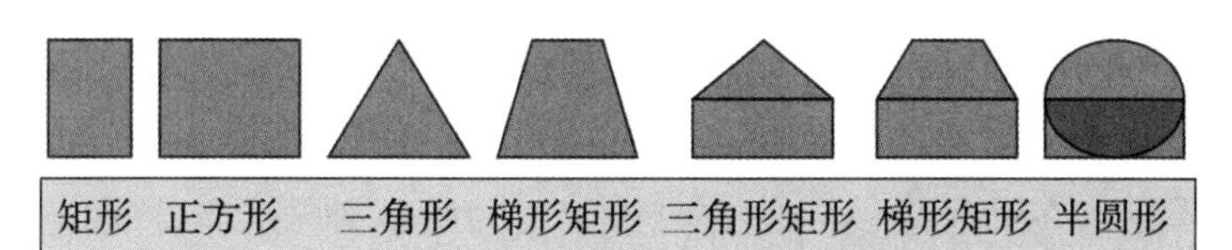

图5-3　垛形

（1）平台垛。

平台垛是指先在底层以同一个方向平铺摆放一层货物，然后垂直继续向上堆积，每层货物的件数、方向相同，垛顶呈矩形（如图 5-4 所示）。实际操作中并不都是采用层层加码的方式，往往从一端开始，逐步后移。平台垛适用于同一包装规格、整份批量货物，同一包装规则、能够垂直叠放的方形箱装货物，大袋货物，规则的托盘成组货物。平台垛适用于仓库内和无须遮盖的堆场放的货物码垛。

平台垛具有整齐、便于清点、占地面积小、方便堆垛操作的优点。但该垛形不具有很强的稳定性，特别是硬包装、小包装的货物，有货垛端头倒塌的危险，所以在必要时（如太高、长期堆存、端头位于主要通道等）要在两端采取一定的加固措施。对于堆放很高的轻质货物，往往在堆码到一定高度后，向内收半件货物后再向上堆码，从而使货垛更加稳固。

（2）起脊垛。

先按平台垛的操作方法码垛到一定的高度，再以卡缝的方式将每层逐渐缩小，最后在顶部形成屋脊形（如图 5-5 所示）。起脊垛是堆场场地堆货的主要垛形，货垛表面的防雨遮盖从中间起向下倾斜，方便排泄雨水，防止水湿货物。有些仓库由于陈旧或建筑简陋有漏水现象，仓内的怕水货物也应采用起脊垛并遮盖。

图 5-4　平台垛

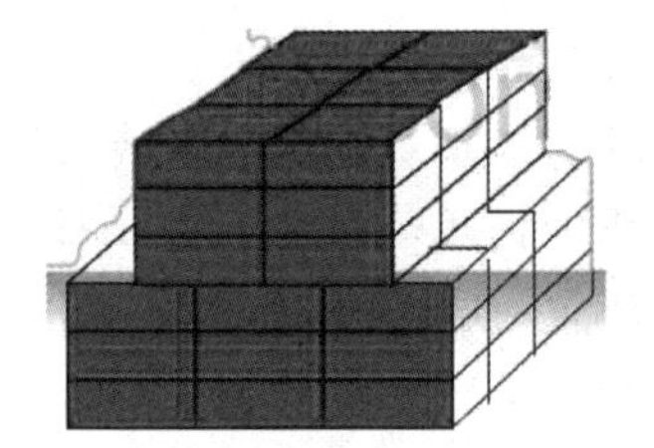

图 5-5　起脊垛

起脊垛是平台垛为了适应遮盖、排水的需要的变形，具有平台垛操作方便、占地面积小的优点，适用平台垛的货物同样可以适用起脊垛。但是起脊垛由于顶部压缝收小，以及形状不规则，造成清点货物的不便，顶部货物的清点需要在堆垛前以其他方式进行。另外，起脊后货垛中间的压力大于两边，因而采用起脊垛时库场使用定额要根据脊顶的高度来确定，以免中间底层货物或库场被压坏。

（3）行列垛。

行列垛是指将每批货物按行或列的方式进行排放，每行或列一层或数层高，垛形呈长条形（如图 5-6 所示）。行列垛适用于批量小的货物的码垛，如零担货物。为了避免混货，每批货物单独码放。行列垛使每个货垛的端头都延伸到通道边，作业方便而且不受其他货物阻挡，但每垛货量较少。行列垛的垛与垛之间都需留空，因垛基小而不能堆高，所以占用库场面积较大，库场利用率较低。

（4）立体梯形垛。

立体梯形垛是指在最底层以同一方向排放货物的基础上，向上逐层同方向减数压缝堆码，垛顶呈平面，整个货垛呈下大上小的立体梯形形状（如图 5-7 所示）。立体梯形垛适用于包装松软的袋装货物和上层面非平面而无法垂直叠码的货物的堆码，如横放的卷形桶装、捆包货物。立体梯形垛极为稳固，可以堆放得较高，充分利用仓容。

对于在露天堆放的货物采用立体梯形垛时，为了排水需要可以起脊变形。

为了增加立体梯形垛的空间利用率，在堆放可以立直的筐装、矮桶装货物时，底部数层可以采用平台垛的方式堆放，在码列一定高度后再采用立体梯形垛。

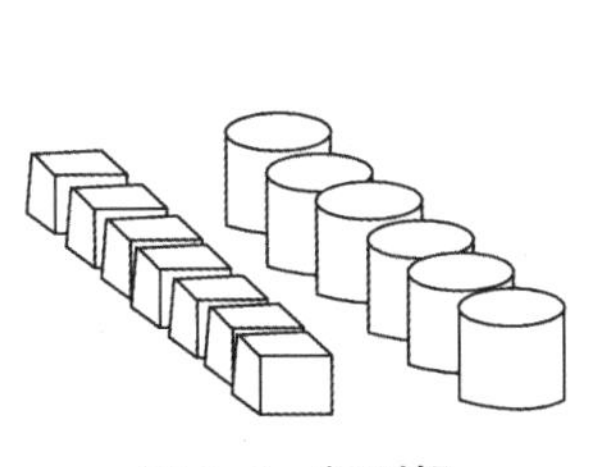

图 5-6　行列垛

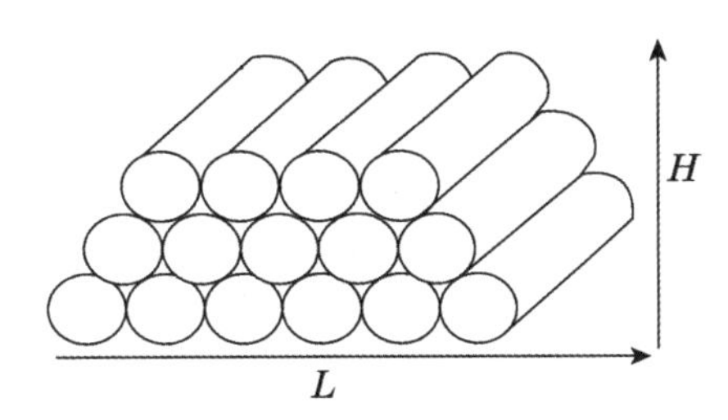

图 5-7　立体梯形垛

（5）井形垛。

井形垛是指在以一个方向铺放一层货物后，以垂直方向进行第二层的码放，货物横竖隔层交错逐层堆放，垛顶呈平面。井形垛一般用于长形的钢管、钢材及木方的堆码。井形垛垛形稳固，但每垛边上的货物有可能滚落，需要捆绑或者收紧。井形垛不方便作业，需要不断改变作业方向。

3. 货物堆码的方式

（1）散堆方式。

散堆是一种将无包装的散货直接堆成货垛的货物存放方式。它特别适合于露天存放的没有包装的大宗货物，如煤炭、矿石、散粮等。这种堆码方式简便，一般使用现代化的大型机械设备进行堆码，节约包装成本，提高仓容利用率。

（2）垛堆方式。

对于有包装的货物和裸装的计件货物一般采取垛堆，具体形式有重叠式、压缝式、纵横交错式、通风式、栽柱式、俯仰相间式等。货物堆垛形式的选择主要取决于货物本身的性质、形状、体积、包装等。一般情况下多平放（卧放），使重心降低，最大接触面向下，这样易于堆码，货垛稳定牢固。较为通行的堆垛形式的介绍见模块三的单元二“库房规划”。

（3）货架方式。

货架方式是仓库内最常见的货物存放方式。根据货物的不同特性将其放置在不同类型的货架上，这种方式可充分利用仓库空间，库内货物整齐，方便作业和保管。对于小件、品种规格多而数量较少，包装简易或脆弱、易损坏、不便垛堆的货物，特别是价值较高并需要经常盘点的货物，应采用货架存放。

（4）托盘存放方式。

托盘是用于集装货品的水平平台装置。托盘存放方式是指将托盘放置在地面上，然后将货物有规则地排列在托盘上的存放方式。从货物在托盘上堆码时的行列配置来看，有四种基本堆码模型（如图 5-8 所示）。

①重叠式［如图 5-8（a）所示］。各层堆放方式相同，上下对应。其优点是：操作简单，各层重叠后，包装物的四个角和边重叠垂直，能承受较大的荷重。其缺点是：各层间咬合强度差，容易发生塌垛，所以还需要用其他的紧固方式加以配合。

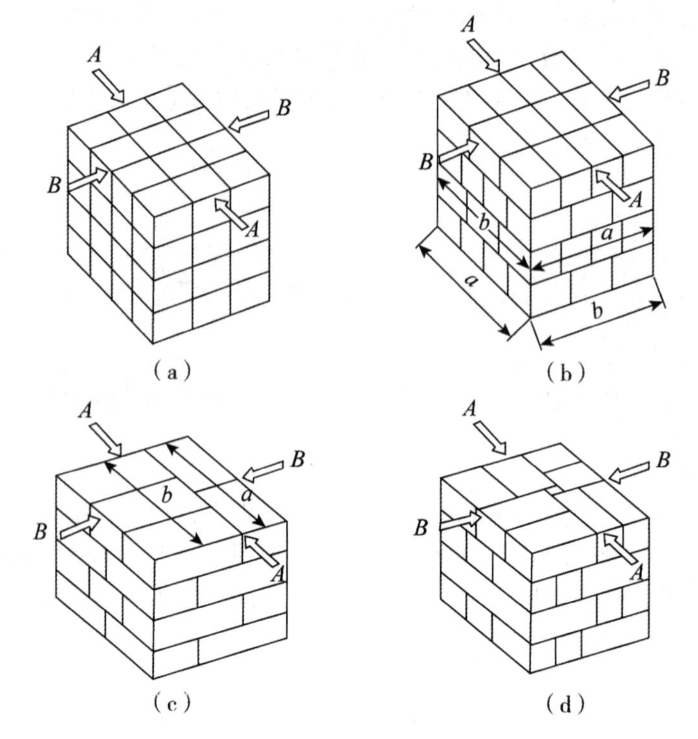

图 5-8　托盘上货物堆码模型

②层间纵横交错式［如图 5-8（b）所示］。托盘上的货物奇数层和偶数层之间呈垂直交叉堆码。采用该堆码方式层间有一定的咬合效果，但咬合强度不高。

③正反交错式［如图 5-8（c）所示］。同一层中，不同列的货物垂直码放，而奇数层和偶数层之间采用 180°堆码的方式。

④旋转交错式［如图 5-8（d）所示］。在各层中改变货物的方向进行堆码，每层相邻的两个包装都呈 90°，上下两层间的堆码又相差 180°。该堆码方式的优点是层间咬合强度大，托盘货物稳定性高；缺点是堆码难度大，浪费空间。

单元三　仓库保管作业操作

学习情境

某高职院校物流专业学生小李于2021年8月前往某烟草物流配送中心实习，小李问仓库保管员小陈：“烟草仓库保管员需要具备什么样的业务素质呢？”小陈回答：“作为合格的烟草仓库保管员，一是具有烟叶及烟叶制品的仓储理论知识，二是掌握烟草仓储虫害和烟叶霉变防治方法、烟草制品病虫检疫等技术，三是对待仓库保管工作要有相当的责任心。”“那么，您平常的主要工作是做什么呢？”小李微笑地询问小陈。小陈很细致地做了解答……

学习目标

1. 熟悉仓库保管员岗位职责及保管员工作流程。

2. 学会仓库保管员作业操作，如充分利用仓储设备，熟悉商品性能，对在库商品分区分类保管，货位统一编号，建立健全在库商品保管养护制度，及时处理异常问题，出库复查等。

3. 重点掌握仓库保管温度、湿度控制和防霉腐、防虫害、防锈等技术以及卫生管理、安全管理。

4. 仓库保管过程中，能进行相关保管单据的缮制，如温度、湿度检测记录表，在库巡查记录表、异常情况报告表等。

学习地点

1. 各类型仓库，如物流公司仓库、制造企业仓库等。

2. 校内模拟仓库。

学习内容

一、仓库保管作业流程

仓库保管作业流程如图5-9所示。

1. 分区分类保管

控制要点：根据“四一致”（性能一致、作业手段一致、消防方法一致、储存保管一致）的原则，将仓库划分若干保管区域。

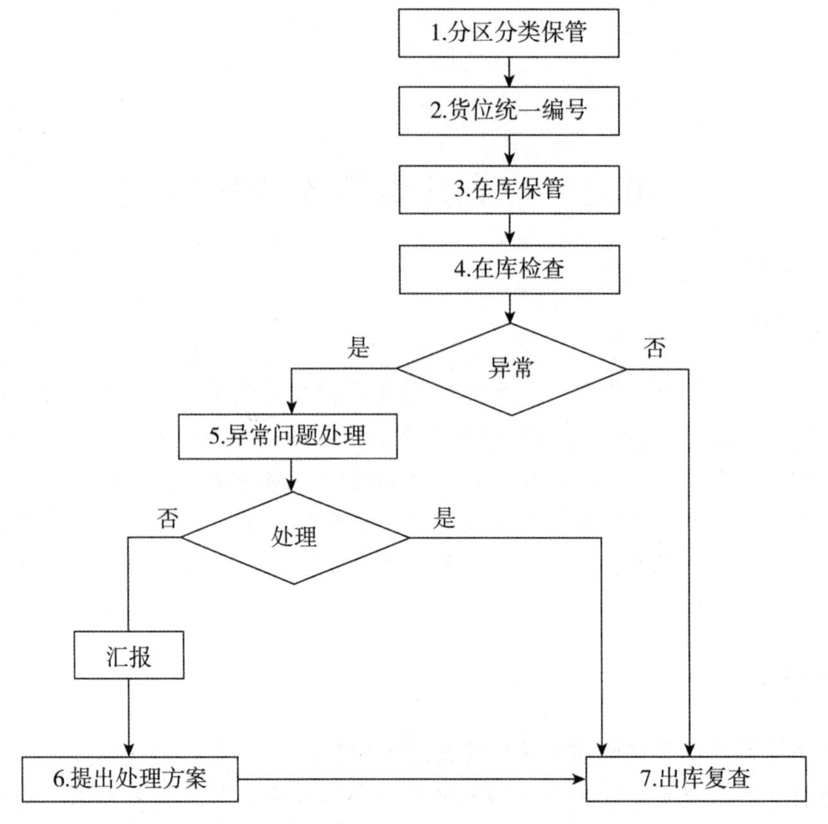

图 5-9　仓库保管作业流程

工具：油漆、油笔。

2. 货位统一编号

控制要点：仓库保管员根据商品的编码原则和方法，将入库商品进行统一编号；储存商品的储位根据一定的要求进行合理的编号。

工具：电脑、牛皮纸、塑料皮套。

3. 在库保管

控制要点：仓库保管员对商品进行在库保管，包括控制仓库温度、湿度和防霉防腐、防锈、防虫害、卫生管理、安全管理等内容。

工具：温度计、湿度计、杀虫剂、防锈剂。

4. 在库检查

控制要点：仓库保管员定期或不定期做好商品的在库检查工作。

工具：无。

5. 异常问题处理

控制要点：仓库保管员在商品保管期间发现异常情况，在权限范围内能处理的应及时处理。

工具：无。

6. 提出处理方案

控制要点：对于异常情况，仓库保管员未能处理的应及时汇报给仓库主管，按照仓库主管提出的处理方案进行处理。

工具：无。

7. 出库复查

控制要点：保管员在商品出库时应仔细进行复查，确保出库商品的质量完好。

工具：无。

二、仓库保管温度、湿度控制

商品在储存期间，影响其质量的环境因素很多，其中最主要的是空气的温度和湿度。因此，必须根据商品本身的特性、质量变化规律以及本地区气候情况与库内温度、湿度的关系，加强库内温度、湿度管理。

（一）空气温度、湿度的基本知识

1. 空气温度

空气温度是指空气的冷热程度。空气中热量的来源主要是太阳，通过光辐射把热量传到地面，地面又把热量传到近地面的空气中，因为空气的导热性较弱，所以只有近地面的气层温度较高，通过冷热空气的对流，使整个大气层的温度发生变化。一般而言，距地面越近，气温越高；距地面越远，气温越低。衡量空气温度高低的尺度称为温标。

（1）摄氏温标（符号为℃）的规定：在标准大气压下，水的结冰点为 0 摄氏度，水的沸点为 100 摄氏度，中间划分为 100 等份，每等份为 1 摄氏度。

（2）华氏温标（符号为℉）的规定：在标准大气压下，水的结冰点为 32 华氏度，水的沸点为 212 华氏度，中间划分为 180 等份，每等份为 1 华氏度。

摄氏度和华氏度都用水的结冰点和水的沸点作为基准点。

（3）热力学温标（符号为 K，又称为开尔文温标）的规定：分子运动停止时的温度为绝对零度。

换算公式为：华氏度＝摄氏度×5/9+32，如 18 摄氏度换算为华氏度，即 18×5/9+32＝42（华氏度）。

开尔文＝273. 15+摄氏度，如 18 摄氏度换算为开尔文，即 273. 15+18＝291. 15（开尔文）。

2. 空气湿度

空气湿度是指空气中水汽含量的多少或空气干湿的程度。空气中的水汽主要来自江河、海洋和土壤，空气中水汽含量越多，空气湿度就越大，反之则越小。水汽在蒸发和凝结过程中，要吸收或放出热量，所以它对空间的气温也有一定的影响。

表示空气湿度，主要有以下几种方法。

（1）绝对湿度。

绝对湿度是指单位容积的空气里实际所含的水汽量，一般以克为单位。

温度对绝对湿度有着直接影响。一般情况下，温度越高，水汽蒸发得越多，绝对湿度就越大；相反，绝对湿度就越小。

（2）饱和湿度。

饱和湿度是指在一定温度下，单位容积空气中所能容纳的水汽量的最大限度。如果超过这个限度，多余的水蒸气就会凝结，变成水滴。此时的空气湿度便称为饱和湿度。空气的饱和湿度不是固定不变的，它随着温度的变化而变化。温度越高，单位容积空气中能容纳的水蒸气就越多，饱和湿度也就越大。

（3）相对湿度。

相对湿度是指空气中实际含有的水汽量（绝对湿度）与饱和状态（饱和湿度）比值，即在一定温度下，绝对湿度占饱和湿度的百分比。相对湿度用百分率来表示。

公式为：

$$相对湿度=绝对湿度/饱和湿度\times100\% \tag{5-1}$$

$$绝对湿度=饱和湿度\times相对湿度 \tag{5-2}$$

相对湿度越大，表示空气越潮湿；相对湿度越小，表示空气越干燥。

空气的绝对湿度、饱和温度、相对湿度与温度之间有着相应的关系。如果温度发生了变化，则各种湿度也随之发生变化。

（4）露点。

含有一定量水蒸气（绝对湿度）的空气，当温度下降到一定程度时所含的水蒸气就会达到饱和状态（饱和湿度）并开始液化成水，这种现象叫作结露。

水蒸气开始液化成水时的温度叫作“露点温度”，简称露点。若温度继续下降到露点以下，空气中超饱和的水蒸气就会在商品或其他物料的表面上凝结成水滴，即“水淞”，俗称商品“出汗”。当含有水蒸气的热空气进入库房遇到冷的物体（如金属、地面等），使冷物体周围的湿空气温度降到露点，则空气中的水蒸气就会凝结在物体的表面。引起金属生锈的相对湿度的范围，称为金属生锈的临界湿度。铁的临界湿度为65%～70%，钢的临界湿度为70%～80%。因此，不管采取什么防潮措施，都应使仓库内的相对湿度降低到金属的临界湿度以下。

（二）仓库内温度、湿度的变化

1. 库内温度变化

库内温度、湿度变化规律与库外基本一致，但库外气候对库内的影响，在时间上有一个过程，且有一定的减弱。所以，库内温度变化的时间，总是落后于库外，且变化幅度比库外小。通常，夜间库内温度比库外高，白天库内温度比库外低。因此，有些地区的仓库采取夜间通风。

2. 库内湿度变化

库内湿度通常随着库外湿度的变化而变化，但密封良好的库房受到的影响较小，且库内各部门的湿度也因库内具体情况而有差异。

库内四角，空气淤积不流通，湿度通常偏高；库内向阳一面，因气温高，相对湿度偏低；库房上部因温度较高而相对湿度偏低。相关数据统计显示，库内上部相对湿度平均为65%～80%时，近地面和垛底的相对湿度平均达85%～100%。此外，靠近门窗的物品易受潮。在温度条件变化或通风不当时，水泥地面和沥青地面上会结露，产生水膜，增加库内底层的湿度。

（三）仓库温度、湿度的控制与调节

1. 仓库温度、湿度的测定

测定空气温度、湿度通常使用干湿球温度表（简称干湿表），干湿表所测温度就是空气的温度。

在库外设置干湿表，为避免阳光、雨水、灰尘的侵袭，应将干湿表放在百叶箱内。百叶箱中干湿表的球部离地面高度为 2 米，百叶箱的门应朝北安放，以防观察时受阳光直接照射。箱内应保持清洁，不放杂物，以免造成空气不流通。

在库内，干湿表应安置在空气流通、不受阳光照射的地方，不要挂在墙上，挂置高度应与人眼齐平，约 1.5 米。每日必须定时对库内的温度、湿度进行观测记录，一般在上午 8～10 时、下午 2～4 时各观测一次。记录资料要妥善保存（如表 5-11 所示），定期分析，摸出规律，以便掌握商品保管的主动权，利用表 5-12，可查出露点温度 *td*，相对湿度 *r*。例如干球温度是 18℃，湿球温度是 16℃，查表 5-12，可得露点温度为 15℃，相对湿度 80%。

表 5-11　温度、湿度观测记录表

库号：　　　　放置位置：　　　　储存商品：

日期	上午									下午									备注
	天气	干球温度/℃	湿球温度/℃	相对湿度/%	绝对湿度/(g/m³)		调节措施	记录时间		天气	干球温度/℃	湿球温度/℃	相对湿度/%	绝对湿度/(g/m³)		调节措施	记录时间		
					库内	库外								库内	库外				
1																			
2																			
3																			
4																			
5																			
6																			
7																			
8																			
9																			
10																			

安全温度：　　　　安全相对湿度：

表 5-12　湿度、露点查算表

气温℃	干球温度/℃-湿球温度/℃																	
	0		1		2		3		4		5		6		7		8	
	td	*r*	*td*	*r*	*td*	*r*	*td*	*r*	*td*	*r*	*td*	*r*	*td*	*r*	*td*	*r*	*td*	*r*
-5	-5	100	-9	74	-14	48		23										
-4	-3	100	-8	75	-13	51	-20	27										

（续表）

气温℃	干球温度/℃-湿球温度/℃																	
	0		1		2		3		4		5		6		7		8	
	td	*r*	*td*	*r*	*td*	*r*	*td*	*r*	*td*	*r*	*td*	*r*	*td*	*r*	*td*	*r*	*td*	*r*
-3	-3	100	-6	77	-11	53	-18	31		9								
-2	-2	100	-5	78	-9	56	-16	35		14								
-1	-1	100	-4	79	-8	58	-13	38	-19	18								
0	0	100	-3	80	-7	60	-12	41	-16	22		4						
1	1	100	-2	81	-5	62	-10	44	-14	26		9						
2	2	100	-1	82	-4	64	-8	47	-12	30		13						
3	3	100	1	83	-3	66	-7	49	-10	33	-20	17						
4	4	100	2	84	-1	67	-5	51	-8	36	-16	21		6				
5	5	100	2	84	0	68	-4	54	-6	39	-14	25		10				
6	6	100	4	85	1	70	-2	56	-4	41	-11	28	-20	14				
7	7	100	5	85	2	71	-1	57	-3	44	-9	31	-16	18		5		
8	8	100	6	86	3	72	0	59	-1	46	7	34	-13	21		9		
9	9	100	7	87	4	73	2	61	0	48	-5	35	-10	24	-18	13		
10	10	100	8	87	6	74	3	62	2	50	-3	39	-8	27	-14	16		6
11	11	100	9	88	7	75	4	64	3	52	-2	41	-6	30	-11	20		9
12	12	100	10	88	8	76	6	65	4	54	0	43	-4	33	-9	23	-16	13
13	13	100	11	88	9	77	7	66	6	55	2	45	-2	35	-6	25	-12	16
14	14	100	12	89	10	78	8	67	7	57	3	47	0	37	-4	28	-9	19
15	15	100	13	89	11	78	9	68	8	58	4	49	1	39	-2	30	-7	21
16	16	100	14	89	12	79	10	69	9	60	6	50	3	41	0	33	-4	24
17	17	100	15	90	14	80	12	70	11	61	7	52	4	43	1	35	-2	26
18	18	100	16	90	15	80	13	71	12	62	8	53	6	45	3	37	0	29
19	19	100	17	90	16	81	14	72	13	63	10	55	7	46	5	39	2	31
20	20	100	18	91	17	81	15	73	14	64	11	56	9	48	6	40	3	33
21	21	100	19	91	18	82	16	73	15	65	12	57	10	50	8	42	5	35
22	22	100	20	91	19	82	17	74	17	66	13	58	11	51	9	43	6	36
23	23	100	22	91	20	83	18	75	18	67	15	59	13	52	10	45	8	38
24	24	100	23	91	21	83	19	75	19	68	16	60	13	53	12	46	9	40
25	25	100	24	92	22	84	20	76	20	68	17	61	15	54	13	48	11	41
26	26	100	25	92	23	84	22	76	21	69	18	62	16	55	14	49	12	42
27	27	100	26	92	24	84	23	77	22	70	19	63	18	56	16	50	14	44
28	28	100	27	92	25	84	24	77	23	71	20	64	19	57	17	51	15	45

（续表）

气温℃	干球温度/℃-湿球温度/℃																	
	0		1		2		3		4		5		6		7		8	
	td	*r*	*td*	*r*	*td*	*r*	*td*	*r*	*td*	*r*	*td*	*r*	*td*	*r*	*td*	*r*	*td*	*r*
29		100	28	92	26	85	25	77	24	71	22	65	20	58	18	52	16	46
30		100		93	27	85	26	78	25	72	23	65	21	59	19	53	16	47
31		100		93	28	86	27	79	27	72	24	66	22	60	21	54	19	48
32		100		93		86	28	79	28	73	25	67	23	61	22	55	20	49
33		100		93		87		80		73	26	67	25	61	23	56	21	50
34		100		93		87		80		74	27	68	26	62	24	57	23	51
35		100		93		87		81		75	28	68	27	63	25	57	24	52
36		100		93		87		81		75		70	28	63	26	58	25	53

注：表中 *td* 为露点温度（℃），*r* 为相对湿度（%）。

2. 控制和调节仓库温度、湿度

为了维护仓储商品的质量完好，应当创造适宜商品储存的环境。当库内温度、湿度适宜商品储存时，就要设法防止库外气候对库内的不利影响；当库内温度、湿度不适宜商品储存时，就要及时采取有效措施调节库内的温度、湿度。实践证明，采用密封、通风与吸潮相结合，是控制和调节库内温度、湿度行之有效的办法。

（1）密封。

密封，就是把商品尽可能严密地封闭起来，减少外界不良气候条件的影响，以达到安全保管的目的。采用密封方法时，要和通风、吸潮结合运用，如运用得法，可以收到防潮、防霉、防热、防溶化、防干裂、防冻、防锈蚀、防虫等多方面的效果。密封保管应注意的事项如下：

①在密封前要检查商品质量、温度和含水量是否正常，如发现生霉、生虫、发热、水淞等现象，就不能进行密封。发现商品含水量超过安全范围或包装材料过潮，也不宜密封。

②要根据商品的性能和气候情况来决定密封的时间。怕潮、怕溶化、怕霉的商品，应选择在相对湿度较低的时节进行密封。

③常见的密封材料有塑料薄膜、防潮纸、油毡、芦席等。这些密封材料必须干燥清洁，无异味。

④密封常用的方法有整库密封、小室密封、按垛密封以及按货架、按件密封等。

（2）通风。

通风是指利用库内外空气温度不同而形成的气压差，使库内外空气形成对流，以达到调节库内温度、湿度的目的。当库内外温度差距越大时，空气流动就越快；若库外有风，借助风的压力更能加速库内外空气的对流。但风力也不能过大（风力超过 5 级，灰尘较多）。正确地进行通风，不仅可以调节与改善库内的温度、湿度，还能及时散发商品及包装物的多余水分。通风的目的不同，一般包括利用通风降温（或增温）和利用通风散潮两种。

（3）吸潮。

在梅雨季节或阴雨天，当库内湿度过高，不适宜商品保管，而库外湿度也过大，不宜进行通风散潮时，可以在密封库内用吸潮的办法降低库内湿度。随着市场经济的不断发展，现代仓库普遍使用机械吸潮方法，即使用吸湿机把库内的潮湿空气吸入吸湿机冷却器内，使它凝结为水而排出。吸湿机一般适用于储存棉布、针棉织品、贵重百货、医药、仪器、电工器材和烟糖类的仓库吸潮。

三、仓库保管养护的技术方法

（一）仓库霉腐的防治技术

仓库货物的霉腐是由微生物的作用所引起的物品变化，物品的生霉、腐败、发酵变质都是由霉腐微生物侵染造成的。

1. 霉腐微生物的生长条件

引起物品霉变的霉腐微生物主要有霉菌、细菌、酵母菌。这些霉腐微生物的生长繁殖需要一定的条件，当这些条件得到满足时商品就容易发生霉变。霉腐微生物生长的外界环境条件如下：

（1）空气湿度。

当湿度与霉腐微生物自身的要求相适应时，霉腐微生物就生长繁殖旺盛；反之则处于休眠状态或死亡。各种霉腐微生物生长繁殖的最适宜相对湿度略有差异，多数霉菌生长的最低相对湿度为80%～90%。在相对湿度低于75%的条件下，多数霉菌不能正常发育。因而通常把75%的相对湿度叫作物品霉变的临界湿度。

（2）温度。

在一定的温度范围内霉腐微生物易于繁殖，超过这个范围其生长会滞缓甚至停止或死亡。高温和低温对霉腐微生物的生长都有很大影响，低温对霉腐微生物生命活动有抑制作用，能使其休眠或死亡；高温能破坏菌体细胞的组织和酶的活动，使细胞的蛋白质凝固变性，从而使其失去生命活动的能力或死亡。大多霉腐微生物最适宜的生长温度为20℃～30℃，在10℃以下不易生长，在45℃以上停止生长。大多数微生物在80℃以上会很快死亡。

（3）光线。

多数霉腐微生物在日光直射下经过1～4小时即大部分死亡，所以商品大都是在阴暗的地方霉腐变质的。日光的杀菌作用，在于日光中的紫外线能强烈破坏细胞和酶。一般微生物在紫外线灯下照射3～5分钟就会死亡。

（4）空气成分。

多数霉腐微生物特别是霉菌，需要在有氧条件下才能正常生长，无氧条件下不形成孢子。二氧化碳浓度的增加不利于微生物生长。若改变商品储存环境的空气成分，如增加二氧化碳，减少氧气，则有利于保护商品。某些青霉和毛霉，当空气中二氧化碳的浓度达到20%，其死亡率能达到50%～70%；当二氧化碳的浓度达到50%，霉菌将全部死亡。

也有一些微生物是厌氧型的，它们不能在有氧气或氧气充足的条件下生存。通风可以防止部分商品霉腐，但主要是防止厌氧型微生物引起的霉腐。

（5）溶液浓度。

多数微生物不能在浓度很高的溶液中生长。因为浓度很高的溶液能使细胞脱水，造成质壁分离，使其失去活动能力甚至死亡。例如，导致蛋白质腐败的细菌，在10%～15%的食盐溶液中多数不能生长；引起食物中毒的霉腐微生物，在6%～9%的食盐溶液中不能生存。另外，多数霉腐微生物在60%～80%的溶液中不能生存。因此，盐腌和蜜饯食品一般不易腐烂，但也有少数微生物对浓度高的溶液有抵抗能力，如蜜酵母能引起蜜饯食品的变质，嗜盐菌能使盐腌食品腐败。

2. 仓库物品霉腐的防治方法

（1）加强库存货物的管理。

仓库保管员加强入库环节验收工作，易霉腐货物入库时，应先检查包装是否潮湿，含水量是否超过安全范围。加强仓库温度、湿度管理，根据商品的不同性能，准确地运用密封、吸潮及通风相结合的方法，做好库内温度、湿度监测工作。选择合理的储存场所，容易霉腐的商品应尽量安排在空气流通、光线较强、比较干燥的库房，并尽量避免与含水量大的商品一起储存。合理堆码，货垛下垫托盘隔潮，堆垛不靠墙。

（2）化学药剂防霉腐。

化学药剂防霉腐是指使用防霉防腐化学药剂来达到防霉防腐的目的。化学药剂防霉防腐的基本原理是使微生物菌体蛋白凝固、沉淀、变性；或用防霉防腐剂与菌体酶系统结合，使酶失去活性，影响菌体的呼吸或代谢；或降低菌体表面张力，改变细胞膜的通透性，使霉腐微生物发生细胞破裂或溶解。

（3）气相防霉腐。

气相防霉腐是指通过药剂挥发出来的气体渗透到商品中，杀死霉菌或抑制其生长和繁殖的方法，以达到商品防霉腐的目的。而且，由于气相防霉腐是气相分子直接作用于商品上，对其外观和质量不会产生不良影响。气相防霉腐剂包括多聚甲醛和环氧乙烷等。多聚甲醛防霉腐剂挥发出的气体可使菌体蛋白质凝固，从而杀死或抑制霉腐微生物。但是，多聚甲醛升华出来的甲醛气体在高温高湿条件下可能与空气中的水蒸气结合形成甲酸，对金属有腐蚀作用，因此有金属附件的商品不可以使用。

（4）气调防霉腐。

气调防霉腐是指根据好氧性微生物需氧代谢的特性，通过调节密封环境（如气调库、商品包装等）中气体的组成成分，降低氧气浓度，抑制霉腐微生物的生理活动、酶的活性和鲜活食品的呼吸强度，达到防霉腐和保鲜目的的一种方法。

（5）低温防霉腐。

低温防霉腐是指通过控制商品本身的温度，使其低于霉腐微生物生长繁殖的最低温度界限，以控制酶的活性。采用低温措施，一方面可抑制生物性商品的呼吸氧化过程，使其自身分解受阻，一旦温度恢复，仍可保持其原有的品质；另一方面可抑制霉腐微生物的代谢与生长繁殖，以达到防霉腐的目的。含水量大的商品，尤其是生鲜食品，如鲜肉、鲜鱼、水果和蔬菜等，多采用低温防霉腐。一般情况下，温度越低、持续时间越长，霉腐微生物的死亡率就越高。

（6）干燥（低湿）防霉腐。

干燥防霉腐是指通过各种措施降低商品的含水量，使其水分含量在安全储运标准之下，从而抑制霉腐微生物的生命活动。干燥可使微生物细胞蛋白质变性并使盐类浓度增高，从而抑制微生物生长或促使其死亡。干燥防霉腐有自然干燥法和人工干燥法两种。

（7）电离辐射防霉腐。

能量通过空间传递称为辐射。射线使被照射的物质产生电离作用，称为电离辐射。电离辐射的直接作用是当辐射线通过微生物时能使微生物内部成分分解而引起诱变或死亡。电离辐射一般是利用放射性同位素放出的 α、β、γ 射线，它们都能使微生物细胞结构与代谢的某些环节受损。α 射线在照射时被空气吸收，几乎不能到达目的物上。β 射线穿透力弱，只限于物体表面杀菌。γ 射线穿透作用强，可用于食品内部杀菌。射线可杀菌杀虫，照射不会引起物体升温，故可称其为冷杀菌。但有的食品经照射后品质可能变劣或得以改善。

（8）紫外线辐射防霉腐。

紫外线也是一种射线，有杀菌作用，是日光杀菌的主要因素。紫外线的波长范围为 100～400 纳米，其中，波长为 200～300 纳米的紫外线具有杀菌作用。紫外线穿透力很弱，所以只能杀死商品表面的霉腐微生物。此外，含有脂肪或蛋白质的食品经紫外线照射后会产生臭味或变色，不宜用紫外线照射杀菌。

3. 霉腐货物的救治

对已经发生霉变但可以救治的货物，应立即采取晾晒、烘烤、加热消毒等方法处理，以免霉变继续发展而造成更加严重的损失。

（1）晾晒降水。利用日光的热能和干燥空气的流动，将商品中过量的水分蒸发散湿。晾晒有曝晒和摊晾两种方式。曝晒适用于在阳光直射下不影响商品质量的降水。

（2）烘烤降水。在缺乏通风和晾晒条件或晾晒会影响商品质量或晾晒不能除灭内部微生物时，可采用烘烤降水来散湿或抑菌。如卷烟、茶叶、某些干果（如桂圆、荔枝）、纺织品等。

（3）物理机械除霉。日用工业品长霉后，经晾晒或烘烤，可选距离仓库较远处，刷去商品表面的霉体；对于不能进行干燥刷霉的商品，如酱脯、腌菜等，可以采取清水淘洗除霉的方法。

（4）加热灭菌。加热可以抑制微生物的生理活动，使其死亡。加热灭菌可分为干热灭菌、湿热灭菌。

（5）紫外线灭菌。紫外线具有很强的杀菌作用。

（二）仓库虫害防治技术

仓储商品中，很多是以动物毛皮和植物为原料制成的，这些商品含有蛋白质、淀粉、纤维素等为害虫所喜好的成分，因而常易遭受害虫的危害，所以必须认真做好虫害防治工作。仓库害虫种类繁多，世界上已定名的有 500 多种，我国发现近 200 种，仓储部门已发现危害商品的就有 60 多种。仓库害虫主要有以下几类：甲虫类、蛾类、象甲科类、螨类。

1. 仓库害虫的主要来源

（1）由商品或包装带入。

如竹木制品、毛皮、粮食等商品，害虫已在原材料上产卵或寄生，后面加工过程又未采取杀灭措施，进仓后遇到适宜的条件，就会滋生起来。

（2）商品和包装在加工或储存过程中感染害虫。

商品和包装原材料在加工时，接触的加工设备、运输工具上隐藏着害虫，或与已生虫的商品堆放在一起，受到感染等，会把害虫带入仓库。

（3）库房不卫生。

仓库的墙壁、梁柱、门窗、垫板等缝隙中隐藏着害虫，以及库内的杂物、垃圾等未清干净而潜伏的害虫，在商品入库后危害商品。仓库环境不够清洁，库内杂物、垃圾等未及时清理干净，容易滋生生活害虫。

（4）库外害虫侵入仓库。

仓库外部环境中的害虫飞入或爬入库房内，在库内生长繁殖，危害商品。

2. 仓库害虫的防治作业

仓库害虫的防治，应贯彻“以防为主，防治结合”的方针，仓库保管员需要掌握仓库内害虫的来源、特性、种类与危害方式。常见害虫感染途径及预防、防治方法如表 5-13 所示。

表 5-13　常见害虫感染途径及预防、防治方法

感染途径	途径说明	预防方法	防治方法
货物内潜伏	货物入库前已有害虫潜伏其中	做好入库前的检疫工作，确保入库货物不携带害虫及虫卵	可以使用驱避剂、杀虫剂、熏蒸剂等药物对货物直接进行杀灭害虫的操作；不能直接在货物上使用药剂的，采用高温或低温杀虫，缺氧以及辐射防治等
包装内隐藏	仓库包装内藏有害虫	对重复利用的包装物进行定期消毒	使用驱避剂、杀虫剂、熏蒸剂等药物对包装进行消毒
运输工具感染	运输工具装运过带有害虫的货物，害虫潜伏在运输工具中，感染其他商品	注意运输工具的消毒	使用驱避剂、杀虫剂、熏蒸剂等对车厢进行消毒
仓库内隐藏	害虫潜伏在仓库建筑的隙缝及各种器具中	做好库房内、外环境的清洁工作	对库房定期进行消毒
邻垛之间相互感染	当某一货垛感染了害虫，害虫可能爬到邻近的货垛	对已经感染了害虫的货垛及时隔离	对感染害虫的货垛使用驱避剂、杀虫剂、熏蒸剂等进行杀灭害虫的操作

（三）仓库货物老化防治技术

以橡胶、塑料、合成纤维等高分子材料为主要成分的物品，在储存或使用过程中性能逐渐变坏，以致最后丧失使用价值的现象称为老化。老化的主要特征是高分子商品出现发黏、龟裂、变脆、失去弹性、强度下降等性能改变现象。老化的实质是在外界条件作用下，组成高分子材料主要成分的高聚物分子链发生了降解或者交联等变化。老化是一种不可逆的变化，它与高分子材料的成分、结构及储存、使用环境等有着密切的联系。

1. 影响高分子物品老化的因素

（1）影响高分子物品老化的内在因素主要有以下几种。

①高分子化合物分子组成与结构的影响。组成高分子材料的高分子化合物分子链结构中，存在着不饱和的双键或大分子支链等，在一定条件下易发生分子链的交联或降解。

②其他添加剂组分的影响。塑料中的增塑剂会缓慢挥发或促使霉菌滋生；着色剂会产生迁移性色变；硫化剂会产生多硫交联结构，降低橡胶的耐老化能力等。

③组分中杂质的影响。在高分子化合物的单体制造、缩合聚合及高分子与添加剂的配合过程中，会带入极少量的杂质成分，它们对高分子商品的耐老化性有较大的影响。

④加工成型条件的影响。高分子材料在加工成型的过程中，由于加工温度等的影响，使材料结构发生变化而影响商品的耐老化能力。

（2）影响高分子物品老化的外部环境因素主要有以下几种。

①阳光。阳光（特别是光线中的紫外线）对高分子分子链及材料中各组分的老化起催化作用。实验表明：光化学反应一般是在商品的表面层进行，首先引起表层材料的老化，并随着时间的推移而逐渐向内层发展。

②氧和臭氧。高分子材料对于大气中的氧是很敏感的，微量的氧的作用可使某些材料的性能发生严重的变化。大气中的臭氧虽然在大气中的浓度很低，但它能使物品的使用寿命大为降低，尤其是含有双键的大分子的材料。

③温度的变化。温度过高，高分子材料变软或发黏；温度过低，高分子材料变硬或发脆。许多高分子材料的老化是热氧老化，热促进了氧化反应的进行。热具有很高的活性，随着温度的升高，分子的热运动加速，从而引起某些高聚物发生降解与交联。

④水。水能够渗入材料的内部，使高分子材料含有的某些水溶性物质、增塑剂和含亲水性基团的物质被水所溶解、抽提或吸收，从而逐步改变材料的组成和比例，加速材料的老化。水对高分子材料的老化起着加速作用。

此外，水分和湿度、微生物、昆虫排泄物、重金属以及重金属盐等，也会对高分子物品的老化产生加速作用。

2. 高分子物品防老化的方法

根据影响高分子物品老化的各种内外因素，高分子物品的防老化方法包括以下几种。

（1）改善储存环境。

商品包装应保持整洁完整，以减少外界因素对商品的影响。加强商品入库检验，以便有的放矢地采取防治措施，确保在库商品质量安全。选择合适的存放场所，认真控制库房的温度和湿度，加强商品在库检查。

（2）物理养护手段。

①涂漆：不同的高分子材料，应采用不同的涂料和涂布防护方法。

②涂橡胶：可用作橡胶防护涂层的有改性天然橡胶、氯丁橡胶、聚氨酯、氯磺化聚乙烯、硅橡胶、氟橡胶等涂料。

③涂覆塑料：采用某些塑料粉末在其表面涂成一层塑料膜。

④镀金属：塑料镀金属后不仅使其表面具有金属的特性，而且能有效地隔绝光、

氧、水等环境因素。

⑤涂蜡、涂油：对于耐水性较差或容易受氧、臭氧作用的物品，常可借助简单的涂蜡措施，达到延缓老化、延长寿命的目的。

⑥浸渍或涂布防老化剂溶液：将高分子制品放入含有防老化剂的溶液中浸渍，或将这些溶液涂布在制品上，使抑制外因作用的防老化剂集中在表面而形成保护膜。

（四）仓库锈蚀防治技术

金属制品在仓库保管过程中容易发生腐蚀。

1. 金属制品锈蚀的主要因素

（1）金属生锈的内在因素。

①金属本身不稳定。金属是由金属原子所构成，其性质一般较活泼。金属原子易失去电子成为阳离子而发生腐蚀，这是金属生锈的主要内在原因。

②金属成分不纯。用于生产日用工业品的金属一般都含有杂质，金属成分不纯，在大气环境下表面形成电解质液膜后，金属原子与杂质之间容易形成无数原电池，发生电化学反应而使金属受到腐蚀。

③金属结构不均匀。机械加工过程也会造成金属变形不均匀，一般在金属材料的划伤处、焊接处、弯扩部位、表面不完整处等，都容易发生电化学腐蚀。

（2）金属生锈的外界因素。

①空气相对湿度的影响。金属的锈蚀主要是电化学腐蚀，电化学腐蚀是在金属表面形成极薄的一层液膜下进行的。因此，空气中相对湿度是影响金属腐蚀的主要因素。当相对湿度超过85%时，金属表面就易形成电解质液膜，从而构成了电化学腐蚀的条件。

②空气温度的影响。通常情况下，温度越高，金属腐蚀速度越快。当空气温度变化大时，金属表面容易出现“出汗”现象，形成电解质液膜，加剧金属锈蚀，这对五金商品的安全储存和运输是一个很大的威胁。

③腐蚀性气体的影响。空气中的二氧化碳对金属腐蚀危害很大。此外，硫化氢、氯化氢、二氧化硫、氨气、氯气等气体，对金属都具有强烈的腐蚀性。

④空气中杂质的影响。空气中的灰尘、煤烟、沙土等杂质，附着在金属表面易产生原电池反应，造成金属的腐蚀。

2. 金属制品的防锈技术

金属制品的锈蚀主要是电化学腐蚀造成的，因此金属制品的防护主要是防止原电池的形成。

（1）控制和改善储存条件。

金属制品储存的露天货场应选择地势高、不积水、干燥的场地，要尽可能远离工矿区，特别是化工厂。较精密的五金工具、零件、仪器等金属制品，应选择便于通风和密封、地潮小、库内空气温度、湿度容易调节和控制的库房储存，严禁与化工商品、含水量较大的商品同库储存。

金属制品入库时，必须对其质量、包装等进行严格验收，合理安排好仓位、货架和货垫，并定期检查。仓库要保持干燥，相对湿度不要超过75%，防止较大的温差，以免使金属制品出现“出汗”现象。

（2）涂油防锈。

涂油防锈是应用比较普遍的一种防锈方法：在金属表面涂（或浸或喷）一层防锈油薄膜（常用的有凡士林、机油和防锈油等），使金属制品与大气中的氧、水以及其他有害气体隔离。涂油防锈方法简便，一般效果也较好，但它属于短期防锈法，随着时间的推移，防锈油逐渐消耗，或者由于防锈油的变质，金属制品又有重新生锈的危险。

（3）气相防锈。

一些具有挥发性的化学药品在常温下会迅速挥发出气体物质，这些气体物质吸附在金属表面，可以防止和延缓金属制品的锈蚀。气体可充满包装内所有的空间，因此它适用于结构复杂、不易为其他防锈涂层所保护的金属制品。

（4）可剥性塑料封存。

可剥性塑料是以高分子合成树脂为基础原料，加入矿物油、增塑剂、防锈剂、稳定剂以及防霉剂等制成的一种防锈包装材料。可剥性塑料有热熔型和溶剂型两种，前者加热熔化后，浸涂于金属制品表面，冷却后能形成一层塑料薄膜层；后者用溶剂溶解后，浸涂于金属表面，溶剂挥发后也能形成一层塑料薄膜层。这两种薄膜层都有阻隔外界环境不良因素以防止金属制品生锈的作用，启封时用手剥除即可。

四、仓库卫生、安全管理

（一）仓库卫生管理

仓库保管员应遵守有关卫生制度，做到如下要求。

（1）仓库保管员保持良好的个人卫生，穿着统一工作服，定期进行工作服、鞋帽的清洗。进入电子类产品仓库时，仓库保管员最好要穿鞋套、戴帽。

（2）仓库保管员坚持每天要清理仓库，清洁地面，保持卫生，做到无粉尘、无蜘蛛网。

（3）库房四周实行三包，由专人负责，做到无杂草、无拆下的包装物、无垃圾。

（4）库内、库外物品要码放整齐、料卡齐全。收发货物后要及时清理。保持货架及器具上无尘土，定期进行仓库的清洁整理工作。

（5）仓库办公室要做到窗明几净，办公用具及台账要码放整齐，无与办公用品无关的物品。

（二）仓库安全管理

仓库安全管理的主要内容是严防破坏、盗窃事故，预防灾害性事故的发生，维护仓库内部的治安秩序，保证仓库及仓库内物品的安全。仓库保管员的主要职责是负责保管物品的安全管理工作，协助仓库安全保卫部门做好仓库安全保卫工作。仓库保管员关于安全管理的主要工作内容如下。

（1）严格执行仓库安全保卫的各项制度，预防火灾、盗窃、台风、雨汛等给仓库货物带来的安全隐患。

（2）库区内配备各种消防器材和工具，不得私自挪用。

（3）非仓库管理相关人员未经允许一律不得进入库房。

（4）各种生活用危险用品，以及车辆、油料、易燃品严禁进入库区。

（5）库区内严禁烟火和明火作业，确因工作需要使用明火的，应按安全保卫的有关规定执行。

（6）仓库保管员下班前要关闭水、暖、电源的开关，锁好门窗，消除一切安全隐患。

五、异常问题处理

仓库保管员每天应对仓库各项工作进行巡查，填写巡查记录表（如表 5-14 所示）。

表 5-14 巡查记录表

检查项目	月 日	月 日	月 日	月 日	月 日	月 日	月 日
	星期一	星期二	星期三	星期四	星期五	星期六	星期日
货物状态							
库房清洁							
作业通道							
用具归位							
库房温度							
相对湿度							
照明设备							
消防设备							
消防通道							
防盗							
托盘维护							
检查人							

注：1. 消防设备每月进行一次全面检查；
2. 将破损的托盘每月集中进行维护处理。

仓库保管员碰到异常问题，如仓库入库验收过程发现货物质量异常；仓库内由于相对湿度过高，库内货物出现“出汗”现象；库内货物出现霉腐现象；库内货物超过保质期等异常情况，在权限范围内，能够处理的应及时处理，填写仓库异常情况报告表（如表 5-15 所示），并及时向有关部门及主管领导汇报处理的结果。若不能解决出现的异常情况，如上班后发现仓库内货物被盗窃，巡查过程发现消防安全隐患等问题，应及时汇报有关领导，请有关领导组织力量，提出解决方案，尽快解决异常问题。总之，仓库保管员在巡查中发现仓库安全管理异常情况时应及时处理，如不能解决则要及时向仓储部主管汇报，由仓储部主管提出处理方案，必要时可寻求公安、消防等部门协助解决。

表 5-15 仓库异常情况报告表

编号：

报告日期	
异常情况	
原因分析	
处理结果	

经办人：　　　　主管：

单元四　仓库盘点作业操作

学习情境

小严担任某电子产品仓库主管三个月，他对每个月末的仓库盘点工作最为头痛。每当月末盘点时，盘点现场总是乱糟糟的，盘点人员盘点出来的结果也总是不准确，不是账面数量多了，就是盘点实际数量出现误差。这种情况让小严在领导面前很尴尬，他想把盘点工作做得规范、准确、完善些。又快到月末盘点的时间了，小严陷入了沉思中……

学习目标

1. 熟悉仓库盘点作业流程。
2. 通过学习盘点准备、仓库盘点作业操作，学会盘点工作。
3. 在仓库盘点过程中，能进行相关盘点单据的缮制，如盘点单、盘点表、盘点盈亏汇总表等。

学习地点

1. 各类型仓库。
2. 超市。
3. 校内物流软件实训室。

学习内容

一、盘点作业流程

盘点作业流程如图 5-10 所示。

1. 准备工作

控制要点：组建盘点小组，选择盘点人员、复盘人员、监盘人员或抽盘人员，所选人员应有一定的级别顺序；准备盘点所需报表。

2. 制定盘点程序和方法

控制要点：在以往盘点工作的基础上，确定盘点的程序和方法，报相关领导讨论审批。在完善后形成正式的盘点制度。

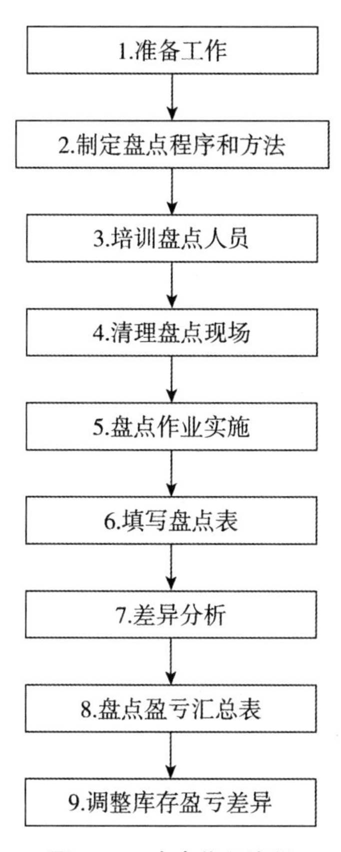

图 5-10　盘点作业流程

3. 培训盘点人员

控制要点：盘点前，对参加盘点的人员进行培训，包括盘点程序和方法，盘点表格填写等内容，必要时进行相关的演练。

4. 清理盘点现场

控制要点：在盘点正式开始前，指定负责人进行仓库的清理和库存台账的整理工作，冻结仓库的一切作业。

5. 盘点作业实施

控制要点：盘点人员使用条码扫描器扫描库内货物条码，负责库区商品盘点作业。

工具：条码扫描器。

6. 填写盘点表

控制要点：盘点人员根据货物库存表，核对库存现状，填写盘点表。

7. 差异分析

控制要点：盘点人员如发现账、物存在差异，检查差异是否属实，查找差异产生的原因。

8. 盘点盈亏汇总表

控制要点：盘点工作结束后，仓储部门打印盘点盈亏汇总表，填写数额差异原因及对策，报总经理签核。

9. 调整库存盈亏差异

控制要点：盘点人员将盘点盈亏汇总表经相关领导审批后的意见反馈给财务和仓储部门，财务和仓储部门根据审批意见进行库存盈亏调整。

二、盘点的内涵

在仓储作业过程中，商品处于不断的入库和出库状态，在作业过程中产生的误差经过一段时间的积累，会使库存资料反映的数据与实际数量不相符。为了对库存商品的数量进行有效控制，并查清商品在库房中的质量状况，必须定期对各储存场所进行清点，这一清点过程称为盘点作业。

（一）仓库盘点的概念与内容

1. 盘点的概念

盘点是指定期或临时对库存物品的实际数量进行清查、清点的作业，即为了掌握物品的流动情况（入库、在库、出库的流动状况），对仓库现有物品的实际数量与保管账上记录的数量相核对，以便准确地掌握库存数量。

2. 盘点的内容

仓库盘点作业的内容如下。

（1）货物数量：通过点数计数查明商品在库的实际数量，核对库存账面资料与实际库存数量是否一致。

（2）货物质量：检查在库商品质量变化，有无超过有效期，有无长期积压等现象，必要时要对商品进行技术检验。

（3）保管条件：检查保管条件是否与各种商品的保管要求相符合，如堆码是否合理稳固，库内温度是否符合要求，各类计量器具是否准确等。

（4）库存安全状况：检查各种安全措施和消防器材是否符合安全要求，建筑物和设备是否处于安全状态。

（二）仓库盘点的方法

（1）循环盘点法。循环盘点法是指每天、每周按顺序一部分一部分地进行盘点，到了月末或期末则每项商品至少完成一次盘点的方法。这种盘点方法是按照商品入库的前后顺序，不论是否发生过进出业务，都有计划地循环进行盘点的方法。

（2）定期盘点法。定期盘点法又称期末盘点，是指在期末一起清点所有商品数量的方法。运用这种方法时，必须关闭仓库做全面的商品的清点。因此，这种方法对商品的核对十分方便和准确，可减少盘点中的错误，简化存货的日常核算工作。

（3）动态盘点法。动态盘点法又称永续盘点，是指对有动态变化的商品即发生过收、发的商品，即时核对该批商品的余额是否与账、卡相符的一种盘点方法。动态盘点法有利于及时发现差错和及时处理。

（4）重点盘点法。重点盘点法是指对商品进出动态频率高的，或者易损耗的，以及昂贵商品的一种盘点方法。

（5）全面盘点法。全面盘点法是指对在库商品进行全面的盘点清查的一种方法。通常多用于清仓查库或年终盘点。盘点的工作量大，检查的内容多，把数量盘点、质量检查、安全检查结合在一起进行。

（6）临时盘点法。临时盘点法又称突击性盘点，是指在台风、梅雨、严冬等灾害性季节进行临时性突击盘点。

三、盘点作业操作

（一）盘点准备

1. 盘点人员编组

盘点工作之前，应根据盘点类别、盘点范围确定盘点人员。盘点类别从时间上分为定期盘点和临时盘点；从工作需要上划分为全面盘点和部分盘点。仓库盘点范围主要是指存货，包括原材料、半成品、在制品、产成品、包装物、低值易耗品等。仓库盘点人员的确定是选定总盘人、主盘人、盘点人、复盘人、会盘人、协盘人以及监盘人。其中，总盘人是盘点工作的总指挥，督导盘点工作的进行及异常事项的裁决。主盘人负责实际盘点工作的实施。会盘人由财务部门指派专人担任，负责数量点计。协盘人由经营部门人员担任，负责盘点材料物品的搬运及整理工作。监盘人由单位负责人派人担任，负责盘点过程的抽查监督。选定人员后编制盘点人员编组表，报领导审批后实施。

2. 盘点工具准备

盘点时如果采用盘点机盘点，需检查盘点机是否正常运行；如果采用人工方式盘点，需要准备盘存单（如表 5-16 所示）、盘点表（如表 5-17 所示）、红色和蓝色圆珠笔等。

表 5-16　盘存单

编号：　　　　　　填表人：　　　　　　盘点日期：

货物编号	货物名称	货物规格	单位	账面数量	盘点数量	盘点人	复盘数量	复盘人

主盘人：　　　　　　盘点人：　　　　　　会盘人：

第一联：仓管联　　第二联：财务联

表 5-17　盘点表

盘点范围：　　　　　填表人：　　　　　　　盘点时间：　年　月　日

行次	责任人签字	盘点项目			数量					
		品名	入库	出库	账面数量	实际盘点数	差量	批次	票号	出库率
1										
2										
3										
4										
5										
6										
7	备注说明									

主盘人：　　　　　盘点人：　　　　　　会盘人：

第一联：仓管联　　第二联：财务联

3. 培训盘点人员

（1）为保证盘点工作的顺利进行，在盘点工作开始前，要对相关人员进行盘点知识的培训，尤其是对货物认识不足的复盘人与监盘人的培训。

（2）培训内容主要从盘点货物的相关知识、盘点方法与技术两个方面进行，具体如表 5-18 所示。

表 5-18　盘点培训的内容

<table>
<tr><th colspan="2">培训项目</th><th>培训内容</th></tr>
<tr><td colspan="2">盘点货物的相关知识</td><td>①盘点现场的基本情况
②盘点商品的基本知识</td></tr>
<tr><td rowspan="2">盘点方法与技术</td><td>盘点表的使用</td><td>①盘点表的领取与回收
②盘点表记录与书写规范
③签字确认
④其他</td></tr>
<tr><td>盘点操作</td><td>①盘点过程注意事项
②盘点范围
③盘点点数技巧
④初盘、复盘、抽盘的相关规定
⑤其他</td></tr>
</table>

（二）仓库盘点作业操作

1. 清理盘点现场

盘点之前仓库物品的清理工作主要包括对所保管的物品进行整理，最好按照 5S 管理的要求进行管理、整顿，做到货垛、货架整齐有序。对尚未办理入库手续、不在盘点之列的物品予以标明；对已经办理出库手续的物品要全部搬出；对损失变质的物品加以标记以示区别；对已认定为呆滞物品的要单独设库，单独保管，单独盘点。

2. 盘点作业实施

仓库盘点作业实施首先从实物盘点开始。盘点实物可分库、分区、分类、分组进行，责任到个人。常见的方法是对实物进行点数、过称或检尺，以确定实际储存的数量。对实物盘点后，将初盘的结果填入盘存单，并由初盘人签字确认；复盘人对实物进行核对盘点后，将实际盘点数量填入盘存单，在表上签字确认后结束点数作业。仓库盘点作业实施的流程如下。

（1）设置盘点工作办公室。盘点工作办公室一般由总盘人负责，具体的工作由主盘人执行。办公室主要负责盘点表发放，盘点工具准备，核实盘点表是否符合规定以及协调盘点相关事宜。

（2）人员报到，明确任务，领取盘点资料和工具。参加盘点的人员前往办公室签字报到，明确盘点的任务和完成时间，领取盘点资料和工具。

（3）盘点进行。领取盘点资料和工具后，盘点人员对仓库商品按照盘点方法和程序进行实物点数，并做记录。

（4）监盘人抽点。监盘人对盘点的品项进行检查，发现有问题的，必须重新盘点。

（5）回收盘点单。所有完成的盘存单，经过盘点人员审核，完成所有手续后，汇总到盘点办公室。

3. 填写盘点表

盘点人员填写盘点表时，应注意如下事项。

（1）填表人员拿起盘点表后，应注意检查是否重复。

（2）填表人员和盘点人员分别在表上签字。

（3）盘点时，应先核对货架编号。

（4）填表人员应复诵盘点人员所念的盘点项目及数量。

（5）对于预先填表错误更正，重新写在下一行即可，同样应在备注栏写“更正第×行”。

（6）对于写错需更正的行次，必须用笔划去，并在备注栏写“更正第×行”，然后请监盘人在更正的行次签名。

4. 盘点差异分析

将实际盘点结果与账面结果相核对，若发现货、账不一致，则应查明货、账差异的原因。追查差异的原因时可从以下事项着手。

（1）是否因记账人员素质不足，致使货品数目不正确。

（2）是否因货、账处理制度的缺点，致使货品数目不正确。

（3）是否因盘点制度的缺陷导致货账不符。

（4）盘点所得的数据与账簿资料的差异是否在容许误差内。

（5）盘点人员是否尽责，是否因盘点人员事先培训工作不彻底而造成差异。

（6）是否产生漏盘、重盘、错盘等情况。

（7）盘点的差异是否可事先预防，是否可以降低货、账差异的程度。

5. 盘点盈亏汇总表

盘点人员将盘点表全部收回并加以汇总，计算盘点结果，做出盘点盈亏汇总表（如表 5-19 所示），表中应计算出盘亏、盘盈数量，找出差异原因并提出改善建议。

表 5-19 盘点盈亏汇总表

品名	规格	账面资料		实盘资料		盘盈		盘亏		差异原因	对策
		数量	金额	数量	金额	数量	金额	数量	金额		

总经理： 财务部经理： 仓储部经理： 制表人：

第一联：仓管联 第二联：财务联

6. 调整库存盈亏

经盘点后，发现账载错误，如漏记、记错、算错、未结账或记账不清，有关人员应按照财务规章进行处理。盘点盈亏汇总表报相关领导审批后的意见应反馈给财务部门和仓储部门，财务部门和仓储部门根据审批意见进行库存盈亏调整。

单元五　仓库出库作业操作

学习情境

国内某知名家电制造商是一家以家电业为主，涉足房产、物流等领域的大型综合性现代化企业集团，2021 年销售金额为 1598 亿元，净利润约 147 亿元。该企业将物流的仓储业务整体外包给其下的专业化物流公司进行运营。当接到客户的销售订单时，经过审核确认后，销售部门将发货通知单发给仓库，仓库马上就进行备货作业。客户拿着提货单到仓库去提货，仓库管理人员核对后，在信息系统中进行换单操作，然后把备好的货物出库交接后，提交给客户。

学习目标

1. 学会仓库出库作业流程，掌握出库环节控制要点。
2. 能进行出库签单、备货、复核、包装、出库等相关操作。
3. 掌握仓库出库环节的单证缮制、审核。

学习地点

1. 制造企业的成品仓库。
2. 校内仓库实训室。

学习内容

一、出库作业流程

出库作业流程如图 5-11 所示。

1. 接收出库指令

控制要点：出库人员收到销售部门发来的发货通知单，对发货通知单的时间、签名是否完整、正确进行复核。

2. 签发出库单

控制要点：仓库主管收到发货单后，审核发货单填写是否符合标准、发货手续是否齐全，然后签发出库单。

3. 备货

控制要点：出库人员核对出库单，进行备货。

4. 添加货物包装标识

控制要点：在备好货后，出库人员将货物按照装运的需要进行包装，并在明显处

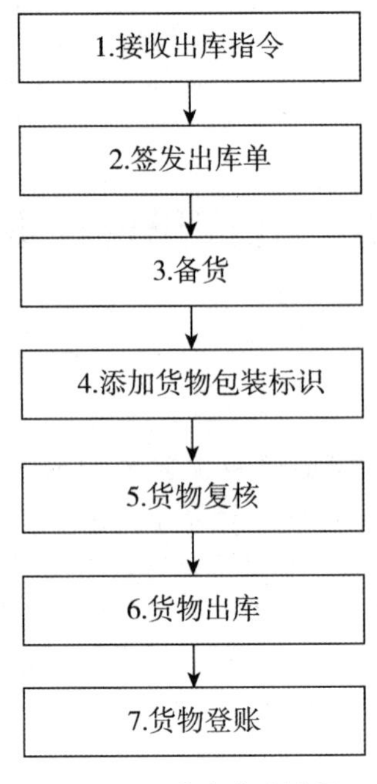

图 5-11　出库作业流程

添加标识。

5. 货物复核

控制要点：为避免备货出错，出库人员对已备好待运货物进行复核。

6. 货物出库

控制要点：出库人员和提货人再次复核，复核无误后，办理相应的货物交接手续，出库人员和提货人均在发货单上签名核实。

7. 货物登账

控制要点：出库人员在出库完毕后，在出入库台账上对出库货物进行登账处理。

二、出库的依据与要求

商品出库是商品离开仓库时所进行的验证、配货、点交、复核、登账等工作的总称，是仓库业务活动的最终环节。商品出库应贯彻“先进先出”的原则。

1. 出库的依据

商品出库必须依据货主开出的“商品调拨通知单”进行。在任何情况下，仓库都不得擅自动用、变相动用或者外借货主的库存商品。

“商品调拨通知单”的名称和格式不尽相同，不论采用何种名称和格式，都必须是符合财务制度要求的具有法律效力的凭证，要坚决杜绝凭信誉或无正式手续的出库。

2. 出库的要求

商品出库要做到“三不三核五检查”。“三不”，即未接单据不翻账，未经审单不备货，未经复核不出库；“三核”，即在发货时，要核实凭证、核对账卡、核对实物；“五检查”，即对单据和实物要进行品名检查、规格检查、包装检查、件数检查、重量检查。具体来说，商品出库要求严格执行各项规章制度，提高服务质量，使客户满意，

为客户提货创造各种方便条件，杜绝差错事故。

三、出库作业操作

不同仓库在商品出库的操作程序上会有所不同，操作人员的分工也有粗有细，但就整个出库作业的过程而言，一般都是跟随着商品在库内的流向，或出库单的流转而构成各工种的衔接。

1. 接收出库指令

销售部门接收到客户订单，要求出货。销售人员对客户发送的订货单的时间、证章和签名是否完整、正确进行审核，审核通过后签发货单（也称提货单，如表 5-20 所示）。销售部门制作发货通知单（如表 5-21 所示）并交给仓储部门，仓储部门收到发货通知单后对其正确性、时间、签名进行复核，复核通过后，准备客户的货物出库。

表 5-20　发货单

编号：
客户名称：　　　　　　　　　　　　发货日期：
发货仓库：　　　　　　　　　　　　仓库地址：

货号	品名	规格	牌号	国别及产地	包装及件数	单位	数量	单价	总价	金额
危险品标志章			运费			包装押金				
			金额	（大写）佰　拾　万　仟　佰　拾　元　角　分（小写）¥：						

审核：　　　　　　　　　　　　　　　　制单：
本单一式三联，第一联：销售部门，第二联：财务部门，第三联：客户

2. 签发出库单

客户拿着销售部门签发给客户的发货单到仓库提货。仓储部门审核发货单的准确性、完整性及真实性。审核通过后，仓储部门收回发货单，然后签发出库单（如表 5-22 所示）。

表 5-21　发货通知单

通知单号：
客户：　　　　　　　　发货日期：

货号	品名	规格	牌号	单位	数量	说明
						□销货 □样品 □检验 □其他

财务审核：　　　　　　　制单：

表 5-22　出库单

提货单位：　　　　　　　出库日期：　年　月　日　　　　　出货仓库：

货号	品名	规格	单位	批次	储位	计划数量	实发数量
备注							

审批：　　　　　　　　　提货人：　　　　　　　仓库管理员：
本单一式三联，第一联：仓库联，第二联：财务联，第三联：提货人

3. 备货

出库单经复核无误后，出库人员按其所列的项目内容和凭证批注，与编号货位进行核对，核实后核销“物品明细卡”上的存量，按规定的批次备货。

（1）拣货。出库人员按照出库单所列货物的储位，找到该货位，按规定要求和“先进先出”的原则将货物拣选出来。

（2）销卡。在物品出库时，出库人员应先销卡后出货。

（3）核对。按照货位找到相应的物品后，出库人员要“以表对卡，以卡对货”，进行账、卡、物的核对。

（4）点数。出库人员要仔细清点出库物品的数量，防止出现差错。

（5）搬运。出库人员将要出库的物品预先搬运到指定的备运区，以便能及时装运。

4. 货物包装标识

理货员要清理原包装、清除积尘、沾物。对原包装已残损的，要更换包装。为方便收货方的收转，理货员要在应发物品的外包装上注明收货方的简称。置唛在物品外包装的两侧，字迹清楚，不错不漏。注意粘贴标签必须牢固，便于物品周转。

5. 货物复核

出库复核人员按照出库单上所列的项目，对在备运区待出库的货物品名、规格、

数量进行再次核对，以保证物品出库的准确性。复核查对的具体内容如下。

（1）对备运区分堆的物品进行单货核对，核对工作必须逐车、逐批次地进行，以确保单货数量、流向等完全相符。

（2）检查待运区货物的包装是否符合运输及客户的要求。

（3）对于怕震怕潮的物品，应检查衬垫是否稳妥，密封是否严密。

6. 货物出库

（1）提货人到仓库提货。提货人到仓库提货的，仓库管理员会同提货人共同验货，逐件清点，经复核无误后，将货物交给提货人。提货人清点无误后，提货人和仓库管理员共同在出库单上签字，即完成出库的工作。

（2）仓库负责送货。仓库负责给客户送货的，装车的工作由仓库部门负责，装车前仓库管理人员应对车厢进行清扫和必要的铺垫，督促装车人员妥善装车。装车完毕，仓库管理员会同提货人签署出库单证、送货单，交付随货单证和资料，办理货物交接。

7. 货物登账

货物全部出库完毕，仓库应及时将货物从仓储保管账上核销，以便仓库做到账、卡、物一致。将留存的发货单、出库单、送货单、记录、文件等汇总整理归档。

单元六　仓库退货作业操作

学习情境

某集团企业在杭州东部下沙路建了一个20万平方米的配送中心，可以同时储存食品、电器、化妆品、药品、生活用品等8000多个品项，这很好地解决了当地商业流通行业因为商品多样化带来的仓储难题。零售行业单件商品配送较多，为了提高车辆的满载率，集团的物流通过信息化系统的准确调度，将不同客户的送往同一区域、同一线路的商品合理配车，大大降低了运作成本。

退货和换货作业是物流企业对客户的后续服务，该集团所服务的客户类型使它比别的物流公司更多地要面对这个难题。该集团借鉴了国外的一些先进经验，专门设立退换货管理区域，将不同客户的不同的退货集中起来，组织人员进行管理、分类，把能够继续使用、无质量问题的商品重新打包成箱，无法继续使用的商品则挑拣出来，进行回收处理。

学习目标

1. 学会仓库退货作业流程，掌握退货环节控制要点。
2. 能进行退货准备、签收、复核、处理、协调等相关操作。

学习地点

1. 制造企业、物流企业的退货处理中心。
2. 校内仓库实训室。

学习内容

一、退货作业流程

退货作业是指仓库按订单或合同将货物发出后，由于某种原因，客户将商品退回仓库而引发的物流作业活动的总称。退货作业内容本身较为复杂，而且作业负荷较重，尤其是退货商品的检验、退货数量核查等最耗费时间及人力。而一般仓库的退货作业处理，依企业的经营理念的不同而不同。对具有退货修补功能的企业而言，一般除退货商品检验、退货数量核查外，还须将可用商品再入库，可修补的商品送往流通加工区处理，不可用的商品予以报废，并且统计送修、报废数量，以供检查库存、出货流通加工以及配送过程的缺陷。

退货作业流程如图 5-12 所示。

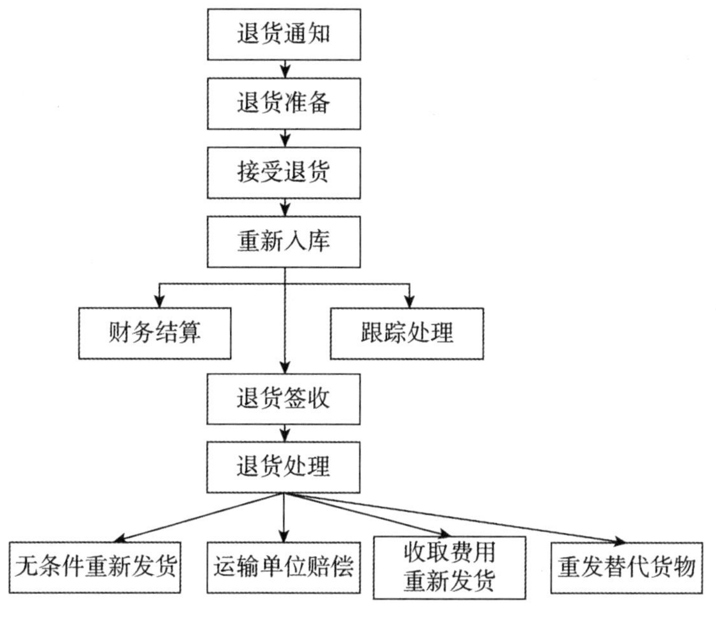

图 5-12　退货作业流程

二、退货的发生

通常发生退货的情况主要有：

1. 协议退货

与仓库订有特别协议的季节性商品、试销商品、代销商品等，协议期满后，对于剩余的商品，仓库予以退货。

2. 有质量问题的退货

对于不符合质量要求的商品，客户提出退货，仓库予以退货。

3. 搬运途中损坏退货

对于搬运过程中造成产品包装破损或污染的，仓库予以退货。

4. 商品过期退货

食品及有保质期的商品在送达客户时或销售过程中超过商品有效保质期的，仓库予以退货。

5. 商品送错退货

送达客户的商品不是订单所要求的商品，如商品条码、品项、规格、重量、数量等与订单不符，仓库予以退货。

三、退货作业操作

1. 退货通知

退货通知的形式有多种，可以是电话、传真或邮件等（退货通知上通常包含的内容有退货原因、订单号、商品名称、规格、数量、退货单号、退货日期等）。

2. 退货准备

业务部客服人员接到退货通知后，及时通知供货方，例如告知供货方货物退回的原因是客户称实送货物与自己的订单内容不符，因此要求将货物退回。如果供货方要求先将货物暂存在仓库，则客服人员应及时通知仓库管理员退货的名称、数量、退货原因，以便仓库管理员做好退货处理的准备。客服人员根据退货通知编制退货单（如表5-23所示）。

表5-23 退货单

客户名称：				退货日期：		
退货单号	商品名称	规格	数量	出货单号	退货原因	备注

制单：　　　　仓库人员：　　　　财务：

3. 接受退货

仓库的业务部门接到客户传来的退货信息后，要尽快将退货信息传递给相关部门，运输部门安排取回商品的时间和路线，仓库的工作人员做好接收准备，质量管理部门人员确认退货的原因。一般情况下，退货由送货车带回，直接入库。批量较大的退货，要经过审批程序。

4. 重新入库

对于退回的商品，仓库的业务部门要进行初步的审核。由于质量原因产生的退货，要放在堆放不良品的区域，以免和正常商品混淆。对退货商品要进行严格的重新入库登记，及时输入企业的信息系统，核销客户应收账款，并将退货信息通知供货方。

5. 财务结算

如果客户已经支付了货款，财务要将相应的货款退给客户。同时，由于销货和退货的时间不同，同一货物价格可能出现差异，同质不同价、同款不同价的问题时有发生，故仓库的财务部门在退货发生时要进行退货商品货款的估价，将退货商品的数量、销货时的商品单价以及退货时的商品单价信息输入企业的信息系统，并依据退货单办理扣款业务。

6. 跟踪处理

退货发生时，要跟踪处理客户提出的意见，统计退货发生的各种费用，通知供货方退货的原因并退回生产地或履行销毁程序。退货发生后，首先要处理客户端提出的意见。由于退货所产生的商品短缺、对质量不满意等客户端问题是业务部门要重点解决的。退货所产生的物流费用比正常送货高得多，所以要认真统计，及时总结，将此信息反馈给相应的管理部门，以便制定改进措施。对于退货到仓库的商品，要及时通知供货方并提供退货的所有信息，如退货原因、时间、数量、批号、费用、存放地点等，以便供货方将退货商品取回，并采取改进措施。

7. 退货签收

仓库管理员接收货物完成退货作业后，签收退货单，即注明实收数量、型号等信息。

退货单通常一式三联，即仓库管理员、财务部门以及客户各一联。仓库管理员退货完毕并留一张底联后，其余交给司机。司机持签收完毕的退货单到客服人员处盖章，客服人员盖章留底后，司机的退货任务即完毕。

8. 退货处理

（1）退货处理方法。

①无条件重新发货：对于因为发货人按订单发货发生的错误，应由发货人更新调整发货方案，将错发货物调回，重新按原正确订单发货，中间发生的所有费用应由发货人承担。

②运输单位赔偿：对于因为运输途中产品受到损坏而发生退货的，根据退货情况，由发货人确定所需的修理费用或赔偿金额，然后由运输单位负责赔偿。

③收取费用，重新发货：对于因客户自身因素要求重新发货的，在签收原退回货物后，再根据客户新的订货单重新发货。

④重发替代货物：对于因为产品有缺陷，客户要求退货的，配送中心接到退货指示后，仓库管理员应安排车辆收回退货商品，将商品集中到仓库退货处理区进行处理，及时安排同一款货物送给客户。

（2）退货处理相关配合措施。

①立即补送新货以减少客户抱怨。

②会计账目上也应立即修正，以免发生收款付款错误，造成进一步的混乱。

③若有保险公司理赔，应立即依照保险理赔程序办理，包括保留现场证据或拍照存证，在规定时间内通知保险公司，准备索赔文件和计算损失，并通知本企业法律顾问一起处理。

④分析退货原因，作为日后的改进参考。在退货或换货的处理过程中，切记不要立即与客户争吵或追究责任。

单元七　仓储作业实训项目

1. 实训目标

通过模拟真实的仓库出入库作业环境，使学生学会仓库主要作业流程，懂得仓库出入库作业操作，掌握仓库出入库的单证缮制、审核。熟悉盘点作业操作，填写盘点报表。

2. 实训准备

（1）了解仓库出入库作业相关知识。

（2）准备相关的出入库单证，如送货单、入库单、货卡、出库单、盘点单等。

（3）将全班学生分成若干组，每组按照岗位设职5名（货主企业代表1名、运输企业代表1名、仓库管理员1名、制单员1名、检验员1名）。

（4）工作时间安排4学时。

（5）工作环境模拟，需要学院的仓库实训室、机房等资源配合。

3. 实训任务

天津TD手机制造有限公司的成品仓库外包给深圳一家物流公司。要求模拟深圳这家物流公司为工厂设计合理的入库流程，学生充当物流公司的职员，对手机的入库过程进行模拟操作。2021年8月15号货主天津TD手机制造有限公司发来一份送货单（如表5-24所示），验收时发现少了2个包装。要求出入库人员完成以下工作任务。

表5-24　送货单

NO. 012567

单位：　　　　　　　　　　　　日期：2021年8月15日

品名	规格/cm	单位	数量	单价/元	金额/元	备注
TD手机	15×12×6	个	100	1500	150 000	

收货单位：　　　　　　　　　　送货单位：
经手人：　　　　　　　　　　　经手人：

任务1：

（1）针对手机产品特点，制定合理的入库流程。

（2）入库前准备工作，做好入库指令收集传递、编制好入库计划表、入库前的资源准备等工作。

（3）入库验收与检查。

（4）入库交接与登记，要求制作入库单、货卡及物品库存日报表。

（5）入库信息化操作。

2021年8月30日，仓库接到客户A订单要出货48台手机，出库人员到指定储位拣选并完成以下出库任务：

任务2：

（1）出库前准备工作，做好出库指令收集传递、安排好出库货物的堆放场所，妥善安排设备和人力等工作。

（2）备货，仓库理货员按出库单所列的项目内容和凭证批注要求，按“先进先出”的原则进行备货。

（3）出库包装，按照储运的要求，在包装两侧置唛，包含客户收发信息。

（4）出库复核，按照出库凭证上所列的项目，对在备运区待出库的货物品名、规格、数量进行核对。

（5）出库交接与登记，出库人员制作出库单、货卡及物品库存日报表。

任务3：

（1）进行盘点现场的清理工作。

（2）仓库盘点作业的实施。

（3）盘点单的填写。

（4）盘点单汇总统计分析工作。

4. 实训步骤

（1）准备好仓库实训资源，各种物料及单证。

（2）按照任务1的要求模拟入库操作。

（3）按照任务2的要求模拟出库操作。

（4）按照任务3的要求模拟盘点作业。

（5）按照5S的管理要求，整理仓库现场。

5. 任务评价

任务评价的方式有教师评价、小组内部成员评价和第三方评分组成员评价三种，建议教师评价占60%的权重，小组内部成员评价占20%的权重，第三方评分组成员评价占20%的权重，将三者综合起来的得分为该生在该项目的评价分。任务评价单如表5-25所示。

表5-25　任务评价单

<table>
<tr><td>考评人</td><td></td><td>被考评人</td><td></td></tr>
<tr><td>考评地点</td><td colspan="3"></td></tr>
<tr><td>考评内容</td><td colspan="3"></td></tr>
<tr><td rowspan="3">考评标准</td><td>具体内容</td><td>分值/分</td><td>实际得分/分</td></tr>
<tr><td>工作态度</td><td>20</td><td></td></tr>
<tr><td>沟通水平</td><td>20</td><td></td></tr>
</table>

（续表）

考评标准	具体内容	分值/分	实际得分/分
	任务 1	20	
	任务 2	20	
	任务 3	20	
合计		100	

注：考评满分 100 分，60 分以下为不及格，60～69 分为及格，70～79 分为中，80～89 分为良，90 分以上为优。

本模块小结

本模块通过学习仓库的主要作业，即入库作业、理货作业、保管作业、盘点作业、出库作业、退货作业，熟悉仓储作业的流程，掌握仓储作业的作业要点。最后通过仓储作业实训项目的模拟操作，懂得仓库出入库作业操作，掌握仓库出入库的单证缮制、审核。

复习题

一、单选题

1. （　　）的主要任务是及时而准确地向交通运输部门提取入库货物，要求手续清楚，责任分明，为仓库验收工作创造有利条件。

A. 货物接运　　B. 入库准备

C. 制订入库计划　　D. 货物交接

2. 对于批量小、价值高的货物一般采用的验收方法为（　　）。

A. 全检　　B. 抽检

C. 重点检验　　D. 随机检验

3. （　　）是先在底层以同一个方向平铺摆放一层货物，然后垂直继续向上堆积，每层货物的件数、方向相同，垛顶呈平面，垛形呈长方形。

A. 井形垛　　B. 立体梯形垛

C. 起脊垛　　D. 平台垛

4. （　　）是奇数和偶数层货物之间垂直交叉堆码的模型。

A. 衬垫式堆码　　B. 仰俯相间式堆码

C. 重叠式堆码　　D. 纵横交错式堆码

5. （　　）是指空气中实际含有的水蒸气量（绝对湿度）占饱和状态（饱和湿度）的百分比。

A. 相对湿度　　B. 绝对湿度

C. 饱和湿度　　D. 空气湿度

6. 相对湿度（　　）是物品霉变的临界湿度。

A. 75%　　B. 85%

C. 90%　　D. 95%

7. (　　) 是指在每天、每周按顺序一部分一部分地进行盘点，到了月末或期末则每项商品至少完成一次盘点的方法。

A. 永续盘点　　B. 定期盘点法

C. 重点盘点法　　D. 循环盘点法

二、多选题

1. 入库准备包含 (　　) 工作。

A. 信息准备　　B. 场地准备

C. 设备准备　　D. 单证准备

2. 外观质量验收主要包含以下项目：(　　)。

A. 标签、标志检验　　B. 重量、尺度检验

C. 颜色、手感检验　　D. 内在质量检验

3. 货垛五距包含 (　　)。

A. 顶距　　B. 灯距

C. 墙距　　D. 堆距

4. 托盘化堆码方式有 (　　)。

A. 旋转交错式　　B. 正反交错式

C. 层间纵横交错式　　D. 重叠式

5. 仓库物品霉腐的防治方法有 (　　)。

A. 干燥防霉腐　　B. 气相防霉腐

C. 气调防霉腐　　D. 低温防霉腐

6. 出库“五检查”，即对单据和实物要进行 (　　) 检查。

A. 重量　　B. 包装

C. 规格　　D. 品名

7. 出库复核人员按照出库单上所列的项目，对在备运区待出库货物的 (　　) 进行再次核对，以保证物品出库的准确性。

A. 品名　　B. 规格

C. 数量　　D. 质量

三、简答题

1. 入库作业计划包括哪些内容？
2. 简述入库货物验收的内容。
3. 列举六种不同的仓库货物验收的方法。
4. 什么是仓库理货，其内容有哪些？
5. 仓库理货堆存的基本要求有哪些？
6. 什么是“五五化”堆垛？
7. 霉腐货物的救治方法有哪些？
8. 金属商品的防锈技术有哪些？

9. 简述商品出库的“三不三核五检查”。

四、论述题

什么是退货？阐述退货产生的主要原因及如何进行退货处理。

五、案例题

某仓库外干球温度是30℃，湿球温度是28℃，仓库货物要求湿度控制在70%～75%，请问仓库应采取哪些措施？

模块六

仓储包装作业能力

单元一　仓库包装服务及材料选用

学习情境

包装作业是生产的结束，销售的开始。当产品从供应地进入仓库时，仓库管理员要对货物包装进行二次作业，如组合包装、拆装、大包装换小包装等。仓库包装作业涉及包装材料和包装容器的选择，如何选择包装材料和包装容器是包装作业的关键。

学习目标

1. 了解包装材料的种类。
2. 了解包装容器的种类。

学习地点

1. 各类型仓库，如物流公司仓库、制造企业仓库等。
2. 校内实训室。

学习内容

一、包装的概念

自物流发展以来，各个时期从不同角度对物流环节中包装的定义有很多。

《日本工业标准》（JIS Z0101-1951）对包装的定义是：在物品的运输和保管等过程中，为保护物品的价值和状态，采用适当的材料、容器等对物品实施的技术或实施的状态，分为个装、内装和外装。

中华人民共和国国家标准《物流术语》（GB/T 18354-2021）中对包装的定义是：为在流通过程中保护产品、方便储运、促进销售，按一定技术方法而采用的容器、材料及辅助物等的总体名称。也指为了达到上述目的而采用容器、材料和辅助物的过程中施加一定技术方法等进行的操作活动。简言之，包装是包装物及包装操作的总称。

包装具有从属性和商品性两种特性。包装是其内装物的附属品；商品包装是附属于内装商品的特殊商品，具有价值和使用价值；同时又是实现内装商品价值和使用价值的重要手段。它具有四大要素，包括：

（1）包装材料。包装材料是包装的物质基础，是包装功能的物质承担者。

（2）包装技术。包装技术是实现包装保护功能、保证内装商品质量的关键。

（3）包装结构造型。包装结构造型是包装材料和包装技术的具体形式。

（4）表面装潢。表面装潢是通过画面和文字美化、宣传和介绍商品的主要手段。

二、包装的功能

1. 保护功能

包装的保护功能，即保护物品不受损伤的功能，它体现了包装的主要目的。

（1）防止物品的破损变形。

为了防止物品的破损变形，物品包装必须能承受装卸、运输、保管等过程中的各种冲击、震动、颠簸、压缩、摩擦等外力的作用，形成对外力的防护，而且具有一定的强度。

（2）防止物品发生化学变化。

为了防止物品受潮发霉、变质、生锈等，物品包装必须能在一程度上起到阻隔水分、潮气、光线以及空气中各种有害气体的作用，避免外界不良因素的影响。

（3）防止有害生物对物品的影响。

鼠、虫以及其他有害生物对物品有很大的破坏性。包装封闭不严，会给细菌、虫类以侵入之机，导致物品变质、腐败，特别是对食品危害性更大。

（4）防止异物混入、污物污染以及丢失、散失。

2. 方便功能

物品包装具有方便流通、方便消费的功能。在物流的全过程，物品经过所有流转环节，合理的包装会提供巨大的方便，从而提高物流的效率。物品包装的方便功能体现在以下几个方面。

（1）方便物品的储存。

从物品保管角度看，物品的包装为保管工作提供了方便，便于维护物品本身的使用价值。包装物的各种标志，使仓库的工作人员易于识别、易于存取、易于盘点，有特殊要求的物品易于引起注意；从物品的验收角度看，易于开包、便于重新打包的包装方式为验收提供了方便。

（2）方便物品的装卸。

适当的包装为物品的装卸作业提供了方便。包装后的物品便于各种装卸、搬运机械的使用，有利于提高装卸、搬运机械的生产效率。包装袋规格尺寸的标准化为集合包装提供了条件，从而能极大地提高了装载效率。

（3）方便运输。

包装袋规格、形状、重量等与货物运输关系密切。包装尺寸与运输车辆、船、飞机等运输工具箱、仓容积的吻合方便了运输，提高了运输效率。

3. 销售功能

在商业交易中促进商品销售的手段很多，其中包装的装潢设计占重要地位。优美的包装能唤起人们的购买欲望。包装的外观是对商品很好的宣传，对顾客的购买起着刺激作用。

综上所述，包装的保护功能和方便功能是与物流密切相关的两大功能。销售功能是与商流相关的功能。改进包装的不合理性，发挥包装的作用，是促进物流合理化的重要方面，也是日益被物流工作者重视的一个十分重要的领域。同时，仓库经营者还可以通过改变包装的特点来增值，例如供应商将大批量的防冻剂装运到仓库，仓库经营者对防冻剂进行瓶装，可满足市场对各种牌号和包装尺寸的需要。这类延期包装使存货风险降到最低程度，减少了运输成本和物品的损坏。

三、包装增值服务类型

1. 包装设计

包装设计是指为了更好地保护商品、促进销售而对包装进行的设计。一般可分为两部分：一是构造设计；二是表面图形设计，即包装装潢设计。

以宜家家居为例，它提出“扁平”的概念。扁平化包装家具，使得原本只能装 864 只杯子的货柜，竟能容纳 2004 只杯子，运输成本降低了 60%。

2. 延迟包装

延迟包装是指为了降低供应链的整体风险，更好地满足客户个性化需求，将包装的环节延迟到客户确认订单以后进行。

例如，一家汽车电池制造商把未加标志的产品装运到物流配送中心，并向物流方提供相关的商标牌号及待印图案，一旦接到客户订单，要求使用特定的标志时，物流配送中心马上把标志图案印制到电池上，并且用定制的盒子将产品包装起来。进入仓库的产品是无区别的，但是顾客接收到的却是已经定制化了的产品和包装，这中间就是物流配送中心经营者提供了延迟包装的增值服务。

3. 拆装或二次包装

（1）大包装换小包装。在大包装产品进入物流配送中心后，针对客户对小包装产品的销售需求，物流配送中心将大包装拆装后重新进行二次包装，贴上标签等。

（2）产品以散装形式或无标签形式装运到物流配送中心，物流配送中心按照客户的要求重新包装。

（3）销售状况不良，配送中心根据客户要求而实施的包装改良。

（4）返品拆装和二次包装。

4. 组合包装

物流配送中心根据客户促销需要，对物流配送中心内客户库存商品重新进行组合、拼配、加固，形成整体销售包装。例如，某超市牙膏供应商为了促进牙膏的销售，指示物流配送中心将牙膏和牙刷组合、拼配捆绑在一起配送到超市门店进行促销。

5. 可跟踪性运输包装

可跟踪性运输包装是在电子商务背景下，物流服务商提供的必要商品追踪服务。电子商务活动必然涉及网上订货、快速反应、即时送货、商品集散点、社区配货等各种新的商务行为与手段，商品的包装形式也会发生极大的变化。

四、仓库包装容器

包装容器是包装材料和造型相结合的产物，包括包装袋、包装盒、包装瓶、包装罐（筒）和包装箱等。列入现代物流包装行列的包装箱主要有瓦楞纸箱、木箱、托盘集合包装、集装箱和塑料周转箱，它们在满足商品运输包装功能方面各具特点，必须根据实际需要合理地加以选择和使用。

1. 瓦楞纸箱

瓦楞纸箱是采用具有空心结构的瓦楞纸板，经过成型工序制成的包装容器。瓦楞纸箱以单瓦楞、双瓦楞、三瓦楞等各种类型的纸板为材料，大型纸箱装载货物的重量可达 3000 千克。

瓦楞纸箱的应用范围非常广，几乎包括所有的日用消费品，包括水果、蔬菜、加工食品、纺织品、玻璃、陶瓷等各种日用品，以及自行车、家用电器、家具等。瓦楞纸箱具有很多优点：它的设计可使之具有足够的强度，富有弹性，密封性能好，便于实现集装单元化和空箱储存；瓦楞纸箱的箱面光洁、印刷美观、标志明显，便于传达信息；瓦楞纸箱的体积、重量比木箱小，有利于节约运费；瓦楞纸箱耗用的资源比木箱要少，价格比木箱低，经回收利用，可以节省资源。当然，瓦楞纸箱也有一些缺点，主要是其抗压强度不足和防水性能差，这两个缺点都会影响瓦楞纸箱的基本功能——保护商品功能的实现。

2. 木箱

木箱作为传统的运输包装容器，在很多情况下被瓦楞纸箱所取代，但木箱在某些方面有着优越性和不可取代性。由于木箱目前还比较适合我国包装生产和商品流通条件，所以在运输包装容器中仍占一定地位。

常见的木箱有木板箱、框板箱和框架箱三种。木板箱一般用于小型运输包装容器，能装载多种性质不同的物品，有较大的耐压强度，但箱体较重，防水性较差；框板箱是由条木与人造板材制成的箱框板经钉合装配而成；框架箱是由一定截面的木条构成箱体的骨架，再根据需要在骨架外面加上木板覆盖而成。

3. 托盘集合包装

托盘集合包装是把若干件货物集中在一起，堆叠在运载托盘上，构成一件大型货物的包装形式。托盘集合包装是为了适应装卸和搬运作业机械化而产生的一种包装形式。托盘集合包装是一类重要的集合包装，它区别于普通运输包装的特点就是搬运活性大，在任何时候都处于可转入运动的状态，使静态的货物变成动态的货物。托盘集合包装既是包装方法，又是运输工具，也是包装容器。从小包装单位的集合来看，它是一种包装方法；但从适合运输的状态来看，它又是一种运输工具；从它对货物所起的保护功能来看，它也是一种包装容器。

4. 集装箱

集装箱是密封性较好的大型包装箱。使用集装箱可实现最先进的运输方式，即“门到门”运输。集装箱属于大型集合包装，具有既是运输工具，又是包装方法和包装容器的特点。在适应现代化物流方面，它比托盘集合包装更具有优越性。集装箱这一术语不包括车辆和一般包装，从作为一种运输设备的角度来看，它应满足下列要求：①具有耐久性，其强度足以使其反复使用；②便于商品运送，适用于多种运输方式，无须中途换装；③设有便于装卸和搬运的装置，便于从一种运输方式转移到另一种运输方式；④便于装满货物或卸空货物；⑤具有 1 立方米或 1 立方米以上的内容积。

5. 塑料周转箱

塑料周转箱是一种适于短途运输，可以长期重复使用的运输包装器具。同时，它是一种敞开式的、不需要捆扎、用户也不必开包的运输包装。所有与厂家直销挂钩、快进快出的商品都可采用周转箱，如饮料、肉食、豆制品、牛奶、糕点、禽蛋等。

五、仓库包装材料

1. 纸

纸是由蔡伦在公元 105 年发明的。用纸作为包装材料具有一定的历史，但无从考证何时、何地、由谁第一个使用纸来包裹东西。纸一直作为最广泛的材料而被用于一般包装。

20 世纪下半叶，随着塑料材料的迅速发展，包装袋由原来的棕色纸袋变为各色塑料袋，但纸材料并未因此而被取代，过量的塑料产品造成了较为严重的环境污染。人们日益增长的环境保护意识让纸这种传统的包装材料又显示出优势。纸材料具有经济、可回收、环保、印刷效果较好等优点，美国许多邮寄送货公司始终坚持使用纸包装袋送货，除了因为纸材料具有以上优点之外，还因为纸袋看上去更传统，塑造出来的形象比塑料袋更吸引人。

出于环境保护的目的，造纸材料已慢慢扩大为棉、香蕉叶纤维、烟草、回收纸、碎草、大蒜皮、麻、谷壳、茶叶、海草，甚至烘制过的咖啡豆碎末等，用这些不同材料加工出来的纸张具有不同的效果及肌理，有些消费者就是喜欢其特别的颜色和肌理，有些则喜欢其散发出来的味道。比如混入咖啡豆碎末而制成的纸张，闻起来就像刚刚煮出来的咖啡一样；而美国一家高尔夫俱乐部则用其球场上剪出的碎草加工制成的纸作为其礼品包装以及宣传册页，其散发的味道如新修剪的草坪一样清新。

粗加工的纸看上去又脏又粗糙，但是经过不同的加工工艺以及加入其他造纸材料后可制成质量极为不同的纸张。如加染色剂改变纸的颜色，加天然树脂进行最普通的防潮处理，或复合其他材料以及添加剂提高纸的牢固程度，而纸张的结实程度对包装来说是最重要的。牛皮纸一词就代表着强度，它是一种非常重要的包装纸材料，经常用来做杂货店的包装袋和各种货运袋。牛皮纸可被漂白成不同的灰色甚至白色，均适合制作成适用于运载的大包装纸袋。牛皮纸通常有二到七层，在特殊的情况下，由于防潮的需要可将塑料和金属箔加工到其袋内，这种复合结构的大包装袋特别牢固，一般用于装载建筑材料和化工产品，以及谷物和饲料等。

漂白纸是另一种被大量用于包装的纸材料，通常漂白纸被用于制作纸袋或包装内垫以保护产品。较薄的漂白纸则可通过不同的加工工艺使其较粗糙的表面光滑化并具有光泽感，这种经过上釉或填充等特殊处理后的纸张非常便于印刷，多用于制作食品包装和包装标签。

尽管纸材料像其他包装材料一样被极为广泛地用于产品包装，但总的来说食品包装的用量是最大的。食品包装必须具有防油、防潮、防味、无毒等特点，一般的食品包装必须使用玻璃纸和防油纸，蜡纸因具有无味、无毒、无副作用等特点而同样被用于大多数的食品包装。在医药领域，纸材料一般用来制作医院器具用品和急救物品的纸包装，部分被设计成具有不同大小的气孔，以便于加热和蒸煮；有些则要通过复合聚乙烯化合物、醋酸酯或其他材料来强化纸材料本身，以达到防菌的目的。一般来说，大多数医用包装都采用纸材料和塑料薄膜共同使用的设计，因为外包装中透明的塑料“窗口”更利于展示其内容物，易于开启。

总之，在选择纸材料时要慎重考虑产品的特性以及产品对包装的特殊要求。尽管塑料技术的完善及其用量的增长导致以纸材料为基础的传统包装工业的衰退，但随着技术的发展，纸材料被用于生产新的包装材料，如纸与塑料复合而成可防静电的材料，适用于包装电子产品。

2. 塑料

人工聚合物的产生及发展是20世纪材料界的转折点，而塑料这种材料的产生使包装材料发生了翻天覆地的变化，其主要原因是因为在技术上已完全克服了原有的一些局限。如过去含有碳酸类饮料很难被装入塑料袋内，而现在的塑料袋及容器不但可蒸煮，还可用于烤箱和微波炉。

塑料薄膜的基本成分主要是聚乙烯、聚丙烯、聚氯乙烯、聚次亚乙烯等。最早之一的实用包装薄膜由再生纤维素制成，又称为玻璃纸。经过复合的玻璃纸具有高光泽度、防水分渗透等特点，适用于包装各类面包、点心及糖果。烟盒是除食品类以外使用玻璃纸做外包装的最大“用户”。在印刷上由于成本的问题，玻璃纸的平面设计不得不简化，此外过大的印刷区域同时亦可降低薄膜的光泽度，以至影响包装效果。所以，食品包装仍趋于使用较小面积的标签贴于透明的包装上，以方便展示食物本身。

玻璃纸的最大竞争对手是聚丙烯薄膜，聚丙烯薄膜分透明和不透明两种。白色而不透明的聚丙烯薄膜，其密封效果较好，经常被作为食品的包装。但聚丙烯薄膜不易直接印刷，印前需要经过表面处理。经表面处理后的聚丙烯薄膜具有表面闪亮、易于印刷的特点，正因为如此，许多糖果厂将原来的纸包装改为聚丙烯薄膜包装。以雀巢为例，雀巢产品对空气中的潮气以及其他产品较强的气味比较敏感，如烟草等，当改用该材料后获得了很好的保护效果。当然，透明的聚丙烯薄膜用于包装点心及薯片等效果也甚是良好，经表面处理后的透明聚丙烯薄膜也非常便于印刷，这个特点为平面设计人员提供了一个更大的发挥空间。

全世界三分之一的塑料包装是由聚乙烯加工而成，而聚乙烯制成的塑料薄膜及塑料布有35%以上主要用于制作各类包装袋，从饮料袋到购物袋。聚乙烯分为低密度聚乙烯、线性低密度聚乙烯、中密度聚乙烯和高密度聚乙烯。聚乙烯密度的改变可影响其某些关键特点，如薄膜的硬度、耐温性和强度。中密度的聚乙烯适合于高速运转的包装生产线，并可保持其光亮的表面。而低密度的聚乙烯塑料袋则适用于包装冰冻食品及冰制品，但需要添加其他成分。聚乙烯材料同聚丙烯材料一样，印刷前须做抗静电处理，处理后的表面印刷效果较好。

3. 金属

金属材料种类繁多，被广泛用于物流包装与商流包装中。金属包装材料主要有钢材、铝材及复合材料。

（1）钢材。

钢质包装材料主要有以下几类：①物流包装用钢材，主要用于制造运输包装和大型容器，如集装箱、钢箱、钢桶等以及捆扎材料；②镀锌薄钢板，又称白铁皮，是制罐材料之一，主要用于制作工业产品包装容器；③镀锡薄钢板，又称马口铁，是制罐的主要材料，大量用于罐头工业，也可用来制作其他食品和非食品罐头容器；④镀铬薄钢板，又称无锡钢板，是制罐材料之一，可部分代替马口铁，主要用于制作饮料罐。

（2）铝材。

铝质包装材料的使用历史较短，但由于铝具有某些比钢优异的性能，而且铝资源丰富，铝的提炼方法有了很大的改进，故铝作为包装材料近年来发展很快。铝材的主要特点是重量轻、无毒无味、可塑性好、延展性、冲拔性能优良，在大气和水汽中化学性质稳定，不生锈，表面洁净，有光泽。铝的缺点是：在酸、碱、盐介质中不耐蚀，故表面须涂料或镀层才能用作食品容器。但是铝的强度比钢低，成本比钢高，故铝材主要用于销售包装，很少用在运输包装上。

作为包装材料，铝材有以下几种使用形式：①铝板，即纯铝或铝合金薄板，是制罐材料之一，可代替部分马口铁，主要用于制作饮料罐；②铝箔，采用纯度在99.5%以上电解铝板，经过填充延制成，厚度在0.20毫米以下，一般包装用铝箔都是和其他材料复合使用的，作为阻隔层，可提高阻隔性能；③镀铝薄膜，即在塑料薄膜或纸张上面镀上极薄的铝层，镀铝薄膜作为铝箔的代用品，被广泛地使用，其阻隔性能比铝箔略差，但耐刺扎性优良，在实用性能方面超过了铝箔，镀铝薄膜材料常用于制作衬袋材料。

（3）复合材料。

复合金属塑料既具金属箔的特点，又具塑料的特点。这种材料不但重量轻，并且还可以延长食品的保鲜时间。除塑料可复合金属材料外，纸也可复合金属材料，且在一定程度上可节约成本。

4. 木材

木材是一种优良的结构材料，长期以来一直用于制作运输包装，特别适用于大型的或笨重的机械、五金交电以及怕压、怕摔的仪器和仪表等商品的外包装。近年来，木材虽然有逐步被其他材料所代替的趋向，但仍在一定范围内使用。

木材作为包装材料有如下优点：木材资源广泛，便于就地取材；木材具有优良的强度质量比；木材加工方便；木材不生锈、不易被腐蚀；木材可加工成胶合板；木材包装可回收利用等。但木材包装有易吸收水分、易变形开裂、易腐败、易受白蚁蛀蚀等缺点，木材在包装上的应用受到一定的限制。

除了上述常见的包装材料外，还有玻璃、陶瓷、新型复合材料等用作包装材料。

单元二　包装作业操作

学习情境

日本SHARP公司最初以普通塑料作为产品包装的减震材料，这类材料降解的时间很长，因而对环境的影响极大。后来SHARP公司开发出纸板制作的减震材料，取代了普通塑料，纸板可回收再利用，对环境的影响较低。SHARP公司投入了大量精力改进包装物，使用安全气袋作为包装的减震衬垫，取得了很好的效果。

学习目标

1. 了解仓库包装技法。
2. 学会仓库包装作业流程。
3. 能够针对不同的运输方式选用合理的内部保护物。

学习地点

1. 各类型仓库，如物流公司仓库、制造企业仓库等。
2. 校内实训室。

学习内容

一、仓库包装技法

仓库包装的一般技法包括：

（1）对内装物的合理置放、固定和加固。

（2）对松泡产品进行体积压缩。

（3）外包装形状尺寸的合理选择。

（4）内包装（盒）形状尺寸的合理选择。

（5）外包装的捆扎。

除一般包装技法外，还有特殊的包装技法。

1. 缓冲包装技法

缓冲包装技法又称防震包装技法，其目的是为了使包装物品免受外界冲击力、震动力作用，防止物品损伤。典型的缓冲包装结构有5层：产品（包括内衬）、内包装盒（箱）内的缓冲衬垫、内包装盒（箱）、外包装盒（箱）内的缓冲衬垫、外包装盒（箱）。一般的缓冲包装结构有3层：产品（包括内衬）、包装盒（箱）内的缓冲衬垫、包装盒（箱）。

缓冲包装的技术类型主要分为 4 种：全面防震包装、部分防震包装、悬浮式防震包装、联合防震包装。

（1）全面防震包装。

全面防震包装是指内装物与外包装之间全部用防震材料填满以达到防震目标的包装方法，根据所用防震材料的不同又可分为以下几种：

①压缩包装法。压缩包装法是指用弹性材料把易碎物品填塞起来或进行加固，这样可以吸收震动或冲击的能量，并将其引导到内装物强度最高的部分。这里的弹性材料一般为丝状、薄片和粒状，以便于对形状复杂的产品也能很好地填塞，防震时能有效地吸收能量，分散外力，有效保护内装物。

②浮动包装法。浮动包装法和压缩包装法基本相同，不同之处在于所用弹性材料为小块衬垫，这些材料可以位移和流动，这样可以有效地充满直接受力部分的间隙，分散内装物所受的冲击力。

③裹包包装法。裹包包装法是指采用各种类型的片材把单件内装物裹包起来放入外包装箱（盒）内。这种方法多用于小件物品的防震包装。

④模盒包装法。模盒包装法利用模型将聚苯乙烯树脂等材料做成和制品形状一样的模盒，用其来包装制品以达到的防震作用。这种方法多用于小型、轻质制品的包装上。

⑤就地发泡包装法。就地发泡包装法是指以内装物和外包装箱（盒）为准，在其间充填发泡材料的一种防震包装技术。这种方法很简单，主要设备包括盛有异氰酸酯和盛有多元醇树脂的容器及喷枪，使用时首先需把盛有两种材料的容器内的温度和压力按规定调好，然后将两种材料混合，用单管道通向喷枪，由喷头喷出。喷出的化合物在 10 秒后即开始发泡膨胀，不到 40 秒的时间即可发泡膨胀到本身原体积的 100～140 倍，形成的泡沫体为聚氨酯，经过一分钟，变成硬性和半硬性的泡沫体。这些泡沫体能包住任何形状的物品。

（2）部分防震包装。

对于整体性好的产品和有内包装容器的产品，仅在产品或内包装的拐角或局部地方使用防震材料进行衬垫即可，这种方法叫部分防震包装。所用防震材料主要有泡沫塑料防震垫、充气塑料薄膜防震垫和橡胶弹簧等。

这种方法主要是根据内装物特点，使用较少的防震材料，在最适合的部位进行衬垫，力求取得好的防震效果并降低包装成本。本法适用于大批量物品的包装，广泛用于电视机、收录机、洗衣机、仪器、仪表等的包装。

（3）悬浮式防震包装。

对于某些贵重易损的物品，为了保证在流通过程中不受损，往往采用坚固的外包装容器，把物品用带子、绳子、吊环、弹簧等物吊在外包装中，不与四壁接触。这种包装方法即悬浮式防震包装，其中的支撑件起着弹性阻尼器的作用。

（4）联合防震包装。

在实际缓冲包装中，常将两种或两种以上的防震方法配合使用，即联合防震包装。例如，既加铺垫，又填充无定形缓冲材料，使产品得到更充分的保护。

有时可把异种材质的缓冲材料组合起来使用。例如，可将厚度相等的异种材料并联使用，也可将面积相等的异种材料串联结合使用。

2. 防潮包装技法

防潮包装技法是指采用防潮材料对产品进行包装，以隔绝外部空气相对湿度对产品的影响，使得包装内的相对湿度符合产品的要求，从而达到保护产品的目的。主要的防潮包装技法有刚性容器密封、加干燥剂密封、不加干燥剂密封、多层密封、复合薄膜真空包装、复合薄膜充气包装和热收缩薄膜包装。

3. 防锈包装技法

运输金属及其制品时，为防止生锈而采用的包装技术和方法即防锈包装技法。防锈包装技法是按清洗、干燥、防锈处理和包装等步骤进行的。一般在金属表面涂防锈材料、采用气相蚀剂、塑料封存等方法。

4. 防霉包装技法

在物品流通与储存过程中，为防止内装物受霉菌影响而采取的防护措施即防霉包装技法。如对内装物进行防潮包装，降低包装容器的相对湿度，对内装物和包装材料进行防霉处理。

通过包装来防腐烂变质的措施通常包括冷冻包装、高温杀菌或真空包装。冷冻包装的原理是减慢细菌活动和化学变化的过程，以延长储存期，但不能完全消除食品的变质；高温杀菌法可消灭引起食品腐烂的微生物，可在包装过程中用高温处理防腐。有些经干燥处理的食品包装，应防止水汽浸入以防腐，可选择防水汽和气密性好的包装材料，采取真空和充气包装。真空包装法也称减压包装法或排气包装法，这种包装可阻挡外界的水汽进入包装容器内，也可防止在密闭着的防潮包装内部存有潮湿空气，在气温下降时结露。采用真空包装法时，要注意避免过高的真空度，以防损伤包装材料。

5. 防虫包装技法

为使内装物免受虫类侵害而采取的防护措施即防虫包装技法。如在包装材料中掺入杀虫剂或在包装容器中使用驱虫剂、杀虫剂、脱氧剂，增强防虫效果。

6. 危险品包装技法

危险品包括爆炸性物品、氧化剂、压缩空气、液化气体、易自燃物品、遇水燃烧物品、易燃物品、毒害品、腐蚀性物品、放射性物品等 10 类。有些物品同时具有两种以上的危险性。对于危险品，应根据其不同性质采取相应的包装技法，如防爆可用塑料桶包装，然后将塑料桶装入铁桶或木桶中，并配有自动放气装置；对于有腐蚀性的物品，应采用涂有防腐涂料的金属类包装容器；对有毒物品，主要采取包装严密不漏气并与外界隔绝的包装。

7. 集合包装技法

将一定数量的包装件或包装产品装入具有一定规格、强度和长期周转使用的更大的包装容器内，形成一个合适的搬运单元即集合包装技法。集合包装包括集装箱、集装托盘、集装袋、滑片集装、框架集装和无托盘集装。

二、快递仓库货物的包装操作

快递仓库货物的包装操作以校企合作企业 A 企业为例。A 企业成立于 20 世纪 90

年代，现已成长为一家以大件快递为主，联动快递、物流、跨境、仓储与供应链的综合性物流供应商。此类快递企业如何包装快递货物呢？

1. 快递仓库包装的分类

（1）代打木包装类货物。

代打木包装类货物是指转运场根据收货部门的包装要求进行代打木架、代打木箱、加托缠膜、打木架加托、打木箱加托及单独加托的货物。

营业部收取打木包装货物后，在货物从营业部出发前必须先对外表裸露的货物进行包装，必须用海绵、气泡膜、泡沫材料等覆盖货物表面，保证货物表面不裸露在外；否则，外场可上报营业部“货物包装本身不合格”差错。

代打木包装货物如果是易碎品（或者含有易碎品），则必须用气泡膜、海绵或者发泡材料包裹，外层可用纸箱或者伸缩膜进行包装。

代打木架货物如通过外包装可识别为电视机、显示器、电脑等液晶屏类货物（如外包装上印有标志等），外场打木架前必须添加蜂窝纸板作为缓冲物，如果不添加缓冲物导致货物破损，所有责任均由打木架外包商承担（对外包装不可识别的漏添加无责）。

（2）代加常规包装类货物。

代加常规包装类货物是指转运场根据收货部门的包装要求进行纸箱包装、纤袋包装及单独缠膜包装的货物。外包商不负责代加常规包装。

司机接货时发现货物包装不符合规范，且客户不同意按照包装要求重新包装或由企业代打包装，则拒绝收货并现场退单；若客户自行包装，包装必须符合包装规范方可收取。

货物到达转运场后，理货员在卸车时如果发现司机接回的货物包装不合格，经外场经理确认后，可在开单部门开单后，货物出库前，在系统中上报“货物包装本身不合格”差错（进入品质管理平台上报，必须附货物加包装前和加包装后的照片，可以分辨货物包装和单号，否则差错不成立），并通知开单组在系统中对内备注“强加包装”字样，转运场对货物进行重新包装后走货。

转运场上报“货物包装本身不合格”，差错成立后，应对责任人罚款，给予上报人奖励。如为集中接货，责任人为司机；从营业部出发的货物，责任人为营业部经理。该票货物对应的出发部门承担加包装费用。

转运场未上报“货物包装本身不合格”差错或差错上报后未成立的，上报环节加包装人员所在部门承担加包装费用。

货物从第一加包装转运场流出后，被其他环节上报“货物包装本身不合格”差错成立的，如为集中接货，责任人为集中接送货司机；如为驻地营业部货物，责任人为转运场集中接货组理货员；如为营业部（驻地营业部除外）出发货物，责任人为营业部经理。

针对集中接货的货物，转运场卸车时如果发现货物有加纸箱、纤袋、单独缠膜的包装需求时，转运场根据收货部门的要求加包装，外包商不负责代加常规包装。

2. 代打木包装操作要求

每日上班开始代打包装前以及每日 23：00，转运场代打木架责任部门人员（或指

定人员）查询交接至本转运场的代打木包装货物信息，确认是否有货物未运至打木架区，若有，则联系卸车组前往转运场找货，找到后将货物运至打木架区。在代打结束后再次进行查询，以免漏打。

（1）代打木包装货物必须有包装物包装，不得出现为裸包装货物打木包装的现象，必须用海绵、气泡膜、泡沫材料等材料覆盖货物表面，代打木包装内装物有带玻璃面的，必须用气泡膜/纸板/泡沫包裹保护后再打木包装；轮胎（不含轮毂）、托板、铝材、钢材等条形规则金属材料、货物本身为包装材料（纸箱纤袋等）的除外。

（2）为多件货物合打一个木包装时，合打的各件货物码放整齐之后，必须用伸缩膜缠绕成一个整体，再进行打木包装操作。

（3）所有转运场不提供加木条和加高木托等服务，破损修复除外。

（4）负责代打木包装的人员进行下料和打木包装操作。打木包装的先后顺序根据运输性质依次为：空运、城际快车、卡车航班、普通汽运。

（5）同种运输性质的代打木包装货物，根据离发车时间的长短安排打木包装的顺序，离发车时间短的货物先打木包装，离发车时间长的货物后打木包装。

（6）转运场根据代打木包装机打标签上的代打要求进行代打木包装，代打木包装机打标签上无包装要求、代打木包装机打标签上备注的包装要求不明确时，转运场代打木包装部门负责人员（或指定人员）可以根据实际情况自行选择合打或单打木包装。

3. 代打木包装质量要求

（1）钉子的使用要求。

①在木架各面交接处禁止使用直排钉封口；必须使用 N 钉（码钉）或者卷枪钉封口（卷枪钉钉身为螺纹状，固定能力较强）；封口处 N 钉或者卷枪钉不少于 3 枚。

②两枚钉子之间的间隔不得小于 2 厘米，且避免在同一条木材纹路上钉钉，防止木条开裂。

③严禁钉子钉身部分露出木条/木箱外，若操作不慎导致钉身露出，必须铆进木料内。

④为了保证木箱牢固，木箱各面交接处要求使用 N 钉（码钉）进行钉封。

（2）木包装规格要求。

①木包装的总体框架必须是呈长方体的对称结构，不得出现其他形状。

②组成木架的各个面板，其形状必须为长方形或者正方形，内含垂直相交的“十”字形木条，或者是交叉的三角形。

③木条之间的间隔分布均匀，顶端边框木条间距≤33 厘米；侧面边框木条间距≤53 厘米。接口必须平整，不得出现单根木条凸出平面影响货物码放的现象。

④木架的木条必须伸及所在面的两边，保证木架牢固。货物最长一边在 2 米以内不允许出现木条拼接，4 米以内最多拼接一次，4 米以上超长货物不作限制。

⑤代打木架货物超过 150 千克必须加托，如果客户已经加托，超过 150 千克的必须为标准托，非标准托货物需由转运场代加木托方可收取（否则发现人可上报“包装不规范”差错），对 150 千克（不含）以下货物不作要求。

⑥代打木箱货物单件重量小于 50 千克的必须加木墩，单件重量大于 50 千克的须加木托，标准木托底座方木高度大于 8 厘米，宽度大于 3 厘米。

⑦木箱的木板厚度应≥1. 2 厘米，木板拼接处必须整齐平稳，不得有货物露在木箱

外面。最长边 1 米以内不允许拼接，2 米以内的最多拼接一次，2 米以上不作限制。其中，对于侧面为交叉三角形的木架，在保证木架牢固的前提下，侧面木条为交叉三角形的木料用量不能低于侧面木条为垂直相交的十字形的木料用量，交叉三角形侧面木条的木条间距不作限制。

（3）货物固定及安全。

①严禁用钉子、锤子等工具钉坏或者砸到货物，不得出现任何损坏货物的行为。

②严禁将货物倒置后打木包装，避免货物在运输或操作过程中损毁。

③形状规则的货物外包装与木包装内侧的间距不得大于 3 厘米，避免货物与木包装发生激烈的摩擦、碰撞。

④对于机器类货物，必须加横杆固定，防止货物在运输过程中晃动。

⑤木架完成后，必须保证货物的任何一个部位均在木架的框架内，以确保货物安全。

⑥有轮子或者桌脚做支撑的货物，需要用木料垫起，避免货物直接受力于轮子或桌脚上（若无法加木料撑起货物或者轮子、桌脚材质为铁/钢结构，可不做此项操作）。货物装有轮子时，须在货物的合适位置横加木条卡住货物，确保货物在木架内稳定。对于底部有螺栓的货物，可以将货物固定在滑木或者枕木上。将货物固定在枕木上时，地面要使用底托。

三、零售货物仓库的包装操作

零售货物仓库的包装操作以校企合作企业 B 企业为例来说明。B 企业是一家生鲜快送服务提供商，涵盖果蔬、肉禽蛋奶、海鲜水产、粮油调味等品类，客户在企业商城选购商品后，企业根据定位配送地址，向附近骑手派单并进行配送；客户可通过 App 端及微信端获取服务。

1. 装袋的原则

上小下大：较小件商品放上面，较大件商品放侧面或下面。

上软下硬：软的商品放上面，避免被压，硬的商品可放下面。

上轻下重：较轻的商品放上面，较重的商品放侧面或下面。

胶不压塑：因塑料制品相对较脆，易裂易断，避免橡胶商品压在塑料制品上面。

干湿分离：生鲜水产类商品，除内包装袋以外，还需单独使用隔离袋。

日化分离：日化用品含化学物质，若与食品一起打包，需单独使用隔离袋，防止因为破损而污染其他商品。

私物隔离：个人贴身商品，若与其他商品一起打包，需单独使用隔离袋。

鲜冻保温：鲜冻商品需使用冰袋，同时需单独使用泡沫袋隔离，起到保冷作用。

2. 商品包装操作管理规范

（1）各岗位的责任。

数据员：负责打印《销售单》并交由仓库管理员备货；商品发货后及时处理单据及数据信息。

仓库管理员：按《销售单》备货、清点及检验，配合包装。

包装员：核单、清点、检验、包装。

发运员：按销售员和客户的要求将发货商品配送到物流代理点，或通知物流代理上门提货，配合包装。

销售员：负责将客户需求有效地传达到仓库数据员处，对发货商品有检验的义务和责任。

公司经理：负责审核审批仓库编制的商品包装操作流程并监督实施与考核。

（2）仓库管理员备货。

①仓库管理员严格按照《销售单》进行备货，并在《销售单》“仓库管理员”一栏签字确认。

②仓库管理员备货后将《销售单》与商品实物转移到商品包装区并交由包装员进行包装。

③仓库管理员在备货时，若本部无库存或质量不符合发货要求，仓库管理员必须立即通知销售员，由销售员视情况处理。

（3）包装员核单与清点。

①包装员接到仓库管理员移交的待发货商品和《销售单》后，应按照《销售单》所列明的商品编码与商品实物进行严格仔细的核对，清点商品数量。

②核对后无误的，包装员必须清除商品上的原供应商及原物流的全部信息和标识，更换为本公司标识和标签。

③包装员核对时发现商品实物与《销售单》有差异的，应立即要求仓库管理员进行纠正。

④仓库管理员纠正后，包装员必须再次对商品进行核对，直至单、货完全一致。

⑤包装员在核单的同时，必须严格清点待发货商品的数量，确保商品发货数量与《销售单》列明数量完全一致。

⑥包装员发现备货商品实物数量多于《销售单》列明数量的，应立即通知仓库管理员，由仓库管理员收回多备货的商品。

⑦包装员发现备货商品实物数量少于《销售单》列明数量的，应立即通知仓库管理员并要求其补足发货数量。

（4）包装员验货与标识。

①包装员在核单清点后，必须对待发货商品进行质量检验。

②对检验合格的商品，包装员必须清除原商品上的供应商和物流信息，所有发货的商品（含调拨的商品）都必须贴上本公司的防伪标识。

③对于不能清除的原供应商信息或物流信息，包装员必须采取用本公司标识遮盖原包装信息内容。

④包装员在包装商品的同时，负有清洁商品的责任，必须保证商品的外观清洁。

⑤包装员在检验商品质量时，发现商品质量存在瑕疵或疑似瑕疵的，必须请销售员协助检验和确认商品的质量，并执行销售员的意见。仓库管理员和包装员不得擅自做主以次充好。

大多数订单完成以上环节即可进入配送。在特殊情况下，必要时增加以下三个环节。

（5）装箱。

①经清洁、清点、贴标处理的待发货商品，包装员应按照商品自身的属性进行分

类装箱。

②装箱时，包装员必须对装箱的商品再次进行清点核对，避免多装或漏装。

③小件商品在用信封装时，包装员必须在信封上注明零配件编码和数量，在贴好防伪标识后，必须将信封用订书机或胶带封口，防止小件商品滑落丢失。

④对易断、易裂、易变形、易划伤的商品，包装员在装箱前应对其进行单独的防护处理，再集中装箱。

（6）封箱。

①商品装箱后，经包装员确认无误的，按公司规定及客户要求，需要《销售单》的则把《销售单》折整齐放在包装箱的商品上面，以便客户开箱就可以看到《销售单》。

②包装员必须在放有《销售单》的包装箱正面注明“内有《销售单》”。

③包装箱内商品及单据齐全后，由包装员进行封箱。对于装有小件商品的包装箱，按照商品自身的特性，用胶带封箱，商品不外露即可。

④装有大件商品或较重商品的包装箱，包装员应视包装箱承重状况进行适当的加固。

（7）钉箱。

需要钉箱的商品，包装员在完成基本的防护包装后，应及时告知钉箱员，并同时告知发运的目的地，以便钉箱员做相应的防护措施，结合钉箱成本，由钉箱员按路程的远近做适当的防护及加固。

四、包装操作的注意事项

（一）包装箱的必要性

包装箱使用的次数越多，其原有的保护能力就会变得越差，所以以前用过的包装箱有可能不能充分地保护货物，应尽可能使用新包装箱。如果必须再次使用一个包装箱，请确保它是牢固的，并且状态良好，没有任何孔、破缝、裂口或边角损坏，确保其封盖完好无损，使用时应将包装箱上之前的标签和所有其他货件标记除去。选择适合运输的包装箱，注意内装物品不能超过包装箱的最大承重量，该数据通常印在包装箱底部封盖上的包装箱制造商的证明上。

但随着电商、物流的不断发展，越来越多的企业如顺丰，愈发重视生态物流的发展，秉持绿色发展战略，通过科技创新，从运营、业务和公益三个维度践行环保社会责任，推行塑料减量，推广绿色循环包装，促进社会可持续发展，积极联合包装供应商研发推广可循环包装，实施丰景计划、丰 BOX 循环箱等项目，有效地减少了塑料包装物的使用。

（二）内部保护物

包装过程中很重要的一点是正确地为包裹内容物填上衬垫，确保分别为每样物品打包；易碎物品既需要相互适当地隔开，也需要离开容器的角和边。例如，每件物品应该至少裹有 5 厘米厚的衬垫，并放置在离容器的箱壁至少 5 厘米远的地方。这将保护物品不会因为产品与产品之间的相互碰撞而遭到损坏，并在运输中保护它们免受来自容器外部的冲击和振动。

适当的缓冲材料以及牢固的外部容器可以全面保护内装物品。准确地使用足够的缓冲材料，确保摇动容器时内容物不移动（如图 6-1 所示）。

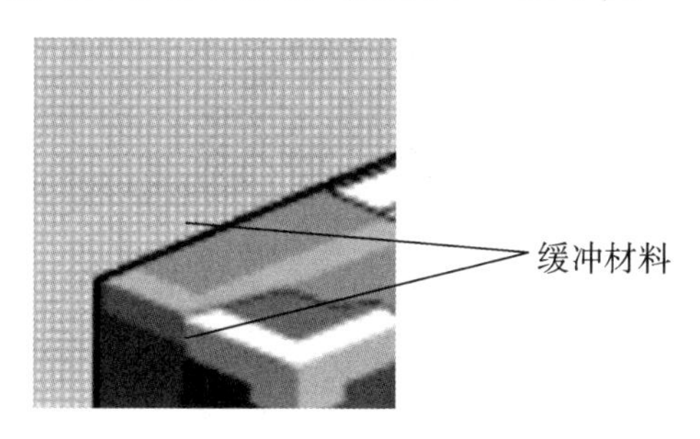

图 6-1　缓冲材料

缓冲材料有很多种类，如泡沫、珍珠棉、纸团、布条。电商或者大型企业选用较多的缓冲包装是充气包装，如填充气袋、气柱袋、气泡膜等，充气包装价格实惠而且可以根据产品定制，交货期很短。

为了运输安全，易碎物品如电子产品、玻璃、陶瓷以及工艺品，需要特殊的包装，包含这些物品以及相似物品的包裹需要附加缓冲物或双层容器。

（三）密封容器

要想安全可靠地进行运输，正确地关紧容器就像正确填上衬垫一样重要。而要关紧包装箱，可使用强力胶带（宽度等于或大于 5 厘米），如以下这些类型：

1. 压敏胶带或尼龙强力胶带

（1）这类胶带使用起来简单、方便。

（2）这类胶带的用途广泛，因为它无须水就可进行胶合，并且可以胶合多种表面和形状。

（3）一般来说，包装箱的顶部和底部各粘三条胶带即可。

2. 水活性强力胶带

（1）一般应使用至少 8 厘米宽的 27 公斤级胶带。

（2）由于有加固纤维，一般来说，包装箱的顶部和底部只需要两条中心缝合的胶带即可。

近年来，我国快递业务发展飞速，对胶带（同时还有快递运单、编织袋、塑料袋、包装箱）的消耗量非常大，而胶带主要的材质是聚氯乙烯，聚氯乙烯需要近百年才能降解，所以让快递包装“绿色化”迫在眉睫。

五、特殊物品和不规则形状物品的包装操作

（一）包装箱

1. 捆绑

（1）将相同尺寸的包装箱用带子捆扎在一起。

（2）至少使用四根交叉的带子，并且每个方向两根（如图 6-2 所示）。

（3）当将包装箱用带子捆扎在一起时，请确保每个包装箱都足以承受捆扎在一起的包裹的总重量。例如，当将两个各重 18.1 千克的包装箱用带子捆扎在一起形成重

36.2 千克的包裹时，两个包装箱都必须至少能承受 36.2 千克的重量。

图 6-2　捆绑和打带的包装

2. 标签

应在每个包装箱上贴上收件人的地址信息标签。

（二）纺织品和墙纸

1. 打包

（1）对于卷起的货物，应将其装入瓦楞包装箱中（如图 6-3 所示）。

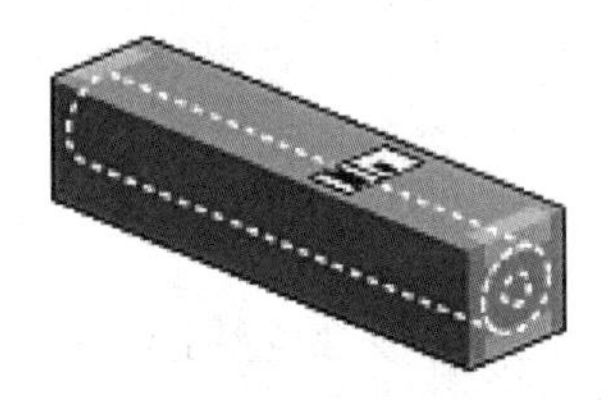

图 6-3　瓦楞包装箱

（2）若使用袋子运输纺织品或墙纸卷，袋子的厚度至少为 0.15 毫米。

（3）确保袋子已牢固地封紧并用胶带绑到卷上以降低其被撕破的风险。

2. 标签

（1）用胶带将收件人的地址信息标签牢固地附在运输物品的最平整的表面上。

（2）用干净的胶带覆盖整个标签。

（3）不要使用“悬挂标牌”（挂在运输物品上的标牌）。

（4）可以将复制的标签放在卷心内，也可以将其放在材料的两个顶层之间。

（三）轮胎

1. 包装

用宽的压敏胶带紧贴轮胎的中心，然后用其包住整个轮胎，直至胶带与胶带之间贴住（如图 6-4 所示）。

2. 标签

（1）将收件人的地址信息标签贴在覆盖轮胎面的胶带条上。

（2）用干净的胶带覆盖标签。

（四）无包装的金属和其他不规则形状的物品

1. 包装

（1）用胶带将瓦楞纸板片捆绑在所有锋利或凸起的边缘以对其进行保护。

（2）根据需要覆盖物品的其他表面。

图 6-4　轮胎的包装

2. 标签

（1）用胶带将收件人的地址信息标签牢固地贴在运输物品的最平整的表面上。

（2）用干净的胶带覆盖整个标签。

（3）不要使用“悬挂标牌”（挂在运输物品上的标牌）。

单元三　包装作业实训项目

工作任务

1. 实训目标

通过模拟真实的包装作业环境，使学生学会选用包装材料和包装容器，学会包装作业流程，懂得包装作业操作，掌握包装的基本方法。

2. 实训准备

（1）了解包装材料、包装容器相关知识。

（2）准备相关的包装材料，如纸箱、胶带等。

（3）将全班学生分成若干组，每组按照岗位设置 5 名工作人员。

（4）工作时间安排 2 学时。

（5）工作环境模拟需要校内仓库实训室配合。

3. 实训任务一

国内某瓷器制造企业在福州设有加工厂，它的成品仓库外包给福州一家仓储公司。请模拟仓储公司为工厂设计合理的包装材料和包装容器，仓储公司的职员对瓷器的包装过程进行模拟操作。

（1）选择包装箱。

（2）提供内部保护物。

（3）关紧容器。

（4）使用正确的标签。

4. 实训任务二

学生进入校企合作企业 B 企业进行跟岗实践，分组完成订单的包装环节，包括对不同种类的物品的分包装等。

5. 任务评价

任务评价的方式有教师评价、小组内部成员评价和第三方评分组成员评价三种，建议教师评价占 60%的权重，小组内部成员评价占 20%的权重，第三方评分组成员评价占 20%的权重，将三者综合起来的得分为该生在该项目的评价分。任务评价单如表 6-1 所示。

表 6-1　任务评价单

考评人		被考评人	
考评地点			
考评内容	包装操作		
考评标准	具体内容	分值/分	实际得分/分
	工作态度	15	
	沟通水平	15	
	包装材料合理性	15	
	包装操作熟练程度	40	
	团队精神	15	
合计		100	

注：考评满分 100 分，60 分以下为不及格，60～69 分为及格，70～79 分为中，80～89 分为良，90 分以上为优。

本模块小结

本模块主要目的是通过对包装的定义、包装种类的了解，掌握包装的重要性和包装技法，最后通过模拟不同类型企业的产品包装技能进行实训，让学生进一步掌握包装操作流程及相关注意事项。本模块强调可持续发展的重要性，强化学生生态物流意识，将绿色包装、企业社会责任理念融于教学过程中。

复习题

一、选择题

1. 缓冲包装技法技术类型主要分为（　　）。

A. 全面防震包装　　B. 部分防震包装

C. 悬浮式防震包装　　D. 联合方式的防震包装

2. 包装的四大要素是（　　）。

A. 包装材料　　B. 包装技术

C. 包装结构造型　　D. 表面装潢

3. 到超市购买东西时，应挑选绿色包装袋，即应选择（　　）。

A. 塑料袋　　B. 纸袋

C. 全棉布袋　　D. 无纺布袋

4. 下列包装属于按包装技术分类的有（　　）。

A. 防湿包装　　B. 硬包装

C. 运输包装　　D. 出口包装

5. 运输包装标志是在收货、装卸、搬运、储存保管、送达直至交付的运输全过程中（　　）的重要基础。

A. 区分与辨认货物　　B. 辨认货物

C. 交付货物　　D. 区分货物

二、简答题

1. 包装的作用有哪些？
2. 什么是延迟包装？
3. 零售仓库包装操作中的注意事项有哪些？
4. 包装增值服务类型有哪些？
5. 什么是绿色包装？

三、小组讨论

以小组为单位，借助网络资源、企业资源，说一说目前有哪些新型环保包装材料，主要应用的领域是什么，未来的发展趋势如何。

模块七

仓库安全管理能力

单元一　仓库消防管理

学习情境

某天晚上，大约7点钟，郑州市某建材工业园内的仓库突发大火，现场火光冲天并伴着滚滚浓烟。接到报警后，消防官兵第一时间赶到现场扑救。据商户们介绍，大概有两三个仓库着火，每个仓库大概有300平方米，仓库里存储的大都是饮料、酒水和日用百货等。大火扑灭后，相关统计显示，火灾造成的财产损失达1000万元以上，火灾的主要原因是易燃物品遇到着火源，由于消防设施不达标，在火情发生时无法及时扑救。仓库工作人员应该从工业园区仓库火灾事故中吸取经验教训，避免火灾的发生。

学习目标

1. 了解燃烧的基本原理。
2. 了解仓库火灾的种类。
3. 学会灭火方法。

学习地点

1. 各类型仓库，如物流公司仓库、制造企业仓库等。
2. 校内实训室。

学习内容

一、仓库火灾基本知识

（一）仓库火灾的危害

仓库火灾是仓库的灾难性事故，不仅造成仓储货物的损坏，还损毁仓库设施，而且产生的有毒气体直接危及人身安全。

（二）燃烧的基本原理

所谓燃烧，是指两物质起激烈的化学反应而发热和发光的现象。一般来说，燃烧必须同时具备三要素：可燃物、助燃物和着火源。

可燃物是指在常温条件下能燃烧的物质，包括一般植物性物料、油脂、煤炭、蜡、硫黄、大多数的有机合成物等。

助燃物是指支持燃烧的物质，包括空气中的氧气、释放氧离子的氧化剂。

着火源则是物质燃烧的热能源，实质上就是引起易燃物燃烧的热能。

根据引发燃烧的能量种类可以把着火源分为机械火源、热火源、电火源和化学火源四类。

机械火源包括摩擦、撞击火花等；热火源包括高温表面或炽热物体等；电火源包括电火花、静电火花和雷电火花等；化学火源主要是明火、自燃发热、化学反应热等，如电、气焊割火花、炉火，煤的堆积。

（三）仓库火灾常见的种类

1. 普通火

普通可燃固体如木料、棉花、化纤、煤炭、纸张等所发生的火灾即普通火。该类物质通常具有有机物质性质，一般在燃烧时能产生灼热的余烬。

2. 油类火

各种油类、油脂发生燃烧所引起的火灾即油类火。

3. 电气火

由于仓库的电气线路、用电设备、器具以及供配电设备出现故障而释放的热能导致的火灾，即电气火。

4. 爆炸性火灾

具有爆炸性的货物发生火灾，或者火场内有爆炸性物品，如易发生化学爆炸的危险品、会发生物理爆炸的密闭容器等，这类火灾即爆炸性火灾。

二、防火与灭火

（一）防火措施

防火工作是企业安全生产的一项重要内容，一旦发生火灾事故，往往造成巨大的财产损失和人员伤亡。仓储企业的主要防火措施如下。

（1）仓库应有专职保管员，仓库内物资排列有序，易燃物品与其他物品应分开保管。

（2）仓库必须配备灭火器、消防锹等消防器材，悬挂防火标志。

（3）仓库内严禁吸烟，禁止带火种进入库房。

（4）麻、棉类物品，必须存放在通风处，氧气瓶、乙炔瓶、油类、油漆类等易燃、易爆物品应设立专门库房，特殊保管，分类存放。

（5）仓库内严禁住人，禁止使用电炉等大功率电器，严禁动火。

（6）仓库应指定消防负责人，成立消防组织，挂牌上墙。

（7）仓库内部严格执行国家有关防火防爆的规范、规定，设备之间保证有足够的安全距离，并按要求设计消防通道。任何人不得动用消防器材，消防龙头和设备附近禁止堆放物品。灭火器内药剂应按有效期由专人调换，确保有效。

（8）按照相关规定在仓库内划分危险区。危险区内安装的电器设备应按相应的区域等级采用防爆级，所有的电器设备均应接地。在严禁火种区域设置“严禁火种入内”“严禁烟火”等明显标志。

（9）尽量采用技术先进和安全可靠的设备，并按国家有关规定在仓库内设置必要的安全卫生设施。

（10）仓库内必须采取妥善的防雷措施，以防止直接雷击和雷电感应。为防止直接雷击，一般在库房周围须装设避雷针，各部分必须完全位于避雷针的保护范围内。

（11）建议存储重要商品的仓库设置感温、感烟、火灾报警器，报警信号送到控制室和消防部门。

（12）对于可能有静电火花产生的火灾爆炸危险场所，可适当提高环境温度，有效减少静电的危害。

（13）提高工作人员安全意识，完善制度，严格检查。仓库负责人应该提高对突发性事故的警觉和认识，做到警钟长鸣。对安全和环保应建立严格的规范措施，制定严格的管理规章制度，列出具有潜在火灾危险的操作及设备清单，严格执行设备检验和报废制度。

（14）仓库工作人员应掌握各种灭火器材的使用方法。

（二）灭火方法

根据物质燃烧原理，燃烧必须同时具备可燃物、助燃物和着火源三个条件，缺一不可。而一切灭火措施都是为了破坏已经产生的燃烧条件，或使燃烧反应中的游离基消失而终止燃烧。灭火的基本方法有：降低燃烧物的温度——冷却灭火法；隔离与火源相近的可燃物——隔离灭火法；减少空气中的含氧量——窒息灭火法；消除燃烧中的游离基——抑制灭火法。

1. 冷却灭火法

冷却灭火法，就是将灭火剂直接喷洒在燃烧着的物体上，将可燃物的温度降低到燃点以下，从而使燃烧终止。这是扑救火灾最常用的方法。冷却灭火法主要是采取喷水或喷射二氧化碳等灭火剂，将燃烧物的温度降到燃点以下。灭火剂在灭火过程中不参与燃烧过程中的化学反应，属于物理灭火法。

在火场上，除用冷却灭火法直接扑灭火灾外，在必要的情况下，可用水冷却尚未燃烧的物质，防止达到燃点而起火。还可用水冷却建筑构件、生产装置或容器设备等，以防止它们受热而发生结构变形，防止扩大灾害损失。

2. 隔离灭火法

隔离灭火法，就是将燃烧物体与附近的可燃物质隔离或疏散开，使燃烧停止。这种方法适用扑救各种固体、液体和气体火灾。

隔离灭火法的具体操作：将火源附近的可燃、易燃、易爆和助燃物质，从燃烧区内转移到安全地点；关闭阀门，阻止气体、液体流入燃烧区；排除生产装置、设备容器内的可燃气体或液体；设法阻拦流散的易燃、可燃液体或扩散的可燃气体；拆除与火源相毗连的易燃建筑结构，造成防止火势蔓延的空间地带；用水流封闭等方法扑救油气井喷火灾；采用泥土、黄沙筑堤等方法阻止流淌的可燃液体流向燃烧点。

3. 窒息灭火法

窒息灭火法，就是阻止空气流入燃烧区，或用不燃物质冲淡空气，使燃烧物质因断绝氧气的助燃而熄灭。这种灭火方法适于扑救一些封闭空间和生产设备装置的火灾。

运用窒息灭火法扑救火灾时，可采用石棉布、浸湿的棉被、湿帆布等不燃或难燃

材料，覆盖燃烧物或封闭孔洞；将水蒸气、惰性气体（如二氧化碳、氮气等）充入燃烧区域内；利用建筑物上原有的门、窗以及生产设备上的部件，封闭燃烧区，阻止新鲜空气进入。此外，在无法采取其他扑救方法而条件又允许的情况下，可采用水或泡沫淹没（灌注）的方法进行扑救。

采取窒息灭火法扑灭火灾，必须注意以下几个问题。

（1）燃烧的部位较小，容易堵塞封闭，在燃烧区域内没有氧化剂时，才能采用这种方法。

（2）采取用水淹没（灌注）的方法灭火时，必须考虑火场物质被水浸泡后是否会产生不良后果。

（3）采取窒息灭火法灭火后，必须在确认火已完全熄灭时，方可打开孔洞进行检查。严防因过早地打开封闭的房间或生产装置的设备孔洞等，而使新鲜空气流入，造成复燃或爆炸。

（4）采取惰性气体灭火时，一定要将大量的惰性气体充入燃烧区，以便迅速降低空气中氧的含量，窒息灭火。

4. 抑制灭火法

抑制灭火法，就是将化学灭火剂喷入燃烧区使之参与燃烧的化学反应，从而使燃烧反应停止。采用这种方法可使用的灭火剂有干粉和卤代烷灭火剂及替代产品。灭火时，一定要将足够数量的灭火剂准确地喷在燃烧区内，使灭火剂参与和阻断燃烧反应。否则将起不到抑制燃烧反应的作用，达不到灭火的目的。同时还要采取必要的冷却降温措施，以防止复燃。

采用哪种灭火方法实施灭火，应根据燃烧物质的性质、燃烧特点和火场的具体情况，以及消防技术装备的性能进行选择。有些火灾，往往需要同时使用几种灭火方法。这就要注意掌握灭火时机，搞好协同配合，充分发挥各种灭火剂的效能，迅速有效地扑灭火灾。

（三）特殊货物大火的扑灭

爆炸物品引起的火灾主要用水扑救，氧化剂引起的大火多数可用雾状水扑救，也可以用二氧化碳灭火器、泡沫灭火器和沙土进行扑救。

易燃液体起火，用泡沫灭火器最有效，也可用干粉灭火器、沙土、二氧化碳灭火器扑救。由于绝大多数易燃液体都比水轻，且不溶于水，故不能用水扑救。

易燃固体起火，一般用水、沙土、泡沫灭火器、二氧化碳灭火器扑救。但如果氯化物着火，就不能使用酸碱灭火器和泡沫灭火器，因为酸与氯化物作用能产生毒性极强的氨化氢气体，危害性极大。

腐蚀性商品起火，碱类或酸类的水溶液着火可用雾状水扑救，但遇水分解的多卤化合物、氯磺酸、发烟硫酸等着火，绝不能用水扑救，只能用二氧化碳灭火器扑救，有的也可用干沙土进行灭火。

遇水燃烧的商品起火，只能使用干沙土和二氧化碳灭火器灭火。

自燃性商品起火，可使用大量的水或其他灭火器材灭火。

压缩气体起火，可用沙土、二氧化碳灭火器、泡沫灭火器灭火。

放射性物品起火，可用大量的水或其他灭火剂灭火。

（四）消防设施和灭火器的使用方法

1. 仓库建筑的防火设计

新建、改建和扩建的仓库建筑设计，应符合《建筑设计防火规范》［GB-50016-2014（2018年版）］的规定，仓库建成后应经公安消防监督机关审核和验收。仓库、货场必须与生活区、维修工房分开布置。

易燃和可燃物品的露天堆垛与烟囱、明火作业场所、架空电力线等的安全距离应当符合《建筑设计防火规范》的规定。储存易燃物品库房的地面应当采用不易打出火花的材料。库区的加工间和保管员办公室应当单独修建或用防火墙与库房隔开。仓库区域内应当按《建筑设计防火规范》的有关规定，设置消防车通道。储存易燃和可燃物品的库房、货场应当根据防雷的需要，装置避雷设备。

2. 消防设施的设置和管理

各类仓库应按照《建筑设计防火规范》的有关规定设置、安装室内外消防给水设备。无市政供水的地区，可利用天然河流或设置消防蓄水池，保证消防供水。

各类仓库的库区和库房，应根据储存物品的性质，成组配备相应的灭火器，一组灭火器不应少于4只。一般物品仓库可按仓间面积每100平方米配备一只灭火器的标准设置。单层库房的灭火器宜布置在库房出入口的外墙上，多层库房的灭火器宜布置在每层楼梯的平台处。

大型易燃物品仓库应设置烟雾、感温等火警自动报警设备。储存贵重物品、易燃物品的仓库和高层可燃物品仓库及高架仓库，除应设置火警自动报警设备外，还应设置自动灭火装置。

各类大型专业仓库应与就近辖区公安消防队设置直线电话。仓库的各类消防器材设备和防火设施应有专人负责管理，任何人不得擅自拆除、移位和挪作他用。消防车辆报废，须经上级主管部门批准和消防监督机关同意。库区内的消火栓、消防水池、消防管道、自动报警和自动灭火系统、安全疏散楼梯、通道等应保持畅通和正常使用。

3. 灭火器的使用方法

在发生火灾时，正确使用灭火器材及时地扑救初期火灾是避免火灾蔓延、扩大和造成更大损失的有力措施。因此，仓库工作人员应该掌握各种常用灭火器的正确使用方法。

（1）清水灭火器。清水灭火器的筒体中充装的是清洁的水，主要用于扑救固体物质火灾，如木材、棉麻、纺织品等的初期火灾。清水灭火器的使用方法如下：

①操作者将清水灭火器提至火场，在距燃烧物大约10米处，将灭火器直立放稳。

②操作者摘下保险帽，用手掌拍击开启杆顶端的凸头，这时清水便从喷嘴喷出。

③当清水从喷嘴喷出时，操作者立即用一只手提起灭火器筒盖上的提环，另一只手托起灭火器的底圈，将喷射的水流对准燃烧最猛烈处喷射。

④随着灭火器喷射距离的缩短，操作者应逐渐向燃烧物靠近，使水流始终喷射在燃烧处，直至将火扑灭。

⑤清水灭火器在使用过程中应始终与地面保持大致垂直状态，不能颠倒或横卧，否则会影响水流的喷出。

（2）泡沫灭火器。泡沫灭火器分为空气泡沫灭火器和化学泡沫灭火器。由于泡沫

较轻，在可燃物表面覆盖，起着阻隔空气的作用，使燃烧因此而停止。泡沫灭火器适用于扑灭油类引起的火灾，如汽油、柴油和煤油所引起的火灾；也适用于扑救木材、纤维和橡胶等固体可燃物所引起的火灾。因泡沫有导电作用，故不宜扑灭电器引起的火灾。泡沫灭火器的使用方法如下：

①使用化学泡沫灭火器前，应手提灭火器筒体上部的提环迅速赶到火场，此时应注意不得使灭火器过分倾斜，更不可横握和颠倒，以免灭火器中两种药剂混合而导致泡沫提前喷出。使用化学泡沫灭火器时，则应将筒体颠倒过来，用一只手紧握提环，用另一只手扶住筒体的底圈，将射流对准燃烧物。使用化学泡沫灭火器时，应始终保持灭火器的倒置状态，以免喷射中断。

②使用空气泡沫灭火器时，应距燃烧物 6 米左右处，拔出保险销；一只手握住开启压把，另一只手握紧喷枪；然后紧握开启压把，将灭火器密封开启，使泡沫从喷枪口喷出。

③在使用空气泡沫灭火器的过程中应一直握紧开启压把，不能松开，也不能将灭火器倒置或横握使用，否则会中断喷射。

（3）二氧化碳灭火器。二氧化碳灭火器又称干冰灭火器。液态的二氧化碳在气化时大量吸热，可起到降温冷却作用，同时二氧化碳本身具有窒息作用，可以用来灭火。二氧化碳最适用于扑救电气设备引起的火灾，各种易燃可燃液体和气体燃烧引发的火灾以及办公室地点、封闭仓库发生的火灾。二氧化碳灭火器的优点是它可以及时气化、不留痕迹、不会损坏未燃烧的物品。但二氧化碳对人同样具有窒息作用，在使用时要注意防止对人造成伤害。二氧化碳灭火器的使用方法如下：

①操作者将灭火器提到火场，在距燃烧物 5 米左右放下灭火器，拔出保险销；一只手握住喇叭筒根部的手柄，另一只手紧握启闭阀的压把，将二氧化碳喷向燃烧的物体。对没有喷射软管的二氧化碳灭火器，操作者应把喇叭筒往上扳 70°～90°。使用灭火器时，不能直接用手抓住喇叭筒外壁或金属连线管，以防止手被冻伤。

②灭火器在喷射过程中应保持直立状态，切不可横放和颠倒使用。

③在室外使用二氧化碳灭火器时，操作者应选择在上风方向喷射，并且手要放在钢瓶的木柄上，防止冻伤。在室内窄小空间使用时，灭火后操作者应迅速离开，以防窒息。

（4）干粉灭火器。干粉如碳酸氢钠粉等干燥、易流通、不燃、不结块的粉末，主要起覆盖窒息的作用，还能阻止燃着的液体流动。普通干粉又称 BC 干粉，用于扑救液体和气体火灾，对固体火灾则不适用；多用干粉又称 ABC 干粉，可用于扑救固体、液体和气体火灾。干粉灭火器的使用方法如下：

①操作者使用手提式干粉灭火器时，应手提灭火器的提把，迅速赶到着火处。

②操作者在距离燃烧处 5 米左右放下灭火器，如在室外使用，应选择在上风方向喷射。

③操作者使用内装式或储压式干粉灭火器时，应先拔下保险销，一只手握住喷嘴，另一只手将开启压把压下，打开灭火器进行灭火。使用外挂储压式灭火器时，应用一只手紧握喷枪，用另一手提起储气瓶上的开启提环；如果储气瓶的开启是手轮式的，则按逆时针方向旋开，并旋到最高位置，随即提起灭火器。

④当干粉喷出后，应迅速对准火焰根部，左右晃动扫射，使干粉能够迅速覆盖燃

烧物体的表面。如果条件许可，可提着灭火器沿着燃烧物的四周边走边喷，使干粉灭火剂均匀地喷在燃烧物的表面，直至将火焰完全扑灭。

（5）"1211"灭火器。"1211"是二氟一氯一溴甲烷的代号，它是我国目前生产和使用最广的一种卤代烷灭火剂，以液态罐装在钢瓶内。"1211"灭火剂是一种低沸点的液化气体，具有灭火效率高、毒性低、腐蚀性小、久储不变质、灭火后不留痕迹、不污染被保护物、绝缘性能好等优点。"1211"灭火器适用于扑救油类火灾、电器火灾，其使用方法如下：

①操作者通过手提提把或肩扛的方式把灭火器运至火灾现场。

②操作者在距离燃烧处5米左右放下灭火器，拔出保险销，一只手握住开启压把，另一只手握在喷射软管前端的喷嘴处；如果灭火器无喷射软管，可一只手握住开启压把，另一只手扶住灭火器底部的底圈部分。先将喷嘴对准燃烧处，用力握住开启压把，使灭火器喷射。

③灭火器在使用时不能颠倒，也不能横放，否则灭火剂不会喷出。

④因"1211"灭火剂有一定的毒性，为了防止对人体造成伤害，在室外使用时，应选择在上风方向喷射；在窄小的室内灭火时，灭火后操作者应迅速撤离。

三、仓库消防管理

仓库是集中储存货物的地方，库房中易燃、易爆物品，一旦遇到火源，极易发生火灾。火灾事故不仅会造成商品损失，还会对仓库建筑及设施设备造成破坏，直接影响企业的生产运作。因此，仓库消防管理是企业仓储管理的首要任务。所以，要做好仓库消防管理，就需要消除常见的火灾隐患，做好仓库防火工作。

1. 常见的火灾隐患

（1）电器设备方面。

①进行电气焊等违章作业，无消防措施。

②电力设备超负荷运转。

③违章使用电炉、电热器等。

④使用不符合标准的保险丝和电线等。

⑤电线陈旧老化，绝缘性能差。

（2）仓储方面。

①不按物品特性设计储存条件，如将易燃、易爆等危险品存入一般库房。

②易燃液体挥发渗漏等。

③具有自燃性质的物品堆码不当，通风散热条件不好。

（3）装卸搬运机械方面。

①无防火措施的汽车、叉车、吊车等机械设备进入库区或库房。

②机械设备的防火安全性能不合格，在使用过程中易产生电火花。

③在作业区内停放、修理有故障的机械设备，有用汽油擦洗零件部位等违规操作行为。

（4）火源管理方面。

①因检查不严而将外来火种和易燃品带入库区。

②在库区内吸烟。

③在库区内擅自使用明火。

④炉火设置不当或管理不严。

⑤易燃物品未得到及时清理。

2. 仓库防火工作

仓库中存放着大量物品，一旦发生火灾，后果将不堪设想。因此，仓库必须严格遵守消防法规和安全规程，把消防安全工作贯彻到仓储的各个岗位和全部活动中。仓库的防火工作应从以下几个方面着手。

（1）储存管理。

①库房内物品储存要分类、分堆，货垛与货垛之间应当留出必要的通道，主要通道的宽度一般不小于 2 米；根据库存物品的不同性质、类别确定垛距、墙距、梁距。储存量不得超过规定的储存限额。

②易自燃的物品、化学易燃品与一般物品以及性质相抵触和灭火方法不同的物品，必须分库储存并在仓库明显位置标明储存物品的名称、性质和灭火方法。易自燃或遇水分解的物品必须在温度较低、通风良好和空气干燥的场所储存，并安装专用仪器，定时检测，严格控制湿度与温度。

③遇水容易发生燃烧、爆炸的化学物品，不得存放在潮湿和容易积水的地点。

④受到阳光照射容易燃烧、爆炸的化学物品，不得露天存放。闪点在 45℃以下的桶装易燃液体不得露天存放，在炎热季节必须采取降温措施。

⑤化学易燃品的包装容器应当牢固、密封，如有破损、残缺、变形和物质变质、分解等情况，应当立即进行安全处理。易燃、可燃物在入库前，应当由专人负责检查，符合要求方准入库和归垛。

⑥储存易燃和可燃物品的库房、露天堆垛、罐区，不得进行分装、试验、封焊、动用明火等可能引起火灾的作业，如因特殊原因需要进行这些作业时，事先须经企业分管领导批准，并采取安全措施进行现场监护，备好充足的灭火器材；作业结束，须切实查明未留火种后方可离开。

⑦库房内不得设办公室、休息室，不得住人，不得用可燃材料搭建隔层。

⑧库区和库房内要保持整洁。对散落的易燃、可燃物品和库区的杂草应当及时清除；用过的油棉纱、油抹布以及沾油的工作服、手套等，必须放在库外的安全地点，妥善保管和及时处理。

（2）装运管理。

①装运化学易燃物品时必须轻拿轻放，严防震动、撞击、重压、摩擦和倒置。不得使用能产生火花的工具，不得穿带钉子的鞋，并应当在可能产生静电的设备上安装可靠的接地装置。

②进入易燃、可燃物品库区的蒸汽机车和内燃机车必须装置防火罩，蒸汽机车要关闭风箱和送风器，并不得在库区停留和清炉。

③运输易燃、可燃物品的车辆一般应当将物品用苫布苫盖严密，随车人员不得在车上吸烟。

④对散落、渗漏在车辆上的化学易燃物品必须及时清除干净。

⑤在装卸物品时，机动车辆排气管的一侧不得靠近物品。各种车辆不得在库区、

库房内停放和修理。

⑥库房、堆场装卸作业结束后，应当彻底进行安全检查。

（3）电源管理。

①库房内一般不宜安装电气设备。如果需要安装电气设备，应当严格按照有关的电力设计技术规范和有关的规定执行。

②储存化学易燃物品的库房，应根据物品的性质安装防爆、隔离或者密封式的电器照明设备。

③各类库房的电线主线应架设在库房外，引进库房的电线必须装置在金属或硬质塑料套管内；电器线路和灯头安装在库房通道的上方，与堆垛保持安全距离，严禁在库房门顶架线。

④库房内不得使用碘钨灯、日光灯、电炉子、电熨斗、电烙铁、交流收音机和电视机等电器，不得使用可燃材料制作灯罩，不得使用60瓦以上的电灯泡。

⑤库房内不得架设临时电线。库房如需架设临时电线，必须经库房防火负责人批准。使用临时电线的时间不应当超过半个月，到期应及时拆除。

⑥库区的电源应当设总闸和分闸，每个库房应当单独安装开关箱。开关箱应当设在库房外，且应安装防雨、防潮等保护设施。

⑦在库区及库房内使用电器机具时，必须严格遵守安全操作规程。电线要架设在安全部位，免受物品的撞击、砸碰和车轮碾压。

⑧电器设备除经常检查外，每年至少应进行两次绝缘检测，发现可能引起打火、短路、发热和绝缘不良的情况时，必须立即修理。

⑨禁止使用不合规格的保险装置，电器设备和电线不得超过安全负荷。库房工作结束时，必须切断电源。

（4）火源管理。

①库房内严禁吸烟、用火，严禁放烟花、爆竹和信号弹。在生活区和维修工房安装和使用火炉时，必须经仓库防火负责人批准。

②金属火炉距可燃物不应当小于1.5米。金属烟囱距可燃墙壁、屋顶不应当小于70厘米，距可燃屋檐不应小于10厘米，高出屋檐不应小于30厘米。烟囱穿过可燃墙壁、窗户时，必须在其周围用不燃材料隔开。

③不得用易燃液体引火，火炉附近不得堆放木片、刨花、废纸等可燃物。

④不得靠近火炉烘烤衣物和其他可燃物。燃着的火炉应有人负责管理。

⑤从炉内取出的炽热灰烬必须用水浇灭后倒在指定的安全地点。

（5）消防设施管理。

①应当按照《建筑设计防火规范》的有关规定在仓库区域设置消防给水设施，保证消防供水。

②根据灭火工作的需要，库房、货场应配置适当种类和数量的消防器材设备，并布置在明显和便于取用的地点。消防器材设备附近严禁堆放其他物品。

③消防器材设备应当有专人负责管理，定期检查维修，保证完整好用。在寒冷季节应对消防栓、灭火机等消防设备采取防冻措施。

④仓库应当装设消防通信、信号报警设备，如火灾自动报警设备。

单元二　仓库防台风、防汛、防雷、防震、防静电管理

学习情境

福建东南沿海夏秋季节经常受台风影响，台风经过地区常伴有暴雨或大暴雨。低洼仓库会受到台风影响，积水渗透到仓库内，库内商品因此受损。台风还会导致库房顶部、门窗等不同程度损坏，致使库内商品受损。防台风是沿海地区仓库的必要工作，仓储防台风应该从哪些方面着手呢？另外，仓库防汛、防雷等工作又应如何进行呢？

学习目标

1. 了解台风的基本知识。
2. 了解防台风的基本措施。
3. 能够制订相关的应急预案。

学习地点

1. 各类型仓库，如物流公司仓库、制造企业仓库等。
2. 校内实训室。

学习内容

一、防台风

台风有一部分在我国登陆，主要分布在5～10月份。台风在我国登陆的地点主要有华南、华东地区，而华北、东北地区极少。台风一般在登陆后会迅速地转为热带低气压或者温带低气压，风力减弱，但是仍然会随气流向内陆移动。

处于华南、华东沿海地区的仓库要高度重视防台风工作，避免这种灾难性天气对仓储造成严重的危害。仓库应设置专门的防台风办公室或安排专门人员来负责仓库的防台风工作，制订防范工作计划，接收天气预报和台风警报，与当地气象部门保持联系，组织防台风检查，管理相关文件，承担台汛期间防台风的联络组织工作。在台汛期间，应建立通信联络、物资供应、紧急抢救、机修、排水、堵漏、消防等临时专业小组。

1. 积极防范

台风并不是年年都在一个地区登陆，防台工作是一项防患于未然、有备无患的工作。仓储企业要对员工，特别是领导干部进行防台风宣传和教育，保持警惕、不能麻痹。

2. 全员参与

台风可能给仓库造成的损害不仅涉及仓储物品，还包括仓库建筑、设备、设施、场地、树木，以及物料备料、办公设施等一切财产和生命安全，还可能会造成环境污染危害。防台风、抗台风工作是所有员工的工作，需要全员参与。

3. 不断改善仓库条件

为了使防台风、抗台风取得胜利，需要有较好的硬件设施和条件，提高仓库设施、设备的抗风、防雨、排水、防水浸的能力；减少使用简易建筑，及时拆除危房危建和及时维修加固老旧建筑、围墙；提高仓库、货场的排水能力，注意协调仓库外围，避免对排水造成阻碍；购置和妥善维修水泵等排水设备，备置堵水物料；使用绳桩等对仓库的设施、设备进行牢固处理。

二、防汛

洪水和雨水时常对安全仓储带来不利影响，所以应认真做好仓库防汛工作。

1. 建立防汛组织

汛期到来之前，要成立临时性的短期工作小组，在仓库负责人的领导下，具体组织防汛工作。

2. 积极防范

平时要加强宣传教育，提高员工对自然灾害的认识；在汛期，员工应轮流守库，职能机构定员驻库值班，负责人现场坐镇，以便在必要时统一指挥，积极组织抢救。

3. 加强联系

仓库防汛组织要主动争取上级主管部门的支持，并与气象电台联系，了解汛情动态，预见汛情发展，克服盲目性，增强主动性。

除此之外，还要注意对陈旧的仓库进行排水设施改造，提高货位；对新建的仓库，应根据历年汛情的影响，保持库场设施抵御雨汛的能力。

三、防雷

仓储企业应在每年雷雨季节来临之前，对防雷措施进行全面检查，主要应检查的项目有：

（1）建筑物维修或改造后是否改变了防雷装置的保护情况；

（2）有无因挖土方、铺设管线或种植树木而挖断接地装置；

（3）各处明装导体有无开焊、锈蚀后截面过小而导致损坏折断等情况；

（4）接闪器有无因接受雷击而熔化或折断的情况；

（5）避雷器磁套有无裂缝、碰伤、污染、烧伤等；

（6）引下线距地 2 米的绝缘保护处理是否有被破坏的情况；

（7）支持物是否牢固，有无歪斜、松动；

（8）引下线与支持物的固定是否可靠；

（9）断接卡子有无接触不良；

（10）木结构接闪器支柱或支架有无腐蚀；

（11）接地装置周围土壤有无塌陷；

（12）测量全部接地装置的流散电流。

四、防震

（一）仓库防震

为做好仓库防震工作，首先，要以储存物品的价值大小为依据，审视建筑物的结构、质量状况，从储存物品的实际需要出发，合理使用物力财力，对仓储建筑进行相应的加固。新建的仓库，特别是多层建筑，现代化立体仓库，更要结合当地地质结构类型，预见地震的可能性，在投资上予以考虑，做到有所准备。其次，在情报信息上，要密切注视毗邻地区及地震部门预测和预报资料。最后，在组织抢救上，要做充分的准备。当接到有关部门地震预报时，要建立必要的值班制度和相应的组织机构，临震时，仓库负责人要通盘考虑、全面安排、合理分工、各负其责，做好宣传教育工作，动员员工全力以赴地做好防震工作。

（二）货架防震

无论是快消品库还是备件库，货架坍塌事故发生的概率不大，但是一旦发生就会造成巨大影响。合理的设计、安装和维护能够抵御一定震级的地震。

（1）设计结构。货架系统的结构应适用于存储的货物。重荷载的货物需要使用螺栓或者结构性货架，而不是普通的挂钩连接。

（2）在没有和供应商确认的前提下，不要以任何形式改变货架结构。即使是改变横梁的位置也可能破坏货架的稳定性。

（3）合理载重。货架系统的载重超过其设计承载重量会导致组件损坏。如果是混合载重，则最重的货物应放在低层或地面上，最轻的货物放在上层。

（4）不要向不同的制造商采购组件，否则会产生货架系统兼容性的问题。

（5）应建立货架维护管理系统。当局部损坏但不影响整个系统的时候，应定期检查损坏点。多数信誉好的货架供应商都能提供维护计划。

（6）叉车作业过程中如果碰撞货架的横梁和立柱，有可能对货架造成损伤。因此，需要加强驾驶员的培训，防止事故的发生。

（7）在日常运作中，叉车碰撞货架的概率较高。而托盘货架的设计不能承受叉车的多次撞击，即使是低速的撞击，也可能会造成结构性的破坏。货架保护件是防止货架坍塌的利器，能够降低叉车撞击造成的影响。

（8）如果仓库位于地震带，货架应采取防震设计，从而降低地震发生造成的损失。

五、防静电

对爆炸物和油品应采取防静电措施，应设懂静电防护技术的专人管理，并配备必要的检测仪器，发现问题时及时采取措施。

所有防静电设施都应保持干净，防止化学腐蚀、油垢玷污和机械碰撞。每年应对防静电设施进行 1～2 次全面检查，测试应当在干燥的气候条件下进行。

（1）有防静电要求的电子产品在操作过程中必须设置静电防护条件，包括作业环境、人员、操作工具等。

（2）对作业环境要进行温度、湿度管理。可以通过提高环境的湿度减少静电的产生。

（3）地面应采用防静电材质。

（4）操作人员应穿着防静电衣服、鞋，戴防静电手套和防静电腕带，使操作过程中产生的静电能够安全地释放。

（5）使用具有防静电功能的工具、器具，包括防静电车、防静电周转箱。

（6）人体、设备、工具等要经常进行静电测量和接地确认。

（7）对于有特殊要求的器件或者一些潮敏等级较高的器件，其理想的存放条件比较严苛，应详细了解这类器件的存放要求，做好相应的条件准备。

（8）对有防静电要求的物品，应根据实际情况将其装入防静电袋或防静电周转箱存放。

单元三　仓库安全生产管理

学习情境

某一天，某物流公司仓库内，一名叉车司机驾驶叉车途经月台区域时，由于违规操作（车速过快，未系好安全带）以及月台积水等原因，叉车从月台跌落，叉车司机同时飞出驾驶座被跌落的叉车压倒，造成左侧大腿股骨粉碎性骨折，治疗中发生并发症，导致死亡。

仓库安全事故猛于虎，事故中人民群众生命财产损失惨重，血和泪的教训一再告诫我们：仓库安全生产必须始终警钟长鸣，时刻紧抓不放。那么，企业该如何做好仓库安全生产工作呢？

学习目标

1. 学会仓库治安保卫管理基本知识。
2. 学会仓库安全生产基本措施。
3. 能够制定相关管理制度。

学习地点

1. 各类型仓库，如物流公司仓库、制造企业仓库等。
2. 校内实训室。

学习内容

一、仓库治安保卫管理

仓库的治安保卫管理是指仓库为了防范、制止恶性侵权行为、意外事故对仓库及仓储财产的侵害和破坏，并维护仓储环境的稳定，保证仓储生产经营的顺利开展所进行的管理工作。治安保卫工作的具体内容就是执行国家相关的治安保卫规章制度，做到防盗、防抢、防骗、防破坏、防火，防止财产侵害，以及防止交通意外事故等仓库治安灾难事故，协调与外部的治安保卫关系，维持仓库内部安定局面和员工人身安全。治安保卫管理是仓库管理的重要组成部分，是降低和防止经营风险的有效手段。

（一）设立库区治安保卫机构

专职保卫机构既是仓库治安保卫的执行机构，也是仓库治安保卫管理的职能机构。专职保卫机构的设置和人员配备应根据仓库规模的大小、人员的多少、任务的繁重程度和仓库所在地的社会环境而定。

（二）健全治安保卫管理制度

仓库治安保卫管理制度应以国家法律和法规为依据，并结合仓库治安保卫的实际需要，以保证仓储生产高效率进行，实现安全仓储，防止治安事故的发生为目的。

仓库治安保卫管理制度既有独立的规章制度，如安全防火责任制度、安全设施设备保管使用制度、门卫值班制度以及车辆、人员进出仓库管理制度、保卫人员值班巡查制度等；同时，也有合并在其他制度之中的，如仓库管理员职责、办公室管理制度、车间作业制度等规定的治安保卫事项。

（三）加强治安保卫工作

1. 出入口和要害部位

仓库大门是仓库与外界的连接点，是仓库地域范围的象征，也是仓储承担货物保管责任的分界线。大门守卫是维持仓库治安的第一道防线，大门守卫负责开关大门，限制无关人员、车辆进入，接待入库办事人员并实施身份核实和登记，禁止入库人员携带火源、易燃易爆物品入库，检查入库车辆的防火条件，指挥车辆安全行驶、停放，登记入库车辆，检查出库车辆，核对出库货物和放行条，并留存放行条，查问和登记出库人员携带的物品，特殊情况下查扣物品、封闭大门。

对于危险品仓、贵重物品仓、特殊品储存仓等要害部位，需要安排专职守卫看守，限制无关人员接近，防止危害、破坏和失窃。

2. 巡逻检查

由专职保安员不定时、不定线、经常地巡视整个仓库区每一个位置的安全保卫工作。巡逻检查中发现不符合治安保卫制度要求的情况时，应采取相应的处理措施或者通知相应部门处理。

3. 防盗设施、设备使用

仓库根据相关法规的规定和治安保管的需要设置和安装防盗设施，包括围墙、大门、门锁、防盗门、窗等。仓库使用的防盗设备除了专职保安员的警械外，主要有视频监控设备、自动警报设备、报警设备。仓库应按照规定配备专人负责操作和管理所配置的设备，确保设备的有效运作。

4. 治安检查

治安责任人应经常检查治安保卫工作，督促工作人员照章办事。治安检查实行定期检查与不定期检查相结合的制度，班组每日检查，部门每周检查，仓库每月检查，及时发现治安保卫漏洞、隐患，采取有效措施及时消除。

5. 治安应急

治安应急是指仓库发生治安事件时，采取紧急措施，防止和减少事件所造成的损失的制度。

二、仓库安全生产

（一）仓库安全生产基本要求

1. 人力作业

（1）人力作业仅限于轻负荷的作业。

（2）尽可能采用人力机械作业。

（3）只在适合作业的安全环境进行作业。

（4）作业人员按要求穿戴相应的安全防护用具，使用合适的作业工具进行作业。

（5）合理安排工间休息。

（6）必须有专人在现场指挥和进行安全指导，严格按照安全规范进行作业指挥。

2. 机械作业

（1）使用合适的机械、设备进行作业。

（2）所使用的设备具有良好的工况。

（3）设备作业要有专人进行指挥。

（4）汽车装卸时，要注意保持安全间距。

（5）移动吊车必须在停放稳定后方可作业。

（6）载货移动设备上不得载人运行。

3. 安全技术

（1）装卸搬运机械的作业安全。

要定期对职工进行安全技术教育，从思想认识上提高其对安全技术的认识。组织职工不断学习仓储作业技术知识。遵守各项安全操作规程是防止事故的有效方法。

（2）仓库储存物品保管保养作业的安全。

作业人员在作业前要做好准备工作，检查所用工具是否完好。作业人员应根据作业的危险特性，穿戴相应的防护用具。作业时要轻吊稳放，防止撞击、摩擦和震动，不得饮食和吸烟。工作完毕后要根据危险品的性质和工作情况，及时洗手、洗脸、漱口或淋浴。

（3）仓库电器设备的安全。

电器设备在使用过程中应配有可熔保险器和自动开关。电动工具必须有良好的绝缘装置，使用前必须使用保护性接地。高压线经过的地方，必须有安全措施和警告标志。电工操作时，必须严格遵守有关的安全操作规程。高大建筑物和危险品库房，要配有避雷装置。

4. 劳动保护制度

劳动保护是指为了改善劳动条件，提高生产的安全性，保护劳动者的身心健康，减轻劳动强度所采取的相应措施和有关规定。劳动保护包括直接和间接施行于员工人身的保护措施。仓库要遵守《中华人民共和国劳动法》（2018 年修正）的劳动时间和休息规定，依法安排加班，保证员工有足够的休息时间；提供合适和足够的劳动防护用品，如安全帽、手套、工作服、高强度工作鞋等，并督促作业人员使用和穿戴。具体如下。

（1）要批判“事故难免论”的错误思想。重要的是要提高各级领导干部的安全思想认识和安全技术知识以及各班组安全员的责任心，使其认识到不安全因素是可以被认识的，事故是可以控制的，只要思想重视，实现安全作业是完全可能的。

（2）建立劳动保护机构，健全规章制度。将专业管理与群众管理相结合，把安全工作贯穿到仓库作业的各个环节，对一些有害、有毒的工种要建立保健制度，实行专人、专事、专责管理，推行安全生产责任制。而且要建立群众性的安全生产网，大家管安全，使劳动保护收到良好效果。

（3）结合仓库业务和中心工作，开展劳动保护活动。要根据上级指示和仓库的具体情况，制定有效的预防措施。做到年度有规划，季度有安排，每月有纲要，将长期计划与短期安排相结合。同时，还要经常检查，防止事故的发生。仓库要经常开展安全检查，清查潜在的不安全因素，及时消除事故的隐患，防患于未然。

（4）要经常组织仓库职工开展文体活动，丰富职工的精神生活，增强体质，改善居住条件等，这些都对劳动保护起着重要的作用。

除此之外，采用具有较高安全系数的作业设备、作业机械，作业工具应适合作业要求，作业场地必须具有合适的通风、照明、防滑、保暖等适合作业的条件。不进行冒险作业和不安全环境的作业，在大风、雨、雪影响作业时应暂缓作业，避免人员带伤病作业。

（二）库区的安全管理

1. 仓储技术区的安全管理

技术区出入口设置日夜值班的门卫，对进出人员和车辆进行检查和登记，严禁将易燃、易爆物品和火源带入。

2. 库房的安全管理

经常检查库房结构情况，对地面裂缝、地基沉降、结构损坏以及周围山体滑坡、塌方或防水防潮层和排水沟堵塞等情况应及时维修和排除。此外，应妥善保管库房钥匙，实行多方控制，严格遵守钥匙领取手续。

3. 货物装卸与搬运中的安全管理

仓库机械的使用应实行专人专机，建立岗位责任制，防止丢失和损坏，操作手应做到会操作、会保养、会检查、会排除一般故障。根据货物尺寸、重量、形状来选用合适的装卸、搬运设备，严禁超高、超宽、超重、超速以及其他不规范操作。

（三）危险品装卸搬运作业的安全

为了保证危险品装卸搬运作业的安全，作业时应注意以下事项。

（1）作业现场应有统一指挥，有明确固定的指挥信号，以防作业混乱、发生事故。作业现场装卸搬运人员和机具操作人员应严格遵守劳动纪律，服从指挥。非装卸搬运人员，均不准在作业现场逗留。

（2）对各种装卸设备，必须制定安全操作规程，并由经过操作训练的专职人员操作，以防发生事故。

（3）在装卸搬运危险品时，必须严格执行操作规程和有关规定，预先做好准备工作，认真细致地检查装卸搬运工具及操作设备。工作完毕后，必须将沾染在工具上面的物质清除，防止不同物质可能引起的化学反应。对接触过氧化剂物品的工具，必须清洗后方可再次使用。

（4）人力装卸搬运时，应量力而行，配合协调，不可冒险违章操作。

（5）作业人员不得穿带钉子的鞋。根据不同作业的危险特性，应分别穿戴相应的防护用具。对有毒的腐蚀性物质，更要加强注意，应适当考虑在操作一段时间后，呼吸新鲜空气，避免发生中毒事故。操作完毕后，应将防护用具进行清洗或消毒，以保证人身安全。各种防护用品应有专人负责，专储保管。

(6) 装卸搬运危险品时应轻搬轻放，防止撞击摩擦、摔碰震动。液体铁桶包装卸垛，不宜用快速溜放办法，防止包装破损。对可以修理的破损包装，必须将其移至安全地点整修，整修后再搬运，整修时不得使用可能产生火花的工具。

(7) 散落在地面上的物品，应及时清除干净。对于扫起来的没有利用价值的废物，应采用合适的物理或化学方法处置，以确保安全。

(8) 装卸搬运作业完毕后，作业人员应及时洗手、洗脸、漱口或沐浴。中途不得饮食、吸烟。必须保持现场空气流通，防止有毒害的物质沾染皮肤、黏膜等。发现作业人员有头晕、头昏等中毒现象时，应按救护知识进行急救，重者应立即送医院治疗。

(9) 对可发生化学反应的物品，不得同时装卸。在装卸怕热、怕潮的物品时，要采取隔热、防潮措施。

单元四　仓库安全管理能力实训项目

1. 实训目标

通过制定仓库消防管理制度和配置消防器材，使学生学会仓库消防管理，懂得配置、使用消防器材。

2. 实训准备

（1）了解消防管理相关知识。

（2）准备相关的消防器材，如灭火器等。

（3）将全班学生分成若干组，每组 5 人。

（4）工作时间安排 2 学时。

（5）工作环境模拟需要学校仓库实训室资源配合。

3. 实训任务

某手机制造企业在福州设有产品仓库，面积 1000 平方米，仓库为单层钢筋混凝土结构。要求为该企业仓库设计合理的消防管理制度和配置消防器材，仓库职员对消防器材进行模拟操作。

（1）设计合理的消防管理制度。

（2）查阅仓库建筑的防火规范。

（3）配置消防器材。

（4）会使用消防器材。

4. 任务评价

任务评价的方式有教师评价、小组内部成员评价和第三方评分组成员评价三种，建议教师评价占 60%的权重，小组内部成员评价占 20%的权重，第三方评分组成员评价占 20%的权重，将三者综合起来的得分为该生在该项目的评价分。任务评价单如表 7-1 所示。

表 7-1　任务评价单

<table>
<tr><td>考评人</td><td></td><td>被考评人</td><td></td></tr>
<tr><td>考评地点</td><td colspan="3"></td></tr>
<tr><td>考评内容</td><td colspan="3"></td></tr>
<tr><td rowspan="4">考评标准</td><td>具体内容</td><td>分值/分</td><td>实际得分/分</td></tr>
<tr><td>工作态度</td><td>15</td><td></td></tr>
<tr><td>沟通水平</td><td>15</td><td></td></tr>
<tr><td>消防管理制度合理性</td><td>15</td><td></td></tr>
</table>

（续表）

考评标准	消防器材配置合理性	40	
	消防器材操作熟练程度	15	
合计		100	

注：考评满分 100 分，60 分以下为不及格，60～69 分为及格，70～79 分为中，80～89 分为良，90 分以上为优。

本模块小结

本模块主要目的是介绍仓库消防安全管理，仓库防台风、防汛等管理，仓库安全生产管理等相关知识在仓库中的运用。让学生初步掌握燃烧的基本原理、仓库火灾的种类、仓储的防火与灭火方法，以及如何进行仓库消防安全管理；让学生初步掌握仓库防台风、防汛、防雷、防震以及防静电的相关知识，在上述情况发生时及时采取措施，对仓库进行相应的安全管理；让学生初步掌握仓库治安保卫管理的基本知识、仓库安全生产要求，让学生学会安全管理仓库。

复习题

一、名词解释

1. 燃烧。
2. 冷却灭火法。
3. 隔离灭火法。
4. 窒息灭火法。
5. 抑制灭火法。

二、填空题

1. 燃烧必须同时具备三要素：________、________和________，并且它们相互作用时，燃烧才能发生。

2. 仓库火灾的种类可分为：________、________、________和爆炸性火灾。

3. 遇水燃烧商品起火，只能使用________和________灭火器灭火。

4. 各种常用灭火器有________、________、________、________、和“1211”灭火器。

三、简答题

1. 仓储消防过程中常见的火灾隐患有哪些？
2. 防台风具体措施有哪些？
3. 仓库安全生产的基本要求是什么？

模块八

库存控制管理能力

单元一　ABC 分类库存管理方法

学习情境

小刘的工作岗位是企业库存管理员。企业所需物料多达几千种，对物料的控制难度较大。为了提高效率，小刘学习了一些库存管理的方法，其中 ABC 分类法就是其中的一种。ABC 分类法是由意大利经济学家维尔弗雷多·帕累托首创的，是储存管理中常用的分析方法。小刘在学习完以后要总结 ABC 分类法的内容，并应用到实际库存管理工作中。

那么小刘该如何做呢?

学习目标

1. 认识 ABC 分类法的基本内涵。
2. 懂得 ABC 分类法的基本依据。
3. 掌握 ABC 分类法的具体实施过程。

学习地点

1. 各类型仓库，如物流公司仓库、制造企业仓库等。
2. 校内实训室。

学习内容

一、ABC 分类法的内涵

1. 含义

ABC 分类法，全称为 ABC 分类库存控制法，又称物资重点管理法。其基本原理是利用库存与资金占用之间的规律，库存物品中存在着少数物品占用大部分资金，而大多数物品却占用较少资金的情况，对库存物品按其消耗数量、价值大小进行分类排队：将数量少、价值大的一类称为 A 类，数量大、价值小的一类称为 C 类，介于 A 与 C 类中间的称为 B 类，然后分别采用不同的管理方法对其进行控制，即为 ABC 分类法。将 A 类物品列为物资管理的重点对象，实行定期订购的控制方式，对库存盘点、来料期限、领发料等要严格要求。将 C 类物品列为物资管理的一般对象，采用比较粗放的管理方法，即定量订购的控制方式，可以适当加大保险储备量。对 B 类物品，企业可根据自己物资管理的能力和水平，选择综合或连续、定期的控制方法。

2. ABC 分类法的标准和原则

ABC 类别的划分并没有一个固定的标准，每个企业可以按照各自的具体情况来确定。三个类别划分的界限也根据具体情况而定。分类的操作方法十分简单，只需掌握全部库存的品种标志、年平均用量、单位成本，再经过算术运算即可完成。一般来说，列入 A 类的物品，其使用量约占总用量的 10%，而使用金额占总金额的 70%左右；列入 B 类的物品，其使用量约占总用量的 20%，而使用金额占总金额的 20%左右；列入 C 类的物品，其使用量约占总用量的 70%，但使用金额仅占总金额的 10%左右（如表8-1 所示）。

表 8-1　各类物品分类的标准

级别	使用金额占总金额比例/%	使用量约占总用量的比例/%
A	70	10
B	20	20
C	10	70

二、ABC 分类法的基本程序

1. 开展分析

开展分析是“区别主次”的过程。它包括以下步骤。

（1）收集数据，即确定构成某一管理问题的因素，收集相应的特征数据。以库存控制涉及的各种物品为例，如拟对库存物品的销售额进行分析，则应收集年销售量、物品单价等数据。

（2）计算整理，即对收集的数据进行加工，并按要求进行计算，包括计算特征数值，特征数值占总计特征数值的百分数，累计百分数；因素数目及其占总因素数目的百分数，累计百分数。

（3）根据一定的分类标准进行 ABC 分类，列出 ABC 分析表。各类因素的划分标准并无严格的规定。习惯上常把主要特征值的资金累计百分数达 70%的若干因素归为 A 类，资金累计百分数在 20%左右的若干因素归为 B 类，资金累计百分数在 10%左右的若干因素归为 C 类。

（4）绘制 ABC 分析图。以累计因素百分数为横坐标，累计主要特征数值百分数为纵坐标，按 ABC 分析表所列示的对应关系，在坐标图上取点，并连接各点成曲线，即绘制成 ABC 分析图。除利用直角坐标绘制曲线图外，也可绘制成直方图。

2. 实施对策

这是“分类管理”的过程。根据 ABC 分类结果，权衡管理力量和经济效果，制定 ABC 分类管理标准表，对三类对象进行有区别的管理。

三、ABC 分类的库存策略

将物品进行 ABC 分类，其目的在于根据分类结果对每类物品采取适宜的库存控制措施。对 A 类物品应尽可能从严控制，保持完整和精确的库存记录，给予最高的处理优先权等，而对 C 类物品，则可尽可能简单控制（如表 8-2 所示）。例如，从订货周期来考虑的话，A 类物品可以控制得严格一些，每周订购一次；B 类物品可以两周订购一次；C类物品则可以每月或每两个月订购一次。

表8-2 不同类别物品的库存控制策略

分类项目	A	B	C
管理重点	将库存量压缩到最低	按销量时松时紧控制存量	通过比较高的库存来节省订货费用
订货方式	定量订货	定期订货	双堆法
定额水平	按品种规格控制	按大类品种控制	按总金额控制
检查方式	经常检查	一般检查	按年/季度检查
统计方法	按品种规格详细统计	按大类品种一般统计	按总金额统计

备注：在计划平衡、资金分配、采购订货、组织供货等方面做到重点突出、兼顾一般、统筹安排、控制有方，确保各类物资供应，缓解资金压力。

例如，对于一个汽车服务站而言，汽油属于A类物品，应该每日或每周补充一次；轮胎、蓄电池、润滑油以及液压传动油属于B类物品，可以每周到四周订购一次；C类物品包括阀门杆、挡风屏用雨刷、水箱盖、软管盖、风扇皮带、汽油添加剂、打光腊等，由于货值较小，可以每两个月或三个月订购一次。

四、ABC分类法的具体实施步骤

1. 收集数据

收集数据时应按分析对象和分析内容来具体操作。例如，打算分析的对象是产品成本，则应收集产品成本因素、产品成本构成等方面的数据；打算分析的对象是某一物流系统，则应收集物流系统中各局部功能、各局部成本等数据。

2. 处理数据

对收集来的数据资料进行整理，按要求计算和汇总。

3. 制ABC分析表

ABC分析表（如表8-3所示）的栏目构成如下：第一栏为物品名称；第二栏为品目数累计，即每一种物品皆为一个品目数，品目数累计实际就是序号；第三栏为品目数累计百分数，即累计品目数占总品目数的百分比；第四栏为物品单价；第五栏为平均库存；第六栏是第四栏单价乘以第五栏平均库存，为各种物品平均资金占用额；第七栏为平均资金占用额累计；第八栏为平均资金占用额累计百分数；第九栏为分类结果。制表按下述步骤进行：将表8-3中计算出的平均资金占用额，以大排队方式，由高至低填入表中第六栏。以此栏为准，将相应的物品名称填入第一栏、物品单价填入第四栏、平均库存填入第五栏、在第二栏中按1、2、3、4……编号，则为品目数累计。此后，计算品目数累计百分数并填入第三栏；计算平均资金占用额累计并填入第七栏；计算平均资金占用额累计百分数并填入第八栏。

4. 根据ABC分析表确定分类

在表8-3中，观察第三栏品目数累计百分数和第八栏平均资金占用额累计百分数，将品目数累计百分数为10%左右，而平均资金占用额累计百分数为70%左右的前几个物品，确定为A类；将品目数累计百分数为20%左右，而平均资金占用额累计百分数

也为20%左右的物品，确定为B类；其余为C类，C类情况和A类相反，其品目数累计百分数为70%左右，而平均资金占用额累计百分数仅为10%左右。

表8-3　ABC分析表

物品名称	品目数累计	品目数累计百分数	物品单价	平均库存	物品单价乘以平均库存	平均资金占用额累计	平均资金占用额累计百分数	分类结果
(1)	(2)	(3)	(4)	(5)	(6)	(7)	(8)	(9)

5. 绘制ABC分析图

以品目数累计百分数为横坐标，以平均资金占用额累计百分数为纵坐标，按ABC分析表第三栏和第八栏所提供的数据，在坐标图上取点，并连接各点，则绘成ABC曲线。

按ABC曲线对应的数据，根据ABC分析表确定A、B、C三个类别的方法，在图上标明A、B、C三类，即可制成ABC分析图（如图8-1所示）。

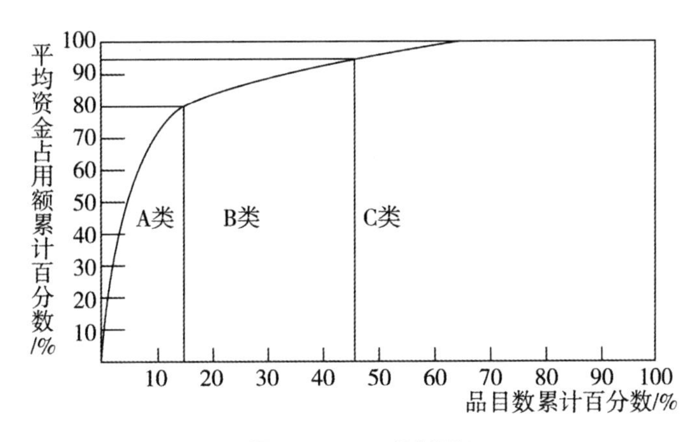

图8-1　ABC分析图

五、ABC分类库存管理应用实例

某连锁企业对库存的20种商品进行了盘点，各库存品种占用的资金及相应的库存金额比例如表8-4所示，试用ABC分类法对库存进行管理。

表8-4　企业的所有库存商品情况

品名	库存金额/千元	库存金额累计/千元	库存金额比例/%	库存金额累计比例/%	品种/%	品种累计比例/%
a	44	44	1	1	5	5
b	46	90	1	2	5	10
c	48	138	1	3	5	15

（续表）

品名	库存金额/千元	库存金额累计/千元	库存金额比例/%	库存金额累计比例/%	品种/%	品种累计比例/%
d	120	258	3	6	5	20
e	280	538	7	13	5	25
f	1200	1738	30	43	5	30
g	40	1778	1	44	5	35
h	30	1808	1	45	5	40
i	1000	2808	25	70	5	45
j	220	3028	6	76	5	50
k	160	3188	4	80	5	55
l	32	3220	1	81	5	60
m	28	3248	1	82	5	65
n	320	3568	8	90	5	70
o	180	3748	4	94	5	75
p	70	3818	2	96	5	80
q	46	3864	1	97	5	85
r	50	3914	1	98	5	90
s	44	3958	1	99	5	95
t	42	4000	1	100	5	100

根据 ABC 分类法，库存商品在满足资金累计占比及品种累计占比条件下，分类结果如表 8-5 所示。

表 8-5　ABC 分类结果

库存分类	品名	库存金额/千元	库存金额累计/千元	库存金额比例/%	库存金额累计比例/%	品种/%	品种累计比例/%
A	f	1200	1200	30	30	5	5
	i	1000	2200	25	55	5	10
	n	320	2520	8	63	5	15
B	e	280	2800	7	70	5	20
	j	220	3020	6	76	5	25
	o	180	3200	4	80	5	30
	k	160	3360	4	84	5	35
	d	120	3480	3	87	5	40
	p	70	3550	2	89	5	45

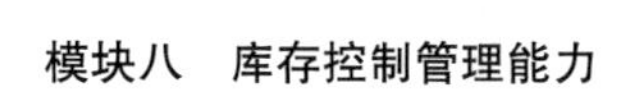

（续表）

库存分类	品名	库存金额/千元	库存金额累计/千元	库存金额比例/%	库存金额累计比例/%	品种/%	品种累计比例/%
C	r	50	3600	1	90	5	50
	c	48	3648	1	91	5	55
	q	46	3694	1	92	5	60
	b	46	3740	1	93	5	65
	a	44	3784	1	94	5	70
	s	44	3828	1	95	5	75
	t	42	3870	1	96	5	80
	g	40	3910	1	97	5	85
	l	32	3942	1	98	5	90
	h	30	3972	1	99	5	95
	m	28	4000	1	100	5	100

单元二　安全库存控制

学习情境

一家刚成立的制造企业，员工对很多业务不熟练，尤其在库存控制方面存在很多不足，有的时候库存原材料产生大量的积压，而有的时候库存方面还会出现一些意外情况，如原材料安全库存无法满足生产需求，出现了生产停顿的现象。小郑是物流专业毕业生，最近刚入职该企业，领导为了改进库存控制，让小郑对安全库存做一个合理的设计，那么小郑该如何去设计和计算呢？

学习目标

1. 认识安全库存的含义。
2. 学会分析安全库存。
3. 掌握安全库存的计算。

学习地点

1. 各类型仓库，如物流公司仓库、制造企业仓库等。
2. 校内实训室。

学习内容

一、安全库存的含义

安全库存是指除了满足预期的客户需求外，还应满足紧急、未预料需求或未预期的运输延迟等情况发生时所准备的最少量的额外库存。

可见，保持安全库存是为了防止在生产或销售过程中可能产生的原材料未能及时到位或销售超过预期量而出现的停工待料或缺货脱销等意外情况。

许多不确定因素给库存分析带来影响，其中常见的是需求量和订货提前期的变化。当单位时间内的需求量和订货提前期都是常数时，固定订货量系统的订货点就等于订货提前期内的需求量，它是一个不变的量。这时，当库存余额达到订货点时发出订单，在库存为零时正好到货，不会发生缺货现象。但若出现如下情况，就会发生缺货现象。

（1）单位时间内的需求量不变，但实际订货提前期大于期望订货提前期。例如实际订货提前期为 10 天，而期望订货提前期为 8 天，在订货 8 天后库存余额为零，这时应该马上到货，但实际上是订货 10 天后到货，这时就发生 2 天的缺货。

（2）实际订货提前期等于期望值，但订货提前期内的需要量超过其期望值。例如实际订货提前期为10天，而期望订货提前期也为10天，但在订货提前期内的需求量发生了变化，比预计的需求量增加了10单位，即预计在订货提前期内需求量为100单位，但实际需求量变为110单位，因此在订货到达前，就发生10单位的缺货。

上述两种缺货同时出现时，情况将更加复杂。

在理想的库存模型中，由于需求率和前置时间固定，在一批订货到达后，库存量均匀下降，在各个周期内库存量变化曲线相同。这种情况下，安全库存不会被使用。在实际的库存模型中，由于前置时间内的需求率往往是变化的，库存量变化曲线呈现为台阶型的折线，且各个订货间隔期内的曲线形状各不相同。在实际的库存模型中，对于某一订货周期而言，可能出现如下三种情况。

（1）前置时间内的需求量很大，不但用完了安全库存，而且发生了缺货现象。

（2）前置时间内的需求量小于期望值，没有动用安全库存。

（3）前置时间内的需求量大于期望值，动用了部分安全库存。

安全库存用来补偿在补充供应的前置时间内实际需求量超过期望需求量或实际订货提前期超过期望订货提前期所产生的需求。中转仓库和零售业备有安全库存是为了在用户的需求率不规律或不可预测的情况下，有能力满足他们的需求。工厂成品库持有安全库存是为了在零售和中转仓库的需求量超过期望值时，有能力补充他们的库存。

如果没有安全库存，当前置时间内的需求量超过期望值时，便会产生缺货现象。这时每追加一单位安全库存，都会对缺货具有预防作用。超过期望需求量的第一个单位的安全库存，对缺货的预防作用最大；第二个单位的安全库存对缺货的预防作用比第一个单位稍小，以此类推，当安全库存量增加到一定程度，继续增加一单位的安全库存所提供的对缺货的预防作用将很不明显，这种现象称为报偿递减原理。安全库存量增加使前置时间内缺货的概率减小，从而降低缺货费用，但会引起储存费用的上升。在某一安全库存水平下，缺货费用与储存费用之和达到最小值，这个安全库存水平便是最优水平。高于或低于这个水平，都会使安全库存费用升高。

缺货的后果分为延期付货或失销两种类型。发生延期付货时，企业一般会采取措施加速订购物品的到货或进行临时订货。和正常进货相比，这会产生一些额外的费用，如加速费用、手续费、附加运输费用和包装费用等。在失销的情况下，企业会失去用户，物品的供应由竞争对手取代，销售利润损失和难以定量估计的商誉损失构成失销费用。若是流水生产线所需的物品缺货，就会导致停工待料，造成非常大的经济损失。通常制造企业的缺货费用很大，所以往往不允许缺货的发生。显然，无论是哪种形式的缺货，对于不同的物品和在不同的情况下，可能有很大的差别，应根据用户或内部使用的具体情况而定。

在下列情况下要保持较高的安全库存量，以尽力避免缺货：第一，缺货成本高或服务水平要求较高；第二，储存成本较低；第三，需求量的波动较大；第四，前置时间的波动较大。

安全库存的存在使企业的缺货费用降低，同时又使储存费用增加。因此，需要确定合理的安全库存量。

二、运用 ABC 分析法确定需设立安全库存的物料

如何确定物料需要保持安全库存？可以运用 ABC 分析法。

确定了物料的 A、B、C 等级后，根据 A、B、C 等级来确定需设立安全库存的物料。

A 类物料：一般来说成本较高，占整个物料成本的 70%左右，可采用定量订货法，尽量没有库存或只确定少量的安全库存，但需在数量上做严格的控制。

B 类物料：成本中等，占整个物料成本的 20%左右，可采用定期订货的方法，可以确定一定的安全库存。

C 类物料：成本最少，占整个物料成本的 10%左右，可采用定期订货的方法，确定较高的安全库存，以减少订货次数，根据采购费用和库存维持费用之和的最低点，订出一次的采购量。

三、安全库存量的确定

首先，确定哪些物料需要设立安全库存；其次，对这些需要设立安全库存的物料确定一个合适的安全库存量。

确定安全库存量没有固定的公式或严密的方法可循。现有的各种方法都是以需求量、前置时间和缺货成本作为依据。这里介绍两种方法：一是根据对库存物品的需求量超过规定数量的概率来确定安全库存，例如设立安全库存从而使需求量超过 300 单位的概率为 5%；二是根据库存量的预计数来确定安全库存，例如设立安全库存以满足 95%的需求（或者有 5%的订货数量超过库存量）。这就是说，第一种方法是关于超过某一数值概率的问题，第二种方法是有关短缺多少的问题。

1. 利用概率

利用概率方法来确定安全库存比较简单。假设在一定时期内需求是服从正态分布的，且只考虑需求量超过库存量的概率。为了求解一定时期内库存缺货的概率，可以简单地画出一条需求量的正态分布曲线，并在曲线上标明所拥有的库存量的位置。当需求量是连续的时候，常用正态分布来描述需求函数。

在库存管理中，只需关注平均值之上的需求。也就是说，只有在需求量大于平均值时，才需要设立安全库存。在平均值以下的需求很容易满足，这就需要设立一个界限，以确定应满足多高的需求（如图 8-2 所示）。

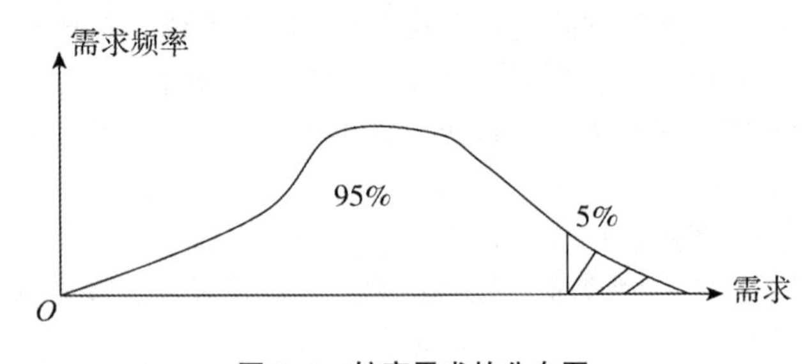

图 8-2 较高需求的分布图

例如，假设预计从下月开始平均每月需求量为 100 单位，标准差为 20 单位。如果某一月份需求量刚好为 100 单位（等于均值，而在正态分布中，均值所覆盖的面积为

50%），则缺货概率为 50%。我们知道有一半月份的需求量将超过 100 单位，另一半月份的需求量将少于 100 单位。更进一步说，如果每月一次订购 100 单位，且货物在月初收到，从长期看，这一年中将有 6 个月发生缺货。

安全库存的计算一般需要借助统计学方面的知识，假设顾客的需求服从正态分布，通过设定的显著性水平来估算需求的最大值，从而确定合理的库存。

统计学中的显著性水平，在物流计划中叫作缺货率，与物流中的服务水平（订单满足率）是对应的，显著性水平=缺货率=1-服务水平。如统计学上的显著性水平一般取为 0.05，即服务水平为 0.95，缺货率为 0.05。服务水平是指对顾客需求的满足程度。

图 8-3 是概率需求模型，它解释了统计学在物流计划中安全库存的计算原理。

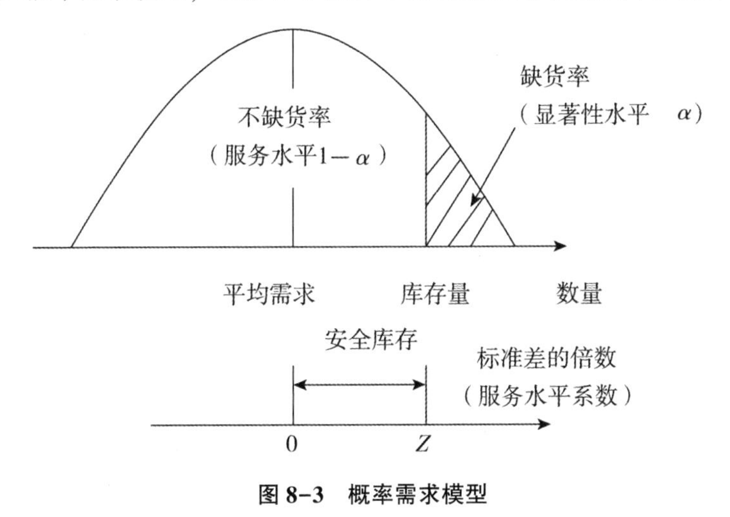

图 8-3　概率需求模型

从图 8-3 可以看出，库存=平均需求+安全库存，平均需求也叫周期库存，安全库存（Safe Stock）用 *SS* 来表示，则：

$$SS=Z_{\alpha}\sigma \tag{8-1}$$

公式中，Z_{α} 表示在显著性水平为 α，服务水平为 $1-\alpha$ 的情况下所对应的服务水平系数，它是基于统计学中的标准正态分布的原理来计算的，它们之间的关系非常复杂，但一般可以通过正态分布表查得。

服务水平 $1-\alpha$ 越大，Z_{α} 就越大，*SS* 就越大。服务水平越大，订单满足率就越高，发生缺货的概率就越小，但需要设置的安全库存 *SS* 就会越高。因而需要综合考虑服务水平、缺货成本和库存持有成本三者之间的关系，最终确定一个合理的库存。

如果对频繁的缺货难以接受，则应增加额外的库存以降低缺货风险。假设增加 20 单位的安全库存之后，仍然是一次订购一个月的库存，且当库存量下降为 20 单位时，所订的货物就该入库。这样就建立了一个较小的安全库存，以缓冲缺货的风险。如果需求量的标准差为 20 单位，则拥有了相当于标准差大小的安全库存，查标准正态分布表（见本模块附录），求得概率为 0.8413。所以，大约有 84%的时间不会发生缺货的情况，而 16%的时间会发生缺货的情况。如果每个月都订购，则大约有两个月会发生缺货（0.16×12=1.92）。

用这个方法来建立不发生缺货的概率为95%的安全库存，其对应的标准正态偏差为1.64个标准。这意味着应当建立1.64标准差的安全库存，在这个例子中，安全库存为33个单位（1.64×20=32.8）。

明白了安全库存的计算原理，下面介绍在实际工作中的安全库存是如何确定的。

（1）在提前期LT与订货周期T固定的情况下：

$$SS=Z_{\alpha}\sigma\sqrt{LT+T} \tag{8-2}$$

（2）一般情况下，需求是变动的，而提前期LT也是变动的，假设需求D和提前期LT是相互独立的，则安全库存为：

$$SS=Z_{\alpha}\sqrt{\sigma^{2}(LT+T)+\sigma_{LT+T}^{2}D_{\text{avg}}^{2}} \tag{8-3}$$

公式中：

σ_{LT+T}是提前期的标准差；

D_{avg}是提前期内的平均周期需求量。

【例】商店的可乐日平均需求量为10箱，顾客的需求服从标准差为2箱/天的正态分布，提前期满足均值为6天、标准差为1.5天的正态分布，并且日需求量与提前期是相互独立的，试确定95%的顾客满意度下的安全库存量。

解：由题意得知$\sigma=2$箱，$\sigma_{LT+T}=1.5$天，$D_{\text{avg}}=10$箱/天，$LT+T=6$，服务水平为0.95对应$Z_{\alpha}=1.65$，代入式（8-3），得：

$$SS=1.65\times\sqrt{2^{2}\times6+1.5^{2}\times10^{2}}\approx26\text{（箱）}$$

即在满足95%的顾客满意度的情况下，安全库存量约为26箱。

应该注意到，确定安全库存的过程中，统计的数据是过去的数据，以过去的数据预测将来是有风险的。另外，安全库存还会受到库存周转率指标的影响。事实上，安全库存与其说是统计计算的结果，还不如说，它是一个管理决策。这是库存管理人员必须牢记的原则。

2. 利用服务水平

在许多情况下，企业往往并不知道缺货成本到底有多大，甚至大致地加以估计也很困难。在这种情况下，往往由管理者来规定服务水平，由此来确定安全库存。下面介绍如何确定安全库存量，以使之满足规定的服务水平。

服务水平表示用存货满足顾客需求的能力。如果顾客在需要的时候就可得到他们所需要的物品，则服务水平为100%；否则服务水平就低于100%，服务水平与缺货水平之和为100%。一般来说，保证需求随时都得到满足不但很困难，而且在经济上也不合理，这是因为报偿递减原理在起作用。可能不需要很多费用就可以把服务水平从80%提高到85%，但要把服务水平从90%提高到95%所需要费用就要大得多。当服务水平接近100%时，安全库存投资通常会急剧地增长。由于企图完全消除缺货的费用很高，大多数企业都允许一定程度的缺货。

衡量服务水平有多种方式，如按满足需求的单位数、金额或订货次数来衡量。不存在一种服务水平的衡量方式适合所有的库存物品，因而要具体情况具体分析，确定适合的衡量方式。四种常用的服务水平有：按订货周期计算的服务水平、按年计算的服务水平、需求量服务水平系数、作业日服务水平系数。

不同服务水平衡量方式下得出的订货点或安全库存量不相同，选择何种衡量方式

应由管理者根据经营目标决定。

按订货周期计算的服务水平表示在补充供应期（前置时间）内不缺货的概率。这种衡量方式不关心缺货量的大小，仅反映可能出现在订货周期内的缺货是多长时间发生一次。

按订货周期计算的服务水平＝1－有缺货的订货期数/订货期总数

$$=1-P(M>R) \tag{8-4}$$

$P(M>R)=P(S)$＝有缺货的订货期数/订货期总数

＝1－按订货周期计算的服务水平　　(8-5)

公式中，$P(M>R)$ 就是上面所提及的缺货概率，也就是前置时间需求量（M）会超过订货点（R）的概率。已知所允许的缺货概率后，根据前置时间需求量的概率分布，就可以确定安全库存，使之满足规定的服务水平。

当需求量服从正态分布时，由给定的服务水平确定缺货概率，然后查标准正态分布表，确定需求量标准正态偏差 Z，那么：

$$\text{安全库存}=Z\sigma \tag{8-6}$$

公式中，σ 是标准差。

这时：

$$\text{订货点}=\text{期望平均需求}+\text{安全库存}=E(M)+Z\sigma \tag{8-7}$$

四、降低安全库存的措施

降低安全库存应遵循的原则有：订货时间尽量接近需求时间，订货量尽量接近需求量，库存适量。

由于意外情况而导致供应中断、生产中断会影响顾客服务水平，除非将需求的不确定性和供应的不确定性消除，或减到最小限度。所以，至少有 4 种具体措施可以降低安全库存。

(1) 改善需求预测。预测越准，意外需求发生的可能性就越小。另外，还可以采取一些方法鼓励顾客提前订货。

(2) 缩短订货周期与生产周期。周期越短，在该期间内发生意外的可能性也越小。

(3) 减少供应的不稳定性。一种方法是将生产计划告知供应商，以便他们能够及早做出安排。另一种方法是改善现场管理，减少废品或返修品的数量，从而减少由于这种原因造成的不能按时按量供应。另外，要加强设备的预防维修，以减少由于设备故障而引发的供应中断或延迟。

(4) 运用统计方法，通过对前 6 个月甚至前 1 年产品需求量的分析，求出标准差后即得出上下浮动点，然后据以确定适当的库存。

单元三　定期库存管理方法

学习情境

某公司为实施定期订货法策略，对某个商品的销售量进行了分析研究，发现客户的需求服从正态分布。该商品过去9个月的销售量（单位：吨/月）分别是11、13、12、15、14、16、18、17、19，如果该公司组织资源进货，则订货提前期为1个月。已知：该商品一次订货费为30元，1吨该商品一个月的保管费为1元。如果要求库存满足率达到90%，根据这些情况，该公司应当如何制定定期订货法策略呢？在实施定期订货法策略后，第一次订货检查时，发现该商品现有库存量为21吨，已订未到的有5吨，已经售出但尚未提货的有3吨，请问第一次订货时应该订多少？

学习目标

1. 认识定期库存管理方法的内涵。
2. 识别定期库存管理方法的应用范围。
3. 掌握定期订货法控制参数的确定。

学习地点

1. 各类型仓库，如物流公司仓库、制造企业仓库等。
2. 校内实训室。

学习内容

一、定期订货法的含义

定期库存管理方法又称“定期采购方式控制”，是以定期检查盘点和固定订货周期为基础的一种库存量控制方法，也就是我们常说的定期订货法，是按预先确定的订货时间间隔按期进行订货，以补充库存的一种库存控制方法。它要求按固定的检查周期对库存量进行盘点，并根据检查盘点的实际库存量和下一个进货周期的预计需求量来确定订购批量。所以，定期订货法是以“定期不定量”为特征的，即订购周期固定，如果备运时间相同，则进货周期也固定，而订购点和订购批量不定。

其决策思路是：每隔一个固定的时间周期检查盘点库存项目的储备量，根据盘点结果与预定的目标库存水平的差额确定每次订购批量。这里假设需求量是随机变化的，因此每次盘点时的储备量都是不相等的，为达到目标库存水平 Q_0 而需要补充的数量也

是变化的。所以，定期库存控制系统的决策变量是：检查时间周期 T，目标库存水平 Q_0。在定期库存控制系统中，L 是订货提前期，T 是检查时间周期，其储备量变化情况如图 8-4 所示。

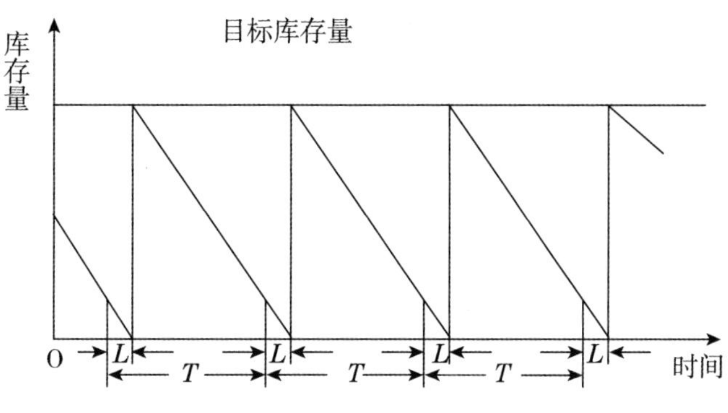

图 8-4　定期库存控制系统

二、定期订货法的应用范围

对具有下列特点的物品可以考虑采用定期订货法进行库存控制。

(1) 需要定期盘点和定期采购或生产的物品。这些物品主要是指成批需要的各种原材料、配件、毛坯和零配件等。在编制上述物品的采购计划时通常均要考虑现有库存的情况，由于计划是定期制订并执行的，因此这些物品需要定期盘点和定期采购。

(2) 具有相同供应源的物品。此处，具有相同供应源的物品是指同一供应商生产或产地在同一地区的物品。由于物品来源的相似性，采用统一采购策略，不仅能够节约订货和运输费用，而且可以获得一定的价格折扣，降低购货成本。另外，还可以保证统一采购的顺利进行。

(3) 供货渠道较少或供货来自物流企业的物品。其库存管理可采用定期库存控制系统。

定期订货法的缺点是不论库存水平降得多还是少，都要按期订货，当库存水平很高时，订货量是很少的。

三、定期订货法控制参数的确定

定期订货法的实施主要取决于三个控制参数的确定。

1. 订货周期的确定

在定期订货法中，订货点实际上就是订货周期，其间隔时间总是相等的。它直接决定着最高库存量的大小，即库存水平的高低，进而也决定了库存成本的多少。

订货周期一般根据经验来确定，主要考虑制订生产计划的周期，常取月或季度作为库存检查周期。从费用角度出发，如果要使总费用达到最小，我们可以采用经济订货周期的方法来确定。

设以一年为单位，根据定期订货法，当年订货成本和保管成本相等时，总成本最小。因此有：年采购成本 = 年保管成本

即
$$S/T^{*} = DC_0/2 \tag{8-8}$$

得：

$$T^* = 2S/C_0D \tag{8-9}$$

公式中：T^*——经济订货周期；

S——单次订货成本；

C_0——单位商品年储存成本；

D——单位时间内库存商品需求量。

【例】 某仓库 A 商品年需求量为 16 000 箱，单位商品年保管费用为 20 元，每次订货成本为 400 元，求经济订货批量 Q^* 和经济订货周期 T^*。

解：$Q^* = \sqrt{2DS/C_0}$

$= \sqrt{2\times16000\times400/20}$

$= 800$（箱）

$T^* = 2S/C_0D$

$= 2\times400/20\times16000$

$= 1/20$（年）

$= 18$（天）

2. 目标库存水平的确定

目标库存水平是满足订货期加上提前期时间内的需求量的库存量。它包括两部分：一部分是订货周期加提前期内的平均需求量，另一部分是根据服务水平保证供货概率的保险储备量。

实施定期订货法时，最高库存量是用以满足（$T+T_K$）期间内的库存需求的，所以我们可以用（$T+T_K$）期间的库存需求量为基础，再考虑随机发生的不确定的需求，以设置一定的安全库存。公式如下：

$$Q_{\max} = D(T+T_K) + Q_S \tag{8-10}$$

公式中：$Q_{\max}$——最高库存量；

D——（$T+L$）期间的库存需求量平均值；

T——订货周期；

T_K——平均订货提前期；

Q_S——安全库存量。

3. 订货批量的确定

定期订货法没有固定不变的订货批量，每个周期订货量的大小，等于该周期的最高库存量与实际库存量的差值。这里的“实际库存量”是指检查库存时仓库所实际具有的能够用于销售供应的全部物品的数量。考虑到订货点的在途到货量和已发出出货指令尚未出货的待出货数量，则每次订货的订货量的计算公式为：

订货量=最高库存量-订货未到量-实际库存量+顾客延迟购买量，即

$$Q_I = Q_{\max} - Q_{NI} - Q_{KI} + Q_{MI} \tag{8-11}$$

公式中：Q_I——第 I 次订货的订货量；

$Q_{\max}$——目标库存量（最高库存量）；

Q_{NI}——第 I 次订货点的在途到货量；

Q_{KI}——第 I 次订货点的实际库存量；

Q_{MI}——第 I 次订货点的待出库货物数量。

【例】某仓库A商品订货周期18天，平均订货提前期3天，平均库存需求量为每天120箱，安全库存量360箱。已知某次订货时在途到货量600箱，实际库存量1500箱，待出库货物数量500箱。试计算该仓库A商品最高库存量和该次订货时的订货批量。

解：$Q_{\max}=D(T+T_K)+Q_S$

$=120\times(18+3)+360$

$=2880$（箱）

$Q_I=Q_{\max}-Q_{NI}-Q_{KI}+Q_{MI}$

$=2880-600-1500+500$

$=1280$（箱）

$$Q_{\max}=(T+L)D+ZS^2 \qquad (8-12)$$

公式中：T——订货周期；

L——订货提前期；

D——平均日需求量；

Z——服务水平保证的供货概率查正态分布表对应的T值；

S——订货期加提前期内的需求变动的标准差。

若给出需求的日变动标准差S_0，则：$S^2=S_0\sqrt{T+L}$　　(8-13)

依据目标库存水平，可得到每次检查库存后提出的订购批量：

$$Q=Q_0-Q_T \qquad (8-14)$$

公式中：Q_0——目标库存水平；

Q_T——在第T期检查时的实有库存量。

【例】某货品的需求率服从正态分布，其日均需求量为200件，标准差为25件，订购的提前期为5天，要求的服务水平为95%，每次订购成本为450元，年保管费率为20%，货品单价为1元，企业全年工作250天，本次盘存量为500件，经济订货周期为24天。试计算目标库存水平与本次订购批量。

解：

(1)（$T+L$）期内的平均需求量=（24+5）×200=5800（件）

(2)（$T+L$）期内的需求变动标准差的平方 $S^2=25\times\sqrt{24+5}\approx135$

(3) 目标库存水平 $Q_{\max}=5800+1.65\times135=6023$（件）

(4) 订购批量：$Q=6023-500=5523$（件）

从上例的计算结果可以看出，在同样的服务水平下，固定订货期系统的保险储备量和订购批量都要比固定订货量系统的保险储备量和订购批量大得多。这是由于在固定订货期系统中需满足订货周期加提前期内需求量和防止在上述期间发生缺货所需的保险储备量。这就是为什么对一些关键物品、价格高的物品不用固定订货期法，而用固定订货量法来控制库存的原因。

单元四　定量库存管理方法

学习情境

某食品厂对糖原料使用定量库存控制法进行控制，该厂一年的糖原料需求量为1600吨，每吨订货成本为800元，每年库存管理成本为16元。

小王刚入职，对库存管理的原理、知识理解不够透彻，该厂准备采用定量订货的方式进行库存管理，那么小王该如何去订货，订货数量和订货次数是多少？

学习目标

1. 学会定量库存管理方法的要点。
2. 掌握定量库存管理的具体操作过程。

学习地点

1. 各类型仓库，如物流公司仓库、制造企业仓库等。
2. 校内实训室。

学习内容

一、定量订货法的含义和基本原理

1. 定量订货法的含义

定量订货法是指当库存量下降到预定的最低库存量（订货点）时，按规定数量（一般以经济批量为标准）进行订货补充的一种库存控制方法（如图8-5所示）。

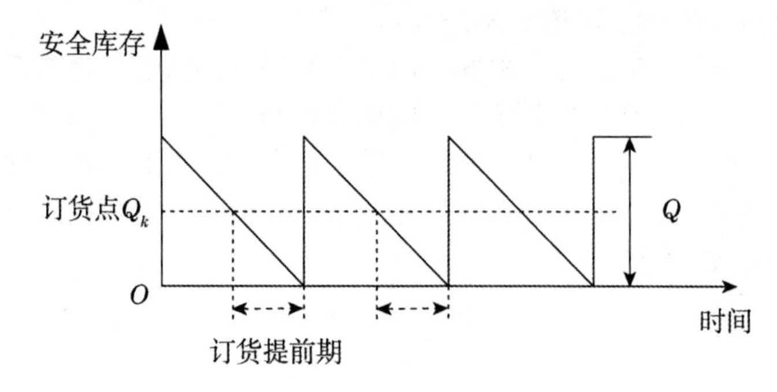

图8-5　定量订货法

2. 定量订货法的基本原理

预先确定一个订货点 Q_K 和订货批量 Q^*，在销售过程中，随时检查库存，当库存下降到 Q_K 时，就发出一个订货批量 Q^*，一般取经济批量（Economic Order Quantity，EOQ）。

结论一：需求量和订货提前期可以是确定的，也可以是不确定的。

结论二：订货点 Q_K 包括安全库存 Q_S 和订货提前期的平均需求量 DL 两部分。当需求量和订货提前期都确定的情况下，不需要设置安全库存；当需求量和订货提前期都不确定的情况下，设置安全库存是非常必要的。

结论三：由于控制订货点 Q_K 和订货批量 Q^* 使得整个系统的库存水平得到了控制，从而使库存费用得到控制。

二、定量订货法的应用范围和优缺点

1. 定量订货法的应用范围

在下列情况下可以考虑采用定量订货法系统模型进行库存控制。

（1）所储物品（存货）具备进行连续检查的条件。并非所有的物品都能很方便地随时接受检查，具备进行连续检查条件是选用连续检查控制方式的前提。

（2）价格虽低但需求数量大的物品以及价格较高的物品。这些均是需要重点控制的物品，应该考虑采用连续检查控制方式对其库存进行控制。对于价格低需求量大的物品，采用连续检查控制方式的一些较易实施的方案可以简化控制程序；对于价格高的物品，采用连续检查控制方式可以及时收集库存信息，较灵活地优化库存控制与管理。

（3）易于采购的物品。

采用连续检查控制方式，订货的时间无法确定，因此连续检查控制方式适用于市场上随时可以采购到的物品。

2. 定量订货法的优缺点

优点：订货点、订货批量一经确定，则定量订货法的操作就很简单；当订货量一定时，收货、验收、保管和批发可以利用现成的规格化器具和结算方式，可减少搬运、包装等方面的工作量。定量订货法充分发挥了经济订货批量的作用，可以使平均库存量和库存费用最低。

缺点：要随时盘存，花费较多的人力和物力；订货模式过于机械；订货时间不能预先确定，所以难以进行严格的管理，也难以预先做出较精确的人员、资金、工作等的计划。

此外，在实际工作中具体应用定量订货法时，还要注意它适用的环境条件。

三、定量订货法控制参数的确定

定量订货法的实施需要确定两个控制参数。

1. 订货点的确定

在定量订货法中，发出订货时仓库里该品种保有的实际库存量叫作订货点。它是直接控制库存水平的关键。

（1）在需求量和订货提前期都确定的情况下，不需要设置安全库存，可直接求出订货点。公式如下：

$$订货点=订货提前期的平均需求量 \tag{8-15}$$
$$=每个订货提前期的需求量$$
$$=单位时间需求量\times订货提前期$$

订货提前期单位为天时：

$$订货点=全年需求量/360\times订货提前期（天） \tag{8-16}$$

订货提前期单位为月时：

$$订货点=全年需求量/12\times订货提前期（月） \tag{8-17}$$

（2）在需求量和订货提前期都不确定的情况下，安全库存的设置是非常必要的。公式如下：

$$订货点=订货提前期的平均需求量+安全库存 \tag{8-18}$$
$$=（单位时间的平均需求量\times最大订货提前期）+安全库存$$

在这里，安全库存需要用概率统计的方法求出，公式如下：

$$安全库存=安全系数\times\sqrt{最大订货提前期}\times需求变动值 \tag{8-19}$$

公式8-19中，安全系数可根据缺货概率查安全系数表（如表8-6所示）得到；最大订货提前期可根据以往的数据来确定；需求变动值可用以下方法求得。

$$需求变动值=\sqrt{\frac{\sum(y_i-y_A)^2}{n}} \tag{8-20}$$

公式中：y_i——每期值；

y_A——平均值。

表8-6　安全系数表

缺货概率（%）	30.0	27.4	25.0	20.0	16.0	15.0	13.6
安全系数值	0.54	0.60	0.68	0.84	1.00	1.04	1.10
缺货概率（%）	11.5	10.0	8.1	6.7	5.5	5.0	4.0
安全系数值	1.20	1.28	1.40	1.50	1.60	1.65	1.75
缺货概率（%）	3.6	2.9	2.3	2.0	1.4	1.0	
安全系数值	1.80	1.90	2.00	2.05	2.20	2.33	

【例】某商品在过去三个月的实际需求量分别为：一月份126箱，二月份110箱，三月份127箱。最大订货提前期为2个月，缺货概率根据经验统计为5%，求该商品的订货点。

解：平均月需求量=（126+110+127）/3=121（箱）

缺货概率为5%，查表8-6，得：安全系数=1.65

$$需求变动值=\sqrt{\frac{(126-121)^2+(110-121)^2+(127-121)^2}{3}}\approx7.79$$

安全库存$=1.65\times\sqrt{2}\times7.79=19$（箱）

订货点 = 121×2+19 = 261（箱）

2. 订货批量的确定

订货批量就是一次订货的数量。它直接影响库存量的高低，同时也直接影响物品供应的满足程度。在定量订货中，对每一个具体的品种而言，每次订货批量都是相同的，通常是以经济批量作为订货批量。

经济订货批量模型是最基本的订货模型，它是按照库存总费用最小的原则来确定订货量的。因此需要下列基本假设：

（1）需求率固定；

（2）交货提前期固定；

（3）订货费用与批量无关；

（4）不允许缺货；

（5）一次性交货；

（6）存储成本是存储量的线性函数；

（7）产品的价格固定。

库存总费用 = 货物成本 + 订货成本 + 存储成本

$$\mathrm{TC} = DC + C_0\frac{D}{Q} + \frac{Q}{2}H \tag{8-21}$$

公式中：TC——一定时期（年或月）物品库存总费用；

C——物品的购买成本或单位生产成本；

D——库存物品的一定时期（年或月）的需求量；

Q——订货批量；

H——单位物品的一定时期存储成本；

C_0——订货成本。

所以：DC 表示年货物成本，$C_0\frac{D}{Q}$表示年订货成本，$\frac{Q}{2}H$ 表示年存储成本，这三种成本之间的关系如图 8-6 所示。

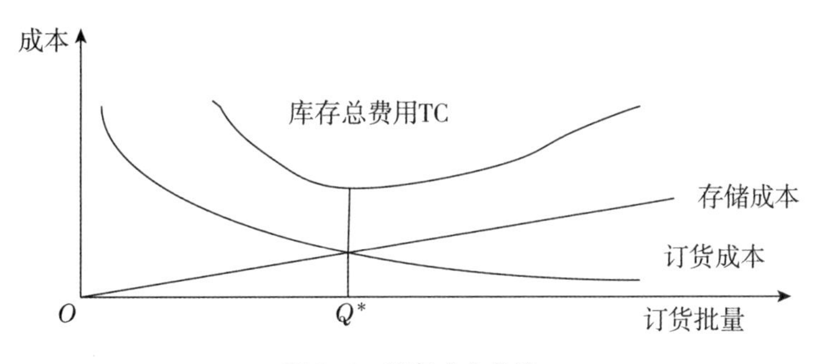

图 8-6　库存成本曲线

将公式 8-21 对 Q 进行求导，得到经济订货批量的基本公式：

$$Q^* = \mathrm{EOQ} = \sqrt{\frac{2DC_0}{H}} \tag{8-22}$$

全年订货次数 $N = D/Q^*$

每次订货之间的间隔时间 $t=365/N$。

【例】长城公司是生产某机械器具的制造企业，依计划每年需采购 A 零件 10 000 个，每次订货成本是 100 元，每个 A 零件每年的保管仓储成本是 8 元。试求 A 零件的经济订货批量，每年的订货次数和每次订货的间隔时间。

解：经济批量

$$Q^*=\text{EOQ}=\sqrt{\frac{2DC_0}{H}}=\sqrt{\frac{2\times 10\ 000\times 100}{8}}=500\text{（个）}$$

每年的订货次数 $N=D/Q^*=10\ 000/500=20$（次）

每次订货的间隔时间 $t=365/20\approx 18$（天）

四、两种企业库存订货管理方式的比较

定期订货法和定量订货法的区别如表 8-7 所示。

表 8-7　定期订货法和定量订货法的区别

项目	定期订货法	定量订货法
订货数量	每次订货数量变化	每次订货数量保持不变
订货时间	订货间隔期不变	订货间隔期变化
库存检查	在订货周期到来时检查库存	随时进行货物库存状况检查并记录
订货成本	较低	较高
订货种类	多品种统一进行订货	每个货物品种单独进行订货作业
订货对象	B 类及 C 类货物	A 类货物，有时 B 类货物亦可采用
缺货	在整个订货间隔期间以及提前订货期间均可能发生缺货	缺货情况只发生在已经订货但货物还未收到的提前订货期间

单元五　库存管理能力实训项目

1. 实训目标

通过模拟案例，使学生学会 ABC 分类法的应用，懂得 ABC 分类法的具体操作过程。

2. 实训准备

（1）了解 ABC 分类法的内涵。

（2）准备计算分析的相关资料和工具。

（3）将全班学生分成若干组，每组 3 人。

（4）工作时间安排 2 学时。

3. 实训任务

一家立体声收音机生产商 CL 公司，当前正面临快速增长的产品线和与产品线多样化相关的库存问题，CL 的总经理 M 已经决定开始一项使用不同的存货分析工具进行公司存货需求分析的项目，这个项目的第一阶段包括公司产品线的 ABC 分析。M 在决定 ABC 分类时，在使用正确的标准以及制定每一类库存合理的削减量方面遇到了问题。为了解决这些问题，M 与一家物流咨询公司订立了服务合同，由这家物流咨询公司进行库存分析，表 8-8 是 CL 公司的产品销售记录。

表 8-8　CL 公司的产品销售记录

销售数据（一年期）			
产品号	售出数量	单位售价/元	单位利润/元
101	12 386	275	82.50
103	784	1 530	459.00
105	1 597	579	173.30
201	48	2 500	975.00
203	2	3 000	1 200.00
205	9 876	450	149.00
301	673	600	180.00
303	547	725	200.00
305	3437	917	240.00
500	78	1 000	312.00

如果你就职于这家物流咨询公司，这项工作由你来做，你如何构建你的分析方法？

你会使用什么样的方法？要将库存削减到什么样的水平？请在你的决策和方法后面，给出你这样做的理由。

4. 任务评价

任务评价的方式有教师评价、小组内部成员评价和第三方评分组成员评价三种，建议教师评价占60%的权重，小组内部成员评价占20%的权重，第三方评分组成员评价占20%的权重，将三者综合起来的得分为该生在该项目的评价分。任务评价单如表8-9所示。

表8-9 任务评价单

考评人		被考评人	
考评地点			
考评内容			
考评标准	具体内容	分值/分	实际得分/分
	工作态度	15	
	完成的速度	20	
	具体计算过程	40	
	计算的精确性	25	
合计		100	

注：考评满分100分，60分以下为不及格，60～69分为及格，70～79分为中，80～89分为良，90分以上为优。

本模块小结

本模块主要目的是通过了解库存控制的重要性，熟悉企业库存管理中所需的职业能力和要求，最后通过真实案例或模拟库存控制进行实训，让学生进一步掌握ABC分类法、定量订货法、定期订货法、安全库存控制的原理及应用。

计算分析题

1. 如果某产品的需求量（D）为每年2000单位，价格为每单位2.5元，每次订货的订货成本（C）为25元，年持有成本率F为20%，则各次订货之间的最优检查间隔期T为多长时间？

2. 某公司为实施定期订货法策略，对某个商品的销售量进行了分析研究，发现用户需求服从正态分布。过去9个月的销售量（单位：吨）分别是：11、13、12、15、14、16、18、17、19。如果他们组织资源进货，则订货提前期为1个月，一次订货费为30元，1吨物品一个月的保管费为1元。如果要求库存满足率达到90%，则应当如何制定定期订货法策略？在实施定期订货法策略后，第一次订货检查时，发现现有库存量为21吨，已订未到货物品5吨，已经售出但尚未提货的物品3吨，则第一次订货时应该订多少？

3. 某公司销售钢材，过去6周，每周销售的钢材（单位：吨）分别为108、134、155、117、133、145，如果它们服从正态分布，订货进货提前期为4周，一次订货费用

300 元，一吨钢材保管 1 周需要保管费 10 元，要求库存满足率达到 95%。如果实行定量订货法，则应该怎样进行经济订货批量的计算？

4. 某公司为了降低库存成本，采用订购点法控制某种商品的库存。该商品的年需求量为 1000 单位，订购成本为每次 10 元，每年每单位商品的持有成本为 0.5 元。则该公司每次订购的最佳数量为多少？如果安全库存天数为 3 天，订购备运时间为 4 天，则该公司的订购点为多少？

附：标准正态分布表

x	0.00	0.01	0.02	0.03	0.04	0.05	0.06	0.07	0.08	0.09
0.0	0.5000	0.5040	0.5080	0.5120	0.5160	0.5199	0.5239	0.5279	0.5319	0.5359
0.1	0.5398	0.5438	0.5478	0.5517	0.5557	0.5596	0.5636	0.5675	0.5714	0.5753
0.2	0.5793	0.5832	0.5871	0.5910	0.5948	0.5987	0.6026	0.6064	0.6103	0.6141
0.3	0.6179	0.6217	0.6255	0.6293	0.6331	0.6368	0.6406	0.6443	0.6480	0.6517
0.4	0.6554	0.6591	0.6628	0.6664	0.6700	0.6736	0.6772	0.6808	0.6844	0.6879
0.5	0.6915	0.6950	0.6985	0.7019	0.7054	0.7088	0.7123	0.7157	0.7190	0.7224
0.6	0.7257	0.7291	0.7324	0.7357	0.7389	0.7422	0.7454	0.7486	0.7517	0.7549
0.7	0.7580	0.7611	0.7642	0.7673	0.7703	0.7734	0.7764	0.7794	0.7823	0.7852
0.8	0.7881	0.7910	0.7939	0.7967	0.7995	0.8023	0.8051	0.8078	0.8106	0.8133
0.9	0.8159	0.8186	0.8212	0.8238	0.8264	0.8289	0.8315	0.8340	0.8365	0.8389
1.0	0.8413	0.8438	0.8461	0.8485	0.8508	0.8531	0.8554	0.8577	0.8599	0.8621
1.1	0.8643	0.8665	0.8686	0.8708	0.8729	0.8749	0.8770	0.8790	0.8810	0.8830
1.2	0.8849	0.8869	0.8888	0.8907	0.8925	0.8944	0.8962	0.8980	0.8997	0.9015
1.3	0.9032	0.9049	0.9066	0.9082	0.9099	0.9115	0.9131	0.9147	0.9162	0.9177
1.4	0.9192	0.9207	0.9222	0.9236	0.9251	0.9265	0.9278	0.9292	0.9306	0.9319
1.5	0.9332	0.9345	0.9357	0.9370	0.9382	0.9394	0.9406	0.9418	0.9430	0.9441
1.6	0.9452	0.9463	0.9474	0.9484	0.9495	0.9505	0.9515	0.9525	0.9535	0.9545
1.7	0.9554	0.9564	0.9573	0.9582	0.9591	0.9599	0.9608	0.9616	0.9625	0.9633
1.8	0.9641	0.9648	0.9656	0.9664	0.9671	0.9678	0.9686	0.9693	0.9700	0.9706
1.9	0.9713	0.9719	0.9726	0.9732	0.9738	0.9744	0.9750	0.9756	0.9762	0.9767
2.0	0.9772	0.9778	0.9783	0.9788	0.9793	0.9798	0.9803	0.9808	0.9812	0.9817
2.1	0.9821	0.9826	0.9830	0.9834	0.9838	0.9842	0.9846	0.9850	0.9854	0.9857
2.2	0.9861	0.9864	0.9868	0.9871	0.9874	0.9878	0.9881	0.9884	0.9887	0.9890
2.3	0.9893	0.9896	0.9898	0.9901	0.9904	0.9906	0.9909	0.9911	0.9913	0.9916
2.4	0.9918	0.9920	0.9922	0.9925	0.9927	0.9929	0.9931	0.9932	0.9934	0.9936
2.5	0.9938	0.9940	0.9941	0.9943	0.9945	0.9946	0.9948	0.9949	0.9951	0.9952
2.6	0.9953	0.9955	0.9956	0.9957	0.9959	0.9960	0.9961	0.9962	0.9963	0.9964
2.7	0.9965	0.9966	0.9967	0.9968	0.9969	0.9970	0.9971	0.9972	0.9973	0.9974
2.8	0.9974	0.9975	0.9976	0.9977	0.9977	0.9978	0.9979	0.9979	0.9980	0.9981
2.9	0.9981	0.9982	0.9982	0.9983	0.9984	0.9984	0.9985	0.9985	0.9986	0.9986
3.0	0.9987	0.9990	0.9993	0.9995	0.9997	0.9998	0.9998	0.9999	0.9999	1.0000

注：本表最后一行自左至右依次是 $\varphi(3.0)$，…，$\varphi(3.9)$ 的值。

模块九

仓储成本及绩效管理能力

单元一　仓储成本管理

学习情境

A 公司是一家传统制造企业，随着市场的发展，A 公司的业务在不断地扩大。虽然 A 公司的规模在不断地扩大，但是公司的物流业务还是自己操作的。受传统观念的影响，A 公司基本上还是按照传统制造模式进行大规模生产，所以经常会造成大量的库存积压，占用了很多资金。为了更好地进行仓储管理，公司安排小王对仓储成本进行分析和计算，从而使相关工作人员能转变对仓储的认识。那么小王该如何分析和计算呢？

学习目标

1. 识别仓储成本的构成。
2. 懂得仓储成本的控制方法。
3. 掌握仓储成本的计算。

学习地点

1. 各类型仓库，如物流公司仓库、制造企业仓库等。
2. 校内实训室。

学习内容

一、仓储成本的构成

仓储成本是指发生在货物储存期间的各种费用支出。其中，一部分用于仓储的设施、设备投资和维护货物本身的自然损耗，另一部分则用于仓储作业所消耗的物化劳动和活劳动，还有一部分是货物存量增加所消耗的资金成本和风险成本。在货物存储过程中的劳动消耗是商品生产在流通领域中的继续，是实现商品价值的重要组成部分。

由于不同仓储商品的服务范围和运作模式不同，其内容和组成部分也各不相同。同时控制仓储成本的方法也多种多样。本书将成本分为两部分：一是仓储运作成本，二是仓储存货成本。

仓储成本分为以上两部分的原因是：在组织管理中，仓储与存货控制由两个不同的部门完成。仓储运作成本发生在仓储部门，并且由仓储部门来控制，而仓储存货成本发生在存货控制部门，其成本由存货控制部门来控制。仓储运作与仓储存货控制是

紧密相关的，要联系起来对其进行分析和控制。

（一）仓储运作成本

1. 仓储运作成本的构成

仓储运作成本是指发生在仓储过程中，为保证商品合理储存、正常出入库而发生的与储存商品运作有关的费用。仓储运作成本包括房屋、设备折旧费用、库房租金以及水、电、气费用和设备修理费用、人工费用等一切发生在库房中的费用。仓储运作成本可以分为固定成本和变动成本两部分（如表9-1所示）。

表9-1　仓储运作成本的构成

构成	含　义	包括的范围
固定成本	一定的仓储存量范围内，不随出入库货物量变化而变化的成本	库房折旧费用、设备折旧费用、库房租金、库房固定人员工资等
变动成本	仓库运作过程中与出入库货物量有关的成本	水、电、气费用和设备维修费用、工人加班费用、货品损坏成本等

2. 仓储运作成本的计算

（1）固定成本的计算。在每月计算成本时仓库固定成本相对固定，与日常发生的仓储运作、消耗没有直接的关系，在一定范围内与库存数量也没有直接的关系。固定成本中的库房折旧费用、设备折旧费用、库房租金和固定人员工资从财务部可以直接得到。根据不同的作业模式，库房中的固定费用有不同的内容，包括固定取暖费用、固定设备维修费用、固定照明费用等。

（2）变动成本的计算。库房运作变动成本的统计和计算是根据实际发生的运作费用进行的，包括按月统计的实际运作中发生的水、电、气费用，设备维修费用，由于货量增加而发生的工人加班费和货品损坏成本等。

（二）仓储存货成本

仓储存货成本是指由于存货而发生的除运作成本以外的各种成本，包括订货成本、资金占用成本、存货风险成本、缺货成本、在途存货成本等。

1. 订货成本

订货成本是指企业为了实现一次订货而进行的各种活动的费用，包括处理订货的差旅费、办公费等支出。订货规模与成本的关系如图9-1所示。订货成本中有一部分与订货次数无关，如常设机构的基本支出等，称为订货的固定成本；另一部分与订货次数有关，如差旅费、通信费等，称为订货的变动成本。具体来讲，订货成本包括与下列活动相关的费用：检查存货；编制并提出订货申请；对多个供应商进行调查比较，选择合适的供应商；填写并发出订单；填写并核对收货单；验收货物以及筹集资金和付款过程中产生的各种费用。

2. 资金占用成本

资金占用成本是指购买货品和保证存货而使用的资金的成本。资金占用成本可以用公司投资的机会成本或投资期望来衡量，也可以用资金发生的利息来计算。为了简化和方便，一般资金占用成本根据银行贷款利息来计算。

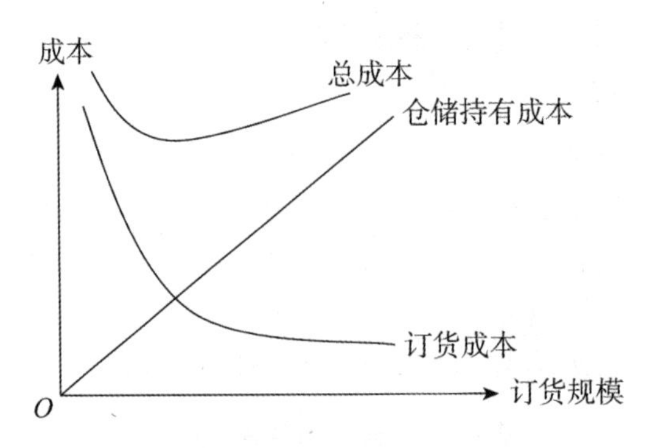

图 9–1　订货规模与成本的关系

3. 存货风险成本

存货风险成本是指发生在货品持有期间，由于市场变化、价格变化、货品质量变化所造成的企业无法控制的商品贬值、损坏、丢失、变质等产生的成本。

4. 缺货成本

缺货成本不是仓库存货发生的成本支出项目，而是作为一项平衡库存大小，从而进行库存决策的一种成本比较方法。缺货成本是指由于库存供应中断而造成的损失，包括原材料供应中断造成的停工损失、产成品库存缺货造成的延迟发货损失和丧失销售机会的损失（还应包括商誉损失）。如果生产企业以紧急采购代用材料来解决库存材料的中断之急，那么缺货成本表现为紧急额外购入成本（紧急采购成本与正常采购成本之差）。当一种产品缺货时，客户就会购买该企业的竞争对手的产品，这就会对该企业造成直接利润损失，如果失去客户，还可能为企业带来间接或长期成本。另外，原材料、半成品或零配件的缺货，意味着机器空闲，甚至停产。

（1）安全库存的存货成本。

为防止因市场变化或供应不及时而发生存货短缺的现象，企业会考虑保持一定数量的安全库存及缓冲库存，以应对在需求方面的不确定。但是，确定在任何时候需要保持多少安全库存是比较困难的，安全库存太多意味着多余的库存，而安全库存不足则意味着缺货或失销。增加安全库存会减少货品短缺的可能性，同时会增加仓储成本。仓储安全库存决策就是寻求一个缺货成本和安全库存成本两者的综合成本最小化。

（2）缺货成本。

缺货成本是由于外部和内部中断供应所产生的。当企业的客户得不到全部订货时，叫作外部缺货；而当企业内部某个部门得不到全部订货时，叫作内部缺货。

如果发生外部缺货，将导致以下两种情况发生。

①延期交货。延期交货有两种形式：一是缺货商品可以在下次规则订货时得到补充；二是利用快递延期交货。如果客户愿意等到下一次规则订货，那么企业实际上没有什么损失。但是如果企业经常发生缺货，客户可能就会转向其他供应商。

商品延期交货会产生特殊订单处理和运输费用。延期交货的特殊订单处理费用要比普通订单处理费用高。由于延期交货导致小规模装运，运输费率相对较高；而且，延期交货的商品可能需要从一个地区的一个工厂的仓库供货，进行长距离运输；另外，

延期交货的商品可能需要利用速度快、收费较高的运输方式运送。因此，延期交货成本可根据额外订单处理费用的额外运费来计算。

②失销。缺货可能会造成一些用户转向其他供应商，也就是说，当一个供应商没有客户所需的商品时，客户就会从其他供应商那里订货，在这种情况下，缺货导致失销，对于企业来说，直接损失就是这种商品的利润损失。因此，可以通过计算这批商品的利润来确定直接损失。

除了利润的损失，失销还包括当初负责相关销售业务的销售人员所付出的努力损失，即机会损失。需要指出的是，在一些情况下很难确定失销的总损失。比如，许多客户习惯用电话订货，在这种情况下，客户只是询问是否有货。而未指明订货多少，如果这种商品没货，那么客户就不会说明需要多少，企业也就很难确定损失的利润。此外，很难估计一次缺货对未来销售的影响。

③失去客户。第三种可能发生的情况是由于缺货而失去客户，也就是说，客户永远转向另一个供应商。如果失去了客户，企业也就失去了未来的一系列收入，这种缺货造成的损失很难估计，需要用管理科学的技术以及市场营销的研究方法来分析和计算。除了利润损失，缺货还会造成商誉损失。

5. 在途存货成本

仓储成本主要包括仓库中商品的运作成本和存货成本，但另一项成本也必须加以考虑，就是在途存货成本，它与选择的运输方式有关。如果企业以目的地交货价销售商品，这意味着企业要负责将商品运达客户，当客户收到订货商品时，商品的所有权才算转移。从财务的角度来看，商品仍是销售方的库存。因为这种在途商品在交给客户之前仍然属于企业所有，运货方式及所需的时间是储存成本的一部分，企业应该对运输成本与在途存货成本进行分析。

在途存货的资金占用成本一般等于仓库中库存资金的占用成本。仓储运作成本一般与在途存货不相关，但要考虑在途存货的保险费用。选择快速运输方式时，货物过时或变质的风险一般要小一些，因此仓储风险成本较小。

一般来说，在途存货成本要比仓库中的存货成本小。在实际中，需要对每一项成本进行分析，才能准确计算出实际成本。

二、仓储成本的计算

仓储成本是伴随着物流仓储活动而发生的各种费用。仓储成本是企业物流成本中的重要组成部分，其高低直接影响着企业的利润水平。因此，合理控制仓储成本、加强仓储成本管理是企业物流管理的一项重要内容。

1. 仓储成本的计算目的

仓储成本是指物流活动中所消耗的物化活动和活劳动的货币表现。具体来说，仓储成本分为以下三个部分。

（1）伴随货物的物理性活动而发生的费用，以及从事这些活动所必需的设备、设施成本。

（2）伴随物流信息的传送与处理活动而发生的费用，以及从事这些活动所必需的设备、设施成本。

(3) 对上述活动进行综合管理的成本。

仓储成本是客观存在的。但是，由于仓储成本的计算内容和范围没有统一的计算标准，而且不同企业的运作模式也各不相同，不同企业采用了不同的计算方法，但从企业经营的总体需求来讲，仓储成本的计算和信息的收集应满足以下几个方面的需要。

(1) 各个层次的经营管理者进行物流管理所需的成本资料。

(2) 编制物流预算以及预算控制所需的成本资料。

(3) 制订物流计划所需的成本资料。

(4) 监控仓储管理水平所需的各种成本信息。

(5) 计算价格所需的成本资料。

为满足以上需要，仓储成本除了应按物流活动领域、支付形态等分类外，还应根据管理的需要进行分类，而且要通过不同期间成本的比较、实际发生费用与预算标准的比较，并结合仓储周转数量和仓储服务水平，对仓储成本进行分析比较。

2. 仓储成本的计算范围

在计算仓储成本之前，需要明确仓储成本的计算范围。计算范围取决于成本计算的目的，如果要对所有的仓储物流活动进行管理，就需要计算出所有的仓储成本。同样是仓储成本，由于所包括的范围不同，计算结果也不一样。如果只考虑库房本身的费用，不考虑仓储物流等其他领域的费用，也不能全面地反映仓储成本的全貌。每个企业在统计仓储成本时的口径不一样，往往缺乏可比性。因此，在讨论仓储成本的时候，首先应该明确成本计算所包括的范围。

在计算仓储成本时，原始数据主要来自财务部门提供的数据。因此，应该把握按支付形态分类的成本。在这种情况下，对外支付的保管费可以直接作为仓储物流成本全额统计，但对于企业内发生的仓储费用与其他部门发生的费用混合在一起的，需要从中剥离出来，如材料费、人工费、物业管理费、管理费、营业外费用等。

(1) 材料费。

仓储材料费，即与仓储有关的包装材料、消耗工具、器具备品、燃料等费用。根据材料的出入库记录，将一定时期内与仓储有关的消耗量计算出来，再分别乘以单价，便可得出仓储材料费。

(2) 人工费。

人工费可以根据物流工作人员的工资、奖金、补贴等报酬的实际支付金额得到，以及由企业统一负担部分按人数分配后得到的金额计算出来。

(3) 物业管理费。

物业管理费包括水、电、气等费用。可以根据所记录的用量来获取相关数据，也可以根据建筑设施的比例和物流工作人员的比例简单推算。

(4) 管理费。

管理费的相关数据无法从财务会计方面直接得到，可以按人数比例简单计算。

(5) 营业外费用。

营业外费用包括折旧、利息等。折旧根据设施设备的折旧年限、折旧率计算，利息根据物流相关资产的贷款利率计算。

3. 仓储存货成本的计算方法

（1）购进存货成本的计算。

购进存货是指流通企业为了出售或加工后出售，通过货币结算的方式取得商品或商品所有权的交易行为。

存货的形式主要有外购和自制两个途径。从理论上讲，企业无论是从何种途径取得的存货，凡与存货形成有关的支出，均应计入存货的成本。流通企业由于其行业的特殊性，在购进商品时，进价和按规定应计入商品成本的税金均应作为实际成本，采购过程中发生的运输费、装卸费、保险费、包装费、仓储费等，运输途中发生的合理损耗、入库前的挑选整理费等，直接计入当期损益。

流通企业加工的商品，以商品的进货原价、加工费用和按规定应计入成本的税金作为实际成本。

（2）仓储成本的不同计算方法。

为了合理计算仓储成本，有效监控仓储过程中发生的费用来源，可以按支付形式、按仓储运作项目或按使用对象等不同方法计算仓储成本。

①按支付形式计算仓储成本。仓储成本分别按仓储搬运费、仓储保管费、材料消耗费、人工费、仓储管理费、仓储占用资金利息等支付形态分类，就可以计算出仓储成本的总额。这样可以了解花费最多的项目，从而确定仓储成本管理的重点。

这种计算方法是从月度损益表中“管理费用、财务费用、营业费用”等各个项目中取得一定数值，然后乘以一定的比率（物流部门比率，分别按人数平均、台数平均、面积平均、时间平均等计算出来），得到仓储部门的费用，再将仓储成本总额与上一年度的数值做比较，弄清楚增减的原因并制订整改方案。

②按仓储活动项目计算仓储成本。按仓储活动项目计算仓储成本是指将仓库中的各个运作环节发生的成本分别统计，如入库费用、出库费用、分拣费用、检查费用、盘点费用等。在仓库众多的情况下，采用按仓储活动项目计算仓储成本的方法可以较容易地进行项目之间的比较，从而达到有效管理的目的。

③按适用对象计算仓储成本。仓储成本也可以按照仓库商品所适用的对象，即按产品、地区的不同分别计算。按照不同的地点，计算出各单位仓储成本占销售金额或毛收入的比例，及时发现仓储过程存在的问题并加以解决。

（3）销售存货的成本计算。

仓储管理中的销售存货的成本计算是比较复杂的。对于种类众多、对销售时间敏感的商品，必须选用正确的成本计算方法。这里，商品销售是指企业以现金或转账结算的方式，向其他企业销售商品，同时商品的所有权转移的一种交易活动。

①确认商品销售收入的条件。流通企业销售商品时，从财务角度出发，如同时符合以下三个条件，即确认为收入。

第一，企业已将商品所有权上的主要风险和报酬转移给买方。风险主要是指商品由于贬值、损坏、报废等造成的损失；报酬是指商品中包含的未来经济利益，包括商品因升值等给企业带来的经济利益。判断一项商品所有权上的主要风险和报酬是否已转移给买方，需要视不同的情况而定。在大多数情况下，所有权上的风险和报酬的转移伴随着所有权凭证的转移或实物的交付。但在有些情况下，企业已将所有权凭证或实物交付给买方，但商品所有权上的主要风险和报酬并未转移。

第二，与交易相关的经济利益能够流入企业。与交易相关的经济利益即企业销售商品的货款，销售商品的货款是否能够收回，是确认收入的一个重要条件。如果收回的可能性大，则可作为收入确认；如果收回的可能性不大，则不能确认为收入。

第三，相关的收入和成本能够被可靠地计算。根据收入与费用配比原则，与同一项销售有关的收入和成本，应在同一会计期间予以确认。因此，如果成本不能被可靠地计算，也就无法确认相关的收入。

②存货销货成本的计算。物流企业在将商品销售出去以后，既要及时反馈商品的销售收入，又要计算已售存货的成本，以便据以计算商品的销售成果。能否正确计算存货发出的成本，不仅影响当期的经营损益，而且影响期末存货价值的真实值。

实行数量进价金额核算的物流企业，商品发出的计价方法主要有以下几种。

- 个别认定法。个别认定法也称个别计价法、分批认定法、具体辨认法等，是指以某批材料购入时的实际单位成本作为存货计价依据。个别认定法适用于大件物品、贵重物品的计价。这种方法使得存货的成本流动与实物流动完全一致，因而能准确地反映销货成本和期末存货成本。

个别认定法的优点是：能正确计算存货的实际成本和耗用存货的实际成本。

个别认定法的缺点是：分别记录各批的单价和数量，工作量很大。进货批次较多时不宜采用。

- 加权平均法。加权平均法是指期末时根据期初结存和本期入库存货的实际成本之和计算加权平均单位成本，作为期末存货单位成本和销货单位成本的存货计价的方法。

$$\text{加权平均单位成本}=\frac{\text{期初结存金额}+\text{本期进货金额合计}}{\text{期初结存数量}+\text{本期进货数量合计}}$$

$$\text{期末存货成本}=\text{加权平均单位成本}\times\text{期末结存数量}$$

- 移动加权平均法。移动平均法是指平时入库存货就根据当时库存存货总成本与总数量计算平均单位成本，作为下一次收入存货以前发出存货时单位成本的存货计价方法。

采用移动加权平均法，存货的计价和明细账的登记在日常进行，可以随时了解存货占用资金的动态，但日常核算工作较为烦琐。

$$\text{移动加权平均单位成本}=\frac{\text{新购进货物金额}+\text{原结存金额}}{\text{新购进货物数量}+\text{原结存数量}}$$

- 先进先出法。先进先出法是指假定先购进的存货先耗用或先销售，期末存货就是最近入库的存货，因此先耗用或先销售的存货按先入库存货的单位成本计价，后耗用或后销售的存货按后入库存货的单位成本计价的存货计价方法。

先进先出法的特点是：期末存货的账面价值反映最近入库存货的实际成本。

- 后进先出法。后进先出法是指假定后入库的存货先耗用或先销售，因此先耗用或销售的存货按最近入库存货的单位成本计价，期末存货按最早入库存货的单位成本计价的存货计价方法。

后进先出法在实地盘存制和永续盘存制下均可使用。在不同的盘存制度下采用不同的方法，计算的期末存货成本的销货成本是不同的。

三、仓储成本控制

1. 影响仓储成本的因素

仓储成本的重要构成部分是仓储存货成本。仓储存货增加，既增大了仓库的占用面积和运作量，又占用了大量的资金。货物的存量是仓储费用的决定因素，所以确定货物的存量就成为控制成本的重要一环。对于不稳定的商品，易燃、易爆、易变质和时尚性强的商品，库存量要小一些，以避免在仓储过程中发生质量变化和商品贬值。对时尚性不强的商品，耐存储的商品的库存量可以提高一些。从货物管理方面来看，运输条件的便利与否也是影响库存量的因素之一。从交通方面来看，运输周期短的商品，可以保持较小的库存量。从货物的销售方面来看，销售量增加，相应的库存量也要增加；反之，销售量减少，库存量也要减少。一般来说，确定采购批量和存货数量时应考虑以下几种因素。

（1）取得成本。取得成本主要包括在采购过程中所发生的各种费用的总和。这些费用大体可以归结为两大类：一是随着采购数量的变化而变化的变动费用；二是与采购数量多少关系不大的固定费用。

（2）存储成本。生产、销售的各种货物，在一般情况下，都应该有一定的储备。只要有储备，就会有成本费用发生，这种费用也可以分为两大类：一是与储备所占资金的多少有关的成本，如储备所占资金的利息、相关的税费、仓储货物合理损耗成本等；二是与仓储货物数量有关的成本，如仓库设施维护修理费、货物装卸搬运费、仓库设施折旧费以及仓库管理人员工资、福利费、办公费等。

（3）缺货损失。由于计划不周或环境条件发生变化，导致缺货的发生，从而影响了生产的顺利进行，造成的生产或销售上的损失和其他额外支出称为缺货损失。所以，为了防止缺货损失的发生，在确定采购批量时，必须综合考虑采购费用、存储费用等相关因素，以确定最佳的经济储量。

（4）运输时间。在商品采购过程中，要做到随要随到的情况是有条件的。在一般情况下，从商品采购到商品入库是需要一定的时间的。所以，在商品采购时，需要将运输时间纳入考虑的相关因素范围。

只有对上述影响商品采购批量的因素进行分析之后，才能确定商品的最佳经济采购量，从而确定合适的存货数量。

2. 仓储成本控制的重要性及其原则

（1）仓储成本控制的重要性。

仓储成本控制的重要性主要体现在以下几个方面。

①仓储成本控制是企业的“第三利润源”，直接服务于企业的最终目标。增加利润是企业的目标之一，也是社会经济发展的原动力。在收入不变的情况下，降低成本可以使利润增加；在收入增加的情况下，降低成本可以使利润增加；在收入下降的情况下，降低成本可以抑制利润的下降。

②仓储成本控制是企业增强竞争力、求得生存和发展的主要保障。在市场竞争中降低各种运作成本、提高产品质量、创新产品设计和增加产品销量是企业保持竞争力的有效手段。降低仓储成本可以提高企业价格竞争能力和安全边际率，使企业在经济

萎缩时继续生存下去，在经济增长时得到较高的利润。

③仓储成本控制是企业持续发展的基础。只有把仓储成本控制在同类企业的先进水平上，才有迅速发展的基础。仓储成本降低了，可以削减售价以扩大销售，销售扩大后经营基础稳定了，才有力量再提高产品质量，创新产品设计，寻求新的发展。仓储成本一旦失控，就会造成大量的资金沉淀，严重影响企业的正常经营。

（2）仓储成本控制的原则。

①政策性原则。

• 质量和成本的关系。不能因片面追求降低仓储成本，而忽视存储货物的保管要求和保管质量。

• 国家利益、企业利益和消费者利益的关系。降低仓储成本从根本上说对国家、企业、消费者都是有利的，但是如果在仓储成本控制过程中，采用不适当的手段损害国家和消费者的利益，就是错误的，应予避免。

• 全面性。仓储成本涉及企业管理的方方面面，因此控制仓储成本要全员、全过程和全方位控制。

②经济性原则。

• 经济性原则主要强调推行仓储成本控制而发生的成本费用支出不应超过因缺少控制而丧失的收益。同销售、生产、财务活动一样，任何仓储管理工作都要讲求经济效益，为了建立某项严格的仓储成本控制制度，需要一定的人力或物力支出，但这种支出要控制在一定的范围之内，不应超过建立这项控制所能节约的成本。

• 经济性原则要求企业只在仓储活动的重要领域和环节上对关键的因素加以控制，而不是对所有成本项目都进行同样周密的控制。

• 经济性原则要求仓储成本控制要能起到降低成本、纠正偏差的作用，并具有实用、方便、易于操作的特点。

• 经济性原则要求管理活动遵循重要性原则，将注意力集中于重要事项，对一些无关大局的成本项目可以忽略。

3. 降低仓储及配送成本的思考方法

仓库或物流中心的配送活动是按照订单要求，在物流中心进行分拣、配货工作，并将配好的货品送达客户的过程。它是流通、加工、整理、拣选、分配、配货、装配、运送等一系列活动的集合。通过配送，才能最终使物流活动得以实现，而且配送活动是供应链整体优化的过程，它给整个供应系统带来了效益，提高了客户服务水平。但就具体仓库而言，增加配送活动会带来客户物流成本的增加。这时，就需要在提高客户满意度和减少配送成本之间寻求平衡，在一定的配送成本下尽量提高客户服务水平，或在一定的客户服务水平下使配送成本最小。现代物流活动不能将各物流功能割裂开来，仓储活动与运输、与配送、与客户的满意度都有直接的关系。这里介绍在一定的客户服务水平下使配送成本最小的思考方法。仓库的规划思路和定位原则将影响物流链中的配送综合成本。

（1）差异化。差异化的指导思想是：产品特征不同，客户群体服务需求也不同。当企业拥有多种产品线或仓库拥有不同客户组合时，不能对所有商品和所有客户都按同一标准的客户服务水平来运送，而应按产品的特点、销售水平来设置不同的库存、

不同的运送方式以及不同的储存地点，按客户的需求特点设置不同的订货周期、不同的运送方式，忽视产品的差异会增加不必要的配送成本。例如，一家生产化学品添加剂的公司，为了降低成本，按各种产品的销售量比重进行分类：A 类产品的销售量占总销售量的 70%以上，B 类产品占 20%左右，C 类产品占 10%左右。对 A 类产品，公司在各个销售网点都备有库存，对 B 类产品，公司在各个销售网点不备有库存，C 类产品连地区分销中心都不设库存，仅在工厂的仓库才有存货。

（2）混合法。混合法是指配送业务一部分由企业自身完成。这种策略的基本思想：尽管采用单一配送法（即配送活动要么全部由物流中心自身完成，要么完全外包给其他运输公司）易形成一定的规模经济，并使管理简化，但由于产品品种多变、规格不一、销量不等等情况，采用单一配送方式超出一定程度不仅不能取得规模效益，反而会造成规模不经济。而采用混合法，合理安排物流中心自己完成的配送和外包给运输公司完成的配送，能使配送成本最低。

（3）合并法。合并法包含两个层次：一是配送方法上的合并，二是共同配送。

①配送方法上的合并。物流中心安排车辆完成配送任务时，充分利用车辆的容积和载重量，做到满载满装，这是降低成本的重要途径。由于产品品种繁多，不仅包装形态、储运性能不一，载容量方面也往往相差甚远。车上如果只装容重大的货物，往往是达到了载重量，但容积空余很多；只装容重小的货物则刚好相反，看起来车装得满，实际上并未达到车辆载重量。这两种情况实际上都造成了浪费。实行合理的轻重装配、容积也大小不同的货物搭配装车，就可以不但在载重方面达到满载，而且也充分利用了车的有效容积，取得最优效果。最好是借助电子计算机计算货物配车的优化解。

②共同配送。共同配送是一种产权层次上的共享，也称集中协作配送。它是几个企业联合，集小量为大量，共同利用同一配送设施的配送方式，其标准运作形式是：在中心机构的统一指挥和调度下，各配送主体采取联合行动，在较大的地域内协调运作，共同对某一个或几个客户提供系列化的配送服务。

（4）延迟法。在传统的配送计划安排中，大多数库存是根据对未来市场需求的预测量设置的，这时就存在预测风险，当预测量与实际需求量不符合时，就出现库存过多或过少的情况，从而增加配送成本。延迟法的基本思想就是对产品外观、形状及生产、组装、配送要求应尽可能在接到客户订单后再确定，一接到订单就快速反应，因此采用延迟法的一个基本前提是信息传递要非常快。一般来说，实施延迟法的企业应具备以下几个基本条件。

①产品特征。生产技术非常成熟，模块化程度高，产品密集程度高，有特定的外形，产品特征易于表述，定制后可改变产品的容积或重量。

②生产技术特征。产品设计模块化，设备智能化程度高，定制工艺与基本工艺差别不大。

③市场特征。产品生命周期短，销售波动性大，价格竞争激烈，市场变化大，产品的提前期短。

实施延迟法常采用两种方式：生产延迟（或称形成延迟）和物流延迟（或称时间延迟）。配送中往往存在加工活动，例如，某墙漆生产企业将配漆过程放到仓库中进行，这既大大减少了不同产品的存货数量，又增加了产品的保质期。实施配送延迟法既可采用形成延迟方式，也可采用物流延迟方式。

（5）标准化。标准化就是尽量减少因品种多变而导致的附加配送成本，尽可能多地采用标准零部件、模块化产品。采用标准化要求厂家从产品设计开始就要站在消费者的立场去考虑怎么样节省配送成本，而不要等到产品定型生产出来了才考虑采用什么技巧降低配送成本。

4. 降低仓储成本的对策

首先要对仓储成本的组成要素进行分析，有针对性地找出对仓储成本影响最大的因素并加以控制，以达到对症下药的目的。例如，在一些先进国家，仓储成本中人工费用占50%以上，而我国目前仓储成本中的资产费用占据相当大的比例。控制仓储成本的首选措施是从快速见效的部分入手，如可以从降低存货发生成本、降低产品包装成本和降低产品装卸成本等几个方面来考虑降低仓储成本。

（1）降低存货发生成本。

①排除无用的库存。定期核查仓库中的货品，将长期不用、过期、过时的货品及时进行清理。无用的库存既占用空间，又增加库房运作费用。

②减少库存量。仓储费用与库存数量成正比，在满足存货包装功能的前提下，将存货数量减到最低，无疑是减少仓储成本的最直接的办法。存货控制部门合理的计划、与客户和供应商的良好沟通，都能为降低库存提供良好的帮助。

③重新配置库存时，有效、灵活地运用库存量。

（2）降低产品包装成本。

①使用价格低的包装材料。

②包装作业机械化。

③包装简单化。

④采用大尺寸的包装。

（3）降低产品装卸成本。

①使用集装箱和托盘，实现机械化。

②减少装卸次数。

这些合理的对策，可以单独实施，也可以同时实施。实施时，要充分掌握费用的权衡关系，在研究降低总的物流费用时思考其合理化的效果。

单元二　仓储绩效管理

学习情境

某仓储公司年终经常面临员工跳槽的困境，员工认为仓库绩效考核不太合理。因此，公司王经理决定重新制订考核方案。王经理重新梳理了公司的考核制度和方法，发现绩效考核存在主观性较强、记录不及时、指标以部门为主等问题，绩效激励效果不明显。因此，王经理提出采用关键绩效指标考核法，结合岗位职责重新构建部门员工的绩效考核指标。目前，仓储管理部门主要有基层管理者和基层员工两个岗位等级，应先确认这两个岗位的工作职责要求，并结合工作要求确定绩效考核方案。

学习目标

1. 懂得仓储绩效管理的内容和标准。
2. 学会设计仓储绩效考核的表格。

学习地点

1. 各类型仓库，如物流公司仓库、制造企业仓库等。
2. 校内实训室。

学习内容

一、仓储绩效管理的目标及原则

仓储绩效管理的目标是：按计划完成生产经营目标，保持并逐步提高对客户和其他部门适度的服务水平，控制仓储部门的成本和物流总成本，为了达到目标，就要建立起系统的仓储绩效考核体系。

以客户为中心的公司在注重公司利润的同时，还关注更好地为客户服务，具体包括：全体员工对客户礼貌、热情；雇用和培训员工，成功营造服务导向的公司文化；公司赏识那些既能保证工作效率又能使客户满意的员工；公司经理们的注意力放在支持员工做好工作上，这样就可以使员工集中精力满足客户的需求；好的服务和资历是职位提升的根据；对员工进行技术和人际交往方法的培训；所有员工都知道他们的客户是谁（内部的和外部的），而且明白怎样使他们成为客户链中的一员；人人参与公司的管理；管理者在做任何决定前，都要了解客户的反馈意见；考虑公司的长远利益。

仓储绩效管理过程中应遵循的原则是：

（1）科学性。仓储绩效管理工作要客观地、如实地反映仓储作业的所有环节和生产要素，体现出绩效管理的科学性。

（2）量化性。仓储绩效评价指标量化才能更有利于仓储管理过程，量化需要结合主观量化与客观量化，效果更佳。

（3）综合性。仓储管理是一个系统工程，绩效评价要素是相互联系、相互制约、相互平衡的组合。

（4）可行性。仓储绩效管理应易于操作，工作人员容易掌握和运用，数据容易获得，便于统计计算，可以分析比较。

（5）稳定性。仓储绩效评价指标需要具有一定的稳定性，在一定时期内保持相对稳定，不宜频繁修改。经过一段时间的应用，可以进行总结和改进、完善。

二、仓储绩效管理指标体系

绩效管理是日常管理的有效管理工具，管理对象包括组织和个人，是衡量组织、个人业务能力、工作水平的一种管理工具。仓储作业是物流作业中的重要环节，仓储管理是物流管理的基础。科学合理的仓储绩效评价能够促进高效高质的仓储管理作业，进而保证高效有序的物流作业。好的仓储绩效管理工作需要制定科学合理的仓储绩效管理指标体系，从仓储管理从业人员和仓储管理作业水平两个方面构建仓储绩效管理指标体系，如表 9-2 至表 9-7 所示。

表 9-2　仓储管理从业人员考核评分标准表

项目	内容	分数/分					
		5	4	3	2	1	0
业绩 25 分	达标情况	超过	达到	尚可	欠佳	未达	无
	工作态度	非常积极	积极	尚可	欠佳	很低	无
	工作方法	规范灵活	规范简化	规范	欠佳	很低	无
	工作量	很大	大	尚可	欠佳	很少	无
	工作效率	很高	高	尚可	欠佳	很低	无
能力 25 分	执行力	坚决	能	尚可	欠佳	差	无
	创新力	经常	求新	尚可	欠佳	差	无
	理解力	举一反三	好	尚可	欠佳	差	无
	判断力	敏锐正确	正确	尚可	欠佳	差	无
	应变力	过人	机警	尚可	欠佳	差	无
品德 25 分	服从性	坚决	能	尚可	欠佳	差	无
	协调性	很好	好	尚可	欠佳	差	无
	个人修养	很高	高	尚可	欠佳	差	无
	集体荣誉感	很高	高	尚可	欠佳	差	无
	对公司的态度	忠实	配合	尚可	欠佳	差	无

（续表）

项目	内容	分数/分					
		5	4	3	2	1	0
学识 25 分	专业知识	全面精深	全面	尚可	欠佳	差	无
	一般知识	全面精深	全面	尚可	欠佳	差	无
	文字表达能力	相当强	强	尚可	欠佳	差	无
	学识与岗位匹配程度	相当合适	合适	尚可	欠佳	差	无
	进取心	相当强	强	尚可	欠佳	差	无
备注							

表 9-3　仓储作业人员考核评分标准表

姓名：		工号：			职务：		
项目	内容	分数/分					
		5	4	3	2	1	0
工作能力 60 分	达标情况	超过	达到	尚可	欠佳	未达	无
	工作态度	非常积极	积极	尚可	欠佳	很低	无
	工作方法	规范灵活	规范简化	规范	欠佳	很低	无
	工作量	很大	大	尚可	欠佳	很少	无
	工作效率	很高	高	尚可	欠佳	很低	无
	执行力	坚决	能	尚可	欠佳	差	无
	学习力	很高	高	尚可	欠佳	很低	无
	创新力	经常	求新	尚可	欠佳	差	无
	理解力	举一反三	好	尚可	欠佳	差	无
	发展潜力	不可限量	有	尚可	欠佳	差	无
	判断力	敏锐正确	正确	尚可	欠佳	差	无
	进取心	相当强	强	尚可	欠佳	差	无
品德 30 分	责任感	很强	强	尚可	欠佳	差	无
	服从性	坚决	能	尚可	欠佳	差	无
	协调性	很好	好	尚可	欠佳	差	无
	个人修养	很高	高	尚可	欠佳	差	无
	集体荣誉感	很高	高	尚可	欠佳	差	无
	对公司的态度	忠实	配合	尚可	欠佳	差	无

（续表）

项目	内容	分数/分					
		5	4	3	2	1	0
学识 10 分	学识与岗位匹配程度	相当合适	合适	尚可	欠佳	差	无
	专业知识	全面精深	全面	尚可	欠佳	差	无
面谈摘要：							
综合评语：							
总分数：			考核人：			时间：	

表 9-4　仓储作业管理绩效

类　别	明　细
总吞吐量	吞吐量 = 记录期内总入库量 + 记录期内总出库量
库存量	月平均库存量 =（月初库存 + 月末库存）/2； 年平均库存量 = 各月平均库存量之和/12
储运质量指标	收发差错率 = 期内收发差错量/期内吞吐量 万箱差异率 = 盘存差异绝对量×10 000/库存总数量
仓容利用率	仓库面积利用率 = 库房实际占用面积/库房总面积 库房利用率 = 库房实际存货量/库房存货能力
物品损耗率	物品损耗率 = 物品损耗量/物品入库总量 物品损耗率 = 物品损耗量/物品出库总量
设备完好率	设备完好率 = 设备完好台数/设备总台数
生产效率	生产效率 = 期内进出货数量/期内仓储总用工时数
单位储存成本	单位储存成本 = 期内总成本/期内出货量
分拣效率	分拣效率 = 分拣总箱数/期内总用工时

表 9-5　存货控制管理绩效

类　别	明　细
库存周转率	库存周转率 = 期内总出库量/平均库存量
存货天数	存货天数 =（期初存货量 + 期末存货量）/（日平均出货量×2）
订单更改率	订单更改率 = 订单更改次数/发出订单总次数

表 9-6　客户满意度绩效

类　别	明　细
服务水平	服务水平 = 完好订单总量/期内订单总量
订货周期	定期送货的，两次送货间隔时间，以天计算
订单提前期	客户发出订单到收到货物的时间，以天或小时计算

表 9-7　仓储配送服务指标

<table>
<tr><th>服务项目</th><th>指　标</th></tr>
<tr><td>仓储提供能力</td><td>100%</td></tr>
<tr><td>仓储扩充能力</td><td>100%</td></tr>
<tr><td>满足仓储要求</td><td>90%</td></tr>
<tr><td>账实相符率</td><td>100%</td></tr>
<tr><td>客户满意率</td><td>大于 95%</td></tr>
<tr><td>库存完好率</td><td>100%</td></tr>
<tr><td>库存安全保障能力</td><td>100%</td></tr>
<tr><td>出入库保证能力</td><td>100%</td></tr>
<tr><td>货损率</td><td>小于 0.1%</td></tr>
<tr><td>货损赔付率</td><td>100%</td></tr>
<tr><td>配送准时率</td><td>大于 80%</td></tr>
<tr><td>配送准确率</td><td>100%</td></tr>
<tr><td>运输准确率</td><td>100%</td></tr>
<tr><td>货物卸错率</td><td>小于每年 2 次</td></tr>
<tr><td>响应速度</td><td>小于 2 小时</td></tr>
<tr><td rowspan="2">延迟率</td><td>小于 2%（零担货物）</td></tr>
<tr><td>小于 0.3%（整车货物）</td></tr>
<tr><td>在途信息失控率</td><td>小于每年 5 次</td></tr>
<tr><td>物品出险率</td><td>小于每年 4 次</td></tr>
<tr><td>信息技术应用率</td><td>90%</td></tr>
<tr><td>远程信息提供能力</td><td>大于 90%</td></tr>
</table>

三、仓储绩效管理的具体措施

仓储绩效管理是对仓储管理各项业务的综合评价，是仓储作业成果的集中反映，是衡量仓储管理水平的重要工具。利用科学合理的绩效评价指标，可以发现仓储管理的劣势和优势，并可以基于绩效评价分析结果提出提升仓储绩效水平的具体措施。

1. 实现标准化管理，全面提升仓储管理绩效水平

细化作业流程，完善工作制度，健全仓储管理质量保证体系，实行仓储标准化管理，准确提供存储物品的信息，有利于支撑企业生产和辅助市场经营，是实现仓储服务和费用成本之间经济平衡的基础。通过整合全网资源，连接外部资源，促使基础设施的资源协同联动，全面提升“标准化仓储物流”的绩效水平。

2. 与信息技术相结合，实现仓储作业自动化、信息化与智能化

仓储作业全过程广泛采用现代信息技术与互联网技术，构建仓储管理信息系统，

可实现仓储信息化管理，优化仓储作业流程，规范仓储工作程序，精准仓储服务模式，共享仓储作业信息，实现对仓储业务和作业的实时跟踪和监控，提升仓储反应效率和仓储行业管理运作能力，减少不必要的时间损耗和成本，从而提高仓储企业效益。

3. 以客户需求为中心，增加仓储增值服务项目

强化信息化管理，充分利用大数据挖掘客户需求，仓储企业要充分利用其业务范围广泛、仓储手段先进等有利条件，向多功能的仓储服务中心方向发展，结合客户需求，开展加工、配送、包装、贴标签等各项仓储增值服务，开拓定制物流服务，加强与客户建立战略协作伙伴关系，从而提升企业的整体竞争优势，提高仓储部门的效益和效率，进而提升仓储管理绩效水平。

单元三　仓储成本管理实训项目

1. 实训目标

通过模拟真实的仓储成本分析，使学生认识仓储成本的构成，懂得仓储成本的计算，通过分析和计算仓储成本，知道采取相应的措施进行成本控制。

2. 实训准备

（1）了解仓储成本的内容。

（2）准备相关的表格。

（3）将全班学生分成若干组，每组 5 人。

（4）工作时间安排 2 学时。

3. 实训任务

国内某制造企业规模日益扩大，对仓储需求越来越迫切，打算建立一个专业仓库以满足自身的仓储需求。请小组成员对仓储成本做一个预算表（可参考表 9-8），以供管理者决策。

表 9-8　仓储费用预算表

<table>
<tr><td colspan="2">编制部门</td><td></td><td>编制日期</td><td colspan="3"></td></tr>
<tr><td colspan="3">第　1　张，共　1　张</td><td>预算期间</td><td colspan="3"></td></tr>
<tr><td>序号</td><td>费用项目</td><td>预算依据</td><td>上旬</td><td>中旬</td><td>下旬</td><td>全月合计</td></tr>
<tr><td>1</td><td>燃料动力</td><td></td><td></td><td></td><td></td><td></td></tr>
<tr><td>2</td><td>劳动保护费</td><td></td><td></td><td></td><td></td><td></td></tr>
<tr><td>3</td><td>非计件人员工资</td><td></td><td></td><td></td><td></td><td></td></tr>
<tr><td>4</td><td>非计件人员福利费</td><td></td><td></td><td></td><td></td><td></td></tr>
<tr><td>5</td><td>折旧费</td><td></td><td></td><td></td><td></td><td></td></tr>
<tr><td>6</td><td>修理费</td><td></td><td></td><td></td><td></td><td></td></tr>
<tr><td>7</td><td>办公费</td><td></td><td></td><td></td><td></td><td></td></tr>
<tr><td></td><td>其中包括：电话费</td><td></td><td></td><td></td><td></td><td></td></tr>
<tr><td></td><td>低值易耗品</td><td></td><td></td><td></td><td></td><td></td></tr>
<tr><td></td><td>邮递费</td><td></td><td></td><td></td><td></td><td></td></tr>
<tr><td></td><td>交际应酬费</td><td></td><td></td><td></td><td></td><td></td></tr>
<tr><td></td><td>文具纸张等杂费</td><td></td><td></td><td></td><td></td><td></td></tr>
<tr><td>8</td><td>机物料消耗</td><td></td><td></td><td></td><td></td><td></td></tr>
</table>

（续表）

序号	费用项目	预算依据	上旬	中旬	下旬	全月合计
9	装卸搬运费					
10	其他					
	其中包括：租赁费					
	差旅交通费					
	教育培训费					
	员工保险支出					
费用合计						
减：非付现费用						
现金支出的费用						
审批：					制表：	

4. 任务评价

任务评价的方式有教师评价、小组内部成员评价和第三方评分组成员评价三种，建议教师评价占60%的权重，小组内部成员评价占20%的权重，第三方评分组成员评价占20%的权重，将三者综合起来的得分为该学生在该项目的评价分。任务评价单如表9-9所示。

表9-9　任务评价单

考评人		被考评人	
考评地点			
考评内容			
考评标准	具体内容	分值/分	实际得分/分
	工作态度	15	
	沟通水平	15	
	仓储成本分析的全面性	25	
	仓储预算的准确性	30	
	表格的制作层次性	15	
合计		100	

注：考评满分100分，60分以下为不及格，60～69分为及格，70～79分为中，80～89分为良，90分以上为优。

本模块小结

仓储作业是物流活动中的重要环节之一，仓储成本是物流成本的重要组成部分。重点关注仓储成本，通过有效的管理手段控制仓储成本已经成为企业降低运营成本、提高经济效益、实现可持续发展的重要工作内容。仓储管理过程中，需要科学编制仓

储成本预算，积极广泛地应用现代信息技术，以客户需求为中心，优化仓储成本管理流程，制定科学合理的仓储管理绩效考核体系，及时发现并有效解决仓储管理过程中存在的问题，才能真正实现企业降本增效、持久稳定的发展目标。

复习题

一、单项选择题

1. 以下（　　）属于仓储运作成本中的固定成本部分。

A. 库房租金　　B. 货品损坏成本

C. 工人加班费用　　D. 水电费

2. 既能反映仓储服务质量，又能反映仓库劳动效率的仓储作业的效率指标是（　　）。

A. 吞吐量　　B. 物品及时验收率

C. 平均收发货时间　　D. 库存物品的周转率

3. 既是进行仓库设计规划的主要依据，也是衡量仓库生产规模情况的主要数量指标的是（　　）。

A. 物品吞吐量　　B. 仓库作业效率

C. 库存物品的周转率　　D. 平均收发货时间

4. 仓库利润总额与仓库营业收入总额的比率是（　　）。

A. 工资利润率　　B. 资金利润率

C. 收入利润率　　D. 利润总额

5.（　　）是指发生在货品持有期间，由于市场变化、价格变化、货品质量变化所造成的企业无法控制的商品贬值、损坏、丢失、变质等成本。

A. 存货资金占用成本　　B. 存货风险成本

C. 缺货成本　　D. 订货成本

二、多项选择题

1. 仓储订货成本主要包括（　　）。

A. 订货成本　　B. 资金占用成本

C. 存货风险成本　　D. 缺货成本

2. 反映仓储作业质量的指标是（　　）。

A. 货损货差率　　B. 材料、燃料和动力消耗指标

C. 平均储存费用　　D. 保管损耗率

3. 反映仓储作业设施设备利用程度的指标有（　　）。

A. 每吨物品保管利润　　B. 设备利用率

C. 单位面积储存量　　D. 库容周转率

4. 仓库单位面积储存量反映了仓库的平面利用效率，它与（　　）。

A. 仓库规划有关　　B. 物品的价值有关

C. 物品的堆放方式有关　　D. 物品的储位规划有关

三、判断题（正确的在括号内打“√”，错误的在括号内打“×”）

1. 仓储成本是衡量仓储企业经营管理水平和管理质量高低的重要标志。(　　)

2. 单位固定成本一般是随着储存量变化而发生变化的成本。(　　)

3. 仓容利用率越高，说明实际用于储存物品所占仓库面积越大，空间利用率越好，表明仓储成本越低。(　　)

四、案例题

应用RFID技术可以实现仓储管理的高效化、自动化，也是更好的实现仓储管理目标的方法。基于RFID技术的仓储管理，将改变传统的仓储管理的工作方式与流程，把所有关键的因素贴上RFID标签，在仓储管理的核心业务流程：出库、入库、盘点、库存控制上实现更高效精确的管理。RFID技术以识别距离远、快速、不易损坏、容量大等条码无法比拟的优势，简化繁杂的工作流程，有效改善仓储管理效率和透明度，保持企业业务运营的精益。应用RFID技术可从以下几个方面提升仓储管理绩效。

1. 仓储作业效率指标

该指标包含仓库作业当中的出库、入库、盘点等方面。引入RFID技术后，所有货物或者原料进入扫描区域后，可以一次性用固定式读写器读取，而非过去人工逐一扫描，这样便节省了扫描环节的时间。在盘点时也是通过在一定范围内一次性读取货物，减少盘点时间。RFID技术提升了扫描环节的效率，进而提升了仓储作业效率。

2. 仓储作业设备利用程度指标

一般来说，叉车是仓库设备中利用率最高的设备。以往叉车的使用由负责出库、入库任务的操作人员自行判断和使用。通过RFID电子标签对每个叉车进行标记，可以有效地监控叉车的使用状况，同时可以通过系统直接指派操作人员去指定货位上货或者下货并制定路线，从而减少了操作人员的思考时间，降低了失误率，提升了叉车的使用效率。

3. 仓储作业质量指标

作业质量指标包含作业准确率以及作业效率，RFID技术可以从很大程度上降低人工失误所带来的问题，从而提升仓储作业质量。

问题：现代信息技术如何帮助仓储作业实现高质量的绩效水平？

参考文献

［1］陈胜利，李楠．仓储管理与库存控制［M］．北京：经济科学出版社，2015.

［2］李育蔚．仓储物流精细化管理全案［M］．北京：人民邮电出版社，2015.

［3］耿富德．仓储管理与库存控制［M］．北京：中国财富出版社，2015.

［4］王国文．仓储管理与战略［M］．北京：中国财富出版社，2009.

［5］欧阳振安，严石林．仓储管理［M］．北京：对外经济贸易大学出版社，2010.

［6］周兴建，蔡丽华．现代仓储管理与实务［M］．2版．北京：北京大学出版社，2017.

［7］李永生，刘卫华．仓储与配送管理［M］．4版．北京：机械工业出版社，2019.

［8］梁军，李志勇．仓储管理实务［M］．3版．北京：高等教育出版社，2014.

［9］钱芝网，胡颖，李彩其．仓储管理实务［M］．3版．北京：电子工业出版社，2015.

［10］薛威．物流仓储管理实务［M］．北京：高等教育出版社，2006.

［11］罗书林，刘翠芳．仓储管理实务［M］．沈阳：东北大学出版社，2016.

［12］朱莉．仓储管理实务［M］．2版．西安：西安电子科技大学出版社，2017.

［13］斯科特·凯勒，布赖恩·凯勒．供应链与仓储管理选址、布局、配送、库存管理与安全防护［M］．黄薇，译．北京：人民邮电出版社，2020.

［14］孙秋高．仓储管理实务［M］．3版．北京：电子工业出版社，2015.

［15］张扬，国云星．仓储与配送管理实务［M］．北京：中国人民大学出版社，2018.